中國歷代墨寶

[台湾商务印书馆学术经典]

中国历代思想家 宋明（三）

主编：
台湾中华文化总会
王寿南

九州出版社 JIUZHOUPRESS | 全国百佳图书出版单位

目　录

王守仁

王熙元　著

目　录

一、王阳明传略

1. 阳明的生平事迹

·早期生活——理想孕育时期

明代大思想家王阳明，名守仁，字伯安，因曾筑室于浙江四明山的阳明洞（今浙江省绍兴市会稽山上），自号阳明子，故学者称阳明先生。他是浙江省余姚县人，生于明宪宗成化八年九月三十日（公元一四七二年十月三十一日）。

阳明的诞生，有一段类似神话的传说：他母亲怀孕十四个月，有一天，祖母梦见有穿绛红色衣裳的神仙，从云端抱着一个婴儿送入怀中，当她自睡梦中惊醒的时候，已听到婴儿啼哭之声。祖父竹轩公觉得很奇异，便为孙儿取名为云；地方人士相互传告，因指称阳明降生的楼房为瑞云楼。

当阳明五岁的时候，还不会说话，有一天，与一群儿童正在嬉戏，有一个神秘的僧人经过，他说："好一个孩子！可惜被说破了。"祖父竹轩公仿佛心有所悟，便为孙儿改名守仁，说也奇怪！不久，竟能说出话来。

历史上伟大人物的降生，不免有些略带神秘意味的传说，仿佛荒诞无稽的神话，或许不值得我们深信；但在民智还不十分开化的古代，这种传说却足以增强父母亲族对孩子的深爱，因而督教益发严慎，期望更加殷切；而且神话传说既久，无形中也将使孩子产生“生与俱来”的坚定信念，因而愈加策励奋勉。对于阳明和他的父母亲族来说，情形正是如此。

阳明幼时，聪颖过人，五岁以后，便逐渐崭露出他特异的禀赋。在他开始说话后的某一天，忽然朗诵出祖父竹轩公平日读过的书中文句，大家惊讶地问他，他回答说：“听祖父读书时，已默默地记在心中了。”由此可见他颇有“过耳成诵”的夙慧，无异于“过目不忘”的天才。

十岁以前，阳明都生活在家乡余姚。宪宗成化十八年（一四八二年），阳明十一岁的时候，因父亲在京师（今北京）做官，迎养他祖父竹轩公，于是祖孙二人相偕前往。路过金山寺，祖父与客人饮酒赋诗，诗未作成，阳明竟从旁赋出一首：

金山一点大如拳，打破维阳水底天。
醉绮妙高台上月，玉萧吹彻洞龙眠。

客人大感惊异，又要他赋《蔽月山房》诗，阳明随口应声说：

山近月远觉月小，便道此山大于月。
若人有眼大如天，还见山小月更阔。

一个年仅十一岁的孩童，吐词竟如此气概非凡，且富有哲学的境界，由此适可预卜他来日将成就一番圣贤学问和豪杰事功。

次年，阳明十二岁，正式就学于塾师，因才气纵横，表现出豪迈不羁的性格。父亲龙山公见他过度成熟，常常深怀忧虑，只有祖父竹轩公心里有数，所以对他不多加约束。

正因为他才气、性格的不群，使他一心向往于高超的学问与事业。可惜当时没有遇到良好的业师，指点他做学问的方向，所以他常面对着书本凝神静思，而眼前书本上的知识，又不能解除他心中的疑虑，满足他崇高的愿望。有一次他忍不住向塾师请问："什么是天下第一等事？"那位迂腐庸俗的塾师回答说："就是读书登第嘛！"他想了一想，颇不以为然地说："登第恐怕不是第一等事，而是读书学圣贤吧！"虽然人皆可以为尧舜，但一个年仅十二岁的孩子，居然肯定学圣贤是天下第一等事，其心智的不平凡，就可想而知了。

从此他全靠自己摸索追求，由于没有人指示他做圣贤的途径，于是又转念想做豪杰。在十五岁那年，正当北方边陲多事，他不畏艰苦，冒险驰出居庸三关，纵览山川形势，探询诸夷种族，听到不少边防备御的策略，于是慨然有经略四方的雄心大志。

这时阳明毕竟年事太轻，一切都没有成熟，当然不能立即实现他的豪情壮志，只有在梦中陶醉了。有一天，他忽然在梦里拜谒马伏波的庙。马伏波名援，是东汉英勇的将军，光武帝时奉命平定交趾，后来朝廷曾树立铜柱以表彰他的功绩，并拜伏波将军。年八十余，仍率兵讨伐蛮夷，曾对人说："丈夫立志，穷当益坚，老当益壮。"又说："男儿当死于边野，以马革裹尸而还。"这豪壮的英雄气概，常在阳明的内心深处激荡，使他魂牵梦萦，心向往之。所以梦中更赋诗一首：

卷甲归来马伏波，早年兵法鬓毛皤。
云埋铜柱雷轰折，六字题文尚不磨。

这首诗的字里行间，充满了阳明钦仰民族英雄马伏波的心迹，也显露了他为国立功，以期不朽的英雄思想，更似乎注定了他将来立功异域的命运。

他父亲为了使他的感情与情绪能够安定下来，在他十七岁那年，命他亲往洪都（今江西南昌）去成亲。新夫人诸氏，是江西布政司参议诸养和的女儿，诸家与阳明的家庭是世交，这门亲事自然是门当户对。结婚是人生大事，可是在成婚的当天，他却独自信步走到附近的铁柱宫，看见一位道士正在打坐。由于好奇心的驱使，便向道士叩问养生的道理，并尝试着与道士对坐，这一坐竟忘了回家，错过了洞房花烛夜；直到第二天早晨，才被岳家派人找回来。这件事虽然迹近荒唐，但却表现了他求真而忘我的哲人气质。

婚后一年多的时间，阳明都住在南昌岳家，这是他早年生活中最安静恬适的一段岁月。就在这恬静的生活里，他正式用功练习写字，岳父官署中藏纸数箱，都被他用光，而书法因此大进，他曾告弟子说："我开始写字时，临摹古人的碑帖，只学得字的外形而已；后来提笔不轻易落纸，先要凝神静思一番，从心中排除字形，长久之后，才会通写字的妙法。"因读了程明道"写字要学习保持敬心"的话，所以又说："可知古人任何事随时都从心上去学习，如能用心精明，字也就自然写得好了。"这几句话，是他早年学写字的心得，也是他日后成就心学用功的方法，所以他晚年与弟子谈论致知之学，多举这番心路历程为例证。

十八岁那年冬天，就在阳明偕夫人由南昌回余姚途中，路经广信府（今江西省上饶市信州区）时，便顺道亲自去谒见当时的大儒娄一斋，一斋告诉他宋儒格物致知的方法，并说圣贤是可由力学而成就的，由此启发了他向慕圣学的念头，这确是他思想发展史上一个重要的转变历程，后来他研究理学，就是受一斋的启发和影响。

二十一岁在浙江考中了乡试以后，又随父亲到京师，这时他对宋儒格物之学大感兴趣，于是遍求朱子的遗书，潜心研读。有一天，想起先儒既说万物都有表里精粗，即使一草一木，也包含了至高的道理，那何不实验一番？于是他发愤做了一次“格物”的工夫。他很兴奋地约了一位朋友，试格庭中的竹子。他们整天面对竹子沉思默想，那位朋友一连格了三天，便支持不住而病倒了；阳明认真地坚持了七天，也同样病倒了。竹子的道理，丝毫没有格通。于是他爽然若失，深悟这样格物不是做圣贤的工夫，便放弃了朱子的学说，转变兴趣于辞章之学。这是阳明思想的又一次变迁，由于他既执着而又跳脱的性情，使他有多方面的生活体验和新的尝试。

继而他在京师曾先后参加过两次会试，都不幸名落孙山。后来他约同几位诗友，在家乡龙泉山寺结了一个诗社，成天醉心于诗歌吟咏之中，想做个大诗人。但是当他次年返回京师时，因眼见边陲情势危殆，国家极需军事人才，便又转而学习武艺，留心武事，遍读兵家的秘典。不过在这一方面，一时仍然没有达成他的理想。

经历几度转变、几度挫败之后，使他觉得非常的惶惑和厌倦。功名武事，既无成就；圣贤学问，又不得其门而入；诗歌辞章，更不足以满足他蓬勃的雄心。正当彷徨无助的时候，偶然读到朱子上光宗的奏疏说：“居敬持志，为读书之本；循序致精，为读书之法。”这才深深悔悟：自己以往既没有做到依循程序、以渐至精微的方法，更没有掌握居心敬慎、以持守志气的根本，只是好高骛远，不切实际，当然一无所获。于是他收拾彷徨的心情，再度循序读书，努力精进。可是他总觉得外物的道理和自己的本心，始终显得是两截东西，无从融合。在极端沉郁的情绪下，他旧病复发，心志也转趋消极遁世之想。

总之，阳明的早期生活，充分表现出他是一个具有多方面兴趣的人。在这一阶段里，他的心中始终充满着一股勇往直前的冲劲、热烈追求的欲望；更有着不可遏抑的自我扩展的力量，隐然驱策着他不断地奋发努力，迈向精神的高峰，追求人生的理想。这是他早期生活的特征，可称为理想孕育时期。

·中年生活——忧患历练时期

孝宗弘治十二年（一四九九年），阳明二十八岁，在京师考取了进士，任工部观政，这是他正式踏入仕途的开端。不久又转为刑部主事，在起初的几年间，他非常热中于政治，由于北方鞑虏的猖獗不已，朝廷政治的积弊日深，基于耿耿忠义之心，他勇敢而坦率地向朝廷上疏进谏，在洋洋数千言的奏疏中，他深痛剀切地指陈当时积弊的症结所在，并提供边疆防务的必要策略。但是，他的意见却未被孝宗所重视与采纳，满腔爱国的热忱，与大智大勇的精神，所换来的是朝廷的冷淡与漠视。于是在失望之余，他的心情又再度趋向于消极。

此后，他又继续担任过一些低微繁琐的职务，因无以舒散他内心的沉郁，而不得不放情于山水，在他三十岁时，奉命审录江北囚犯之后，便畅游安徽的九华山，并作《游九华赋》以述志。赋中充分流露他对神仙世界的慕想，“长邀游于碧落，共太虚而逍遥”。这是他当时的心迹。但他本性中的天伦之爱，使他踌躇和矛盾，“匪尘心之足搅兮，念鞠育之劬劳”。他不能因自己的出世求道，而断然灭绝伦常，可见阳明天性之淳厚。

由于苦心钻研圣贤之学，体质素弱的阳明，曾几次病倒。因责任感与上进心的驱使，日间虽案牍劳形，入晚又挑灯夜读，每至深宵而不息，这样用功过度的结果，思想虽然大有进益，但却患上虚弱呕血的宿疾，于是不得不向孝宗上疏乞求养病。这时是弘治十五年（一五〇二年），阳明三十一岁，在告病还乡后不久，便筑室于阳明洞，穷究仙经秘旨，并由静坐以体悟长生久视的法门。

在这段寂静的岁月里，他往日热烈的感情，已逐渐洗剥一净，只想离世远遁，摆脱苦恼的尘网。可是他上有年迈的祖母、恩重的父亲，下有亲爱的妻子，实在放心不下，也斩不断天赋的亲情与爱情。正在彷徨犹豫的时候，他顿然憬悟到仙释两条路并非自己的理想，只有儒学才是人生的大道；于是，便到钱塘（今浙江杭州）的西湖养病，准备从静寂的生活中自拔出来，重新转换兴趣，蓄养精力，振起儒家入世的精神，以实现救世的宏愿。这时，他面对着江上明朗的月色，不觉往事历历，而吟出他一片真挚的心声：

江上孤臣一片心，几经漂没水痕深；
极怜撑住即从古，正恐崩颓或自今。
藓蚀秋螺残老翠，蝗鸣春雨落空音；
好携双鹤矶头坐，明月中宵一朗吟。

在他四处漂泊、几经奋斗，而性向又时常转变的生涯里，内心总不免陷于彷徨与苦闷中，但他天生一付不羁的本性，当志气昂扬时，他一心想做圣贤豪杰；当才情奔放时，他又想做诗人文豪；当意趣淡泊时，他甚至也想做道士和尚。他是如此的到处执着，而又到处跳脱。绕了一个大圈子，最后终于又回到儒家，肯定了人生的价值，对自己应走的道路，作了明智的抉择。

就在孝宗驾崩的前一年，阳明三十三岁时，由浙江返回京师，担任兵部主事，再度进入仕途，准备一抒他匡时济世的抱负。第二年，阳明因见京师士大夫们，长久沉溺在词章记诵的习气中，而忽略儒家的身心之学，便与湛若水一见定交，毅然共同以圣贤之学为天下倡，并开始聚徒讲学，一时蔚然成为风气。

阳明三十五岁这一年，武宗即位，专横的宦官刘瑾，操持朝中的权柄，每天以声色犬马的娱乐，使武宗沉溺在物欲中，于是朝政荒废，不堪闻问。一些正直的大臣如戴铣等，相继进献谏言，都被刘瑾假传圣旨，逮捕入狱；阳明的父亲龙山公，也因不愿奉迎，为刘瑾所私恨，而借机勒令他退休。这时阳明义愤填膺，热血沸腾，又勇敢地上疏谏诤，以谋匡扶君主，清除内奸，并为素昧平生的忠直之士戴铣等抗言相救。刘瑾得知，大为愤怒，便立刻伪造诏令，将阳明捕入锦衣狱，并廷杖四十，死而复苏，更贬逐阳明到贵州龙场（今修文县内），做管理驿站的小吏。仗义救人的阳明，自己却落得如此凄惨，明代朝政的黑暗，公理正义之泯没，怎不令人悲愤与浩叹！

龙场驿位居贵州西北，是个边远蛮荒的地区，且万山丛棘之中，瘴气逼人，阳明深知未来的生活真不堪设想，这样深巨的精神刺激，使他大病了一场。正德二年（一五〇七年）夏天，他被迫踏上遥远艰险的旅途，内心极度怅惘。可是阴险残酷的刘瑾，对他一步也不肯放松，就在阳明启程后不久，又暗中派遣刺客跟踪，想在半路上暗算阳明，一直追赶到浙江钱塘江边，他看看情势不对，急中生智，便在黑暗中假意投江，并将衣帽浮在水面。这时他悲愤到了极点，遗下两句诗："百年臣子悲何极！夜夜江涛泣子胥。"当地的地方官到江边祭奠亡魂，家人也哀泣服丧，以为他真已死去。

在惊险中脱离虎口，九死一生的阳明，从此埋名隐姓，换上平民的服装，登上一条商船去舟山，不料途中又碰上飓风，随船漂泊到福建，登岸以后，便潜身于武夷山中。深夜向山中一寺庙投宿，竟为老僧所拒。再行约半里，见有一座野庙，因身体极度疲困，便入庙倚靠香案而眠。不久，有老虎成群而至，环绕廊柱大吼，这时真是惊险万状；但说也奇怪，这群老虎竟始终不敢入内，当然更丝毫没有伤害到阳明。天亮时，一僧人来庙中，见阳明居然无恙，大感惊奇，以为定非常人。于是引他去见寺中一位异人，这人就是二十年前当阳明十七岁新婚时，在江西铁柱宫相对坐谈养生之道的那位道士，如今竟又不期而遇，真是人生何处不相逢！阳明便将脱逃的经过及决心隐藏的打算和盘相告，但道士却提醒他：只怕会牵累家人，于是阳明只好取消了逃避的计划。

在荒山野庙中，这一夜惊险奇异的遭遇，可说是他后半生命运的转折点。临行之前，他曾赋诗题于壁间：

险夷原不滞胸中，何异浮云过太空?
夜静海涛三万里，月明飞锡下天风。

一切危难困厄，都不足以动摇他坚定的心，他依旧保持着超脱自在的心境，表现他始终一贯的精神，准备随时在险恶的环境中奋斗，而绝不逃避现实，可见艰苦的人生经历，已使他锻炼成坚强不屈的意志和勇迈向前的毅力。

后来他取道武夷、鄱阳，前往南京，去看望他年老的父亲，好在奔赴谪地之前，向老父告别，不久又返回钱塘。这时已天寒岁暮，冰雪满途，一路上艰苦备尝，他有诗描叙当时的情况：

危栈断我前，猛虎尾我后。
倒崖落我左，绝壑临我右。
我足履荆榛，雨雪更纷骤。

回钱塘以后，又经由广信、袁州（今江西省宜春市），渡过湖南的湘水、沅江，而往贵州龙场。当他路经沅湘一带，不觉触景生情，想起当年遭时不济、怀才不遇、忠而被谗、贬逐江南，最后自沉于汨罗江的屈原，而自己的命运，正与这位悲剧性的爱国诗人相同。正直的君子，爱国的忠臣，却落得如此！于是他作了一篇《吊屈原赋》，为屈原鸣不平，也为自己抒悲愤。

经过千里跋涉，次年（正德三年，一五〇八年）的春天，终于到达了贵州的龙场。龙场在贵州一片荒山荆棘之中，阳明形容它："连峰际天，飞鸟不通。"不但遍地是伤害人的蛇虺怪物，到处是毒害人的瘴疠之气，而且当地居民都是些苗夷鴃舌之人，语言不通，真是“举目言笑，谁与为欢”？其处境之危困，真令人兴起“人生至此，天道宁论”的慨叹！他只有默然面对群峰，无语问苍天，不觉吟出：“游子望乡国，泪下心如摧”这样伤感动人的诗句。

生活在如此恶劣的环境中，一切理想固然都成泡影，而平生的得失荣辱，自然也不萦于怀，只好日夜端坐，默默地沉思，以求心境的平静与纯一；渐渐地，他觉得胸中洒落，精神的超脱，使他克服了险恶环境的挑战。随从的人都因抵抗不住毒气的侵袭而病倒，阳明却反而精神振奋，照顾他们的疾病与生活，并为他们吟唱家乡小调取乐，以安慰他们寂寞忧郁的心情。

由于恶劣环境的刺激与磨炼，磨出了他心灵的光辉。在一个静静的深夜里，他突然从梦中悟出了格物致知的道理，不觉欢呼雀跃而起，随从的人都被惊醒，他兴奋地告诉他们说：“从前我一直被格物的道理所困惑，如今才了解所谓圣人之道是本性自足的，只要在自己心中去寻求本性就是格物。”他又将过去所读的经书中的道理，与自己的思想相印证，竟都能一一符合。于是二十多年来心中所郁结的块垒，一旦豁然开朗了。

这场梦给他的启发，使他深深悟解出“心即理”的学说，并由此推衍为“致良知”与“知行合一”，而奠定了他思想体系的基础。这一次大彻大悟，使他以往困惑苦闷的心情，完全烟消云散；一切矛盾蔽障，也都雪释冰消。他不禁兴奋地歌出：

大道即人心，万古未尝改。
长生在求仁，金丹非外待。
谬矣三十年，于今吾始悔。

由于精神的超脱，阳明的心情逐渐坦然了；对窜逐荒山野岭的生活，也逐渐习以为常了。当地那些无知的苗人獠人，经过他精神的感化以后，都心悦诚服地与他亲近。这时，随从的人也都相继康复，阳明率同他们伐木架屋，屋成之后，命名为“何陋轩”，轩前建一座亭，环植翠竹，命名为“君子亭”，取孔子“君子居之，何陋之有”的意思。于是更种植些园蔬花木，闲来鸣琴读书，心胸澹泊，一静如水，颇有怡然自得之乐。这时，唯一使他眷恋难忘的，就是对亲人和家乡的思念了。“野林意所眷，思亲独疚心”。“行云无定时，游子无还期”。这是反映他亲情乡思的写照。

阳明三十八岁时，贵阳提督副使席元山，向他询问朱陆异同。阳明告诉他：一切只须在自己心上去寻求，不必向外旁骛；又将自己在龙场静悟的过程相告，并为他详尽开示知行合一的道理，不久，元山也豁然开悟，叹为圣人学问的复兴。因而修葺贵阳书院，聘请阳明主讲，并亲自率同诸生，以师礼事奉阳明。从此贵州学风大盛，连当地土苗也大为开化，德泽所及，影响非常深远。

谪居三年的艰苦生活，对阳明个人来说，固然是毕生一大困厄与不幸；但相反的，这三年的岁月，却正是他一生思想学问上最宝贵的转机，犹如在人生的镕炉里经过千锤百炼之后，锤炼出他思想人格、学问志向的真实光辉。在这段时期，他超脱了一切心灵的蔽障，彻悟了格物致知的真旨，确定了知行合一的学理，磨出了动心忍性的意志。后来他自己曾说：“居夷三载，见得圣人之学，若是其简易广大，始自叹悔错用了三十年之力。”所以，这三年痛苦的磨炼，与痛苦中对真理的觉悟，对他一生的成就，有极深切的影响。

正德四年（一五〇九年），阳明被朝廷赦还，并调升江西庐陵（吉安县）知县。次年三月，他到达庐陵任所，有诗述当时的感想说：

万死投荒不拟回，生还且复荷栽培；

逢时已负三年学，治剧兼非百里才。
身可益民宁论屈？志存经国未全灰；
正愁不是中流砥，千尺狂澜岂易摧？

像阳明这样才高学富的人，要他来治理一个县城，真如牛刀小试。官位虽然卑微，但在九死一生之余，不但能安然生还，而且更蒙受栽培，真是意想不到的幸事；所以只要有益于民众，他毫不以为委屈，而愿为国家社会效力。因此，他一到任，就以委婉劝告的态度，开导人心，平息纷争，除暴安良，消弭盗寇，于是全县大治，这都是阳明盛德感化的结果，和垂拱而治的绩效，不仅当时已收宏效，而且遗泽流于后世，久为人们所称颂。

不久，阴谋不轨的刘瑾，被武宗定罪后伏诛，奸宦终于恶贯满盈，得到了应得的报应，一时天下人心大快。这年十一月，阳明奉召入京，觐见武宗。自正德二年被刘瑾所陷，窜逐蛮荒以来，忽忽四年，万死余生，如今重临京师，真有恍如隔世之感。虽然元凶已死，仇恨业已湔雪，而旧日朝中僚友，大多星散零落，抚今追昔，不禁感慨万千！

同年十二月，阳明升任刑部主事，在京师与黄绾相识，并引见湛若水，三人终日谈论圣学与实践的事。正德六、七年间，又先后调任吏部主事、文选清吏司员外郎、考功清吏司郎中、太仆寺少卿等职。这时他决定便道回乡省亲，与弟子徐爱同行，在舟中畅论《大学》宗旨。正德八年（一五一三年）二月，他回到了久别的家乡余姚。被赦多年以来，他一直担任些低微的官职，被繁琐的事务缠身，返乡之后，这才有暇偕弟子、友人畅游浙江境内的名山胜景，以抒发多年来疲困的身心。后来又到安徽滁州（今滁州市）监督马政，由于政事清闲，更得以悠游当年的醉翁欧阳永叔所流连的山水佳胜之地，而吟出“林间尽日扫花眠”，“野情终是爱丘园”这样恬淡的诗句。

在滁州期间，由于阳明已负盛名，所以当地士人相从问学的人，日益众多。他们常在月夜林间，环坐谈笑，或吟咏啸歌，颇有曾点“浴乎沂，风乎舞雩，咏而归”那种悠然洒脱的情境，也有孟子“得天下英才而教育之”的乐趣。他的《山中示诸生》诗说：“滁流亦沂水，童冠得几人？莫负咏归兴，溪山正暮春。”

正德九年（一五一四年）夏季四月，阳明四十三岁，升任南京鸿胪寺卿。在南京讲论学术，为了针砭末俗，总是指点学子存天理、去人欲，教他们荡涤心胸，留得清明，如此方能辨识心性的本体。他指引学生趋于高明的路向，但又耽心他们不免流于空疏，果然不出所料，当时滁州的学士们，便喜欢放言高论，有悖于他的教言，后来一般研究王学的末流，只知道肆意空谈，使阳明纯正的身心实践之学，流为空虚无用的口头禅，以致被世人所诟病，竟于阳明在世时，便已现出端倪，并为阳明所亲见，可知弊端的形成，由来已久。

次年，阳明四十四岁，又回到京师。从赦归五年以来，官位虽然不断升迁，但都是些闲散的职务，不足以发展他匡时济世的抱负。加以自己体弱多病，而祖母年已九十有六，日夜盼望与孙儿一见，所以阳明这时乃悄然思归，以养病事亲为由，曾两度上疏。虽然情辞恳切，但却不为武宗所允许。

大致说来，从孝宗弘治十二年（一四九九年），阳明二十八岁考中进士开始，到武宗正德十年（一五一五年），阳明四十四岁，于政治有倦勤之意，而兴思归之情，上疏不准为止，这十六年期间，是他一生中忧患历练时期，尤其是贬谪龙场那三年，给他最深切的考验。在政治事业的发展上，曾一度积极奋发的阳明，这时乃转为消沉澹泊；但在思想学问的提炼上，却由年轻时热切的追求，转变为历练后冷静的澈悟。这一段不平凡的经历，为他日后在学问事业

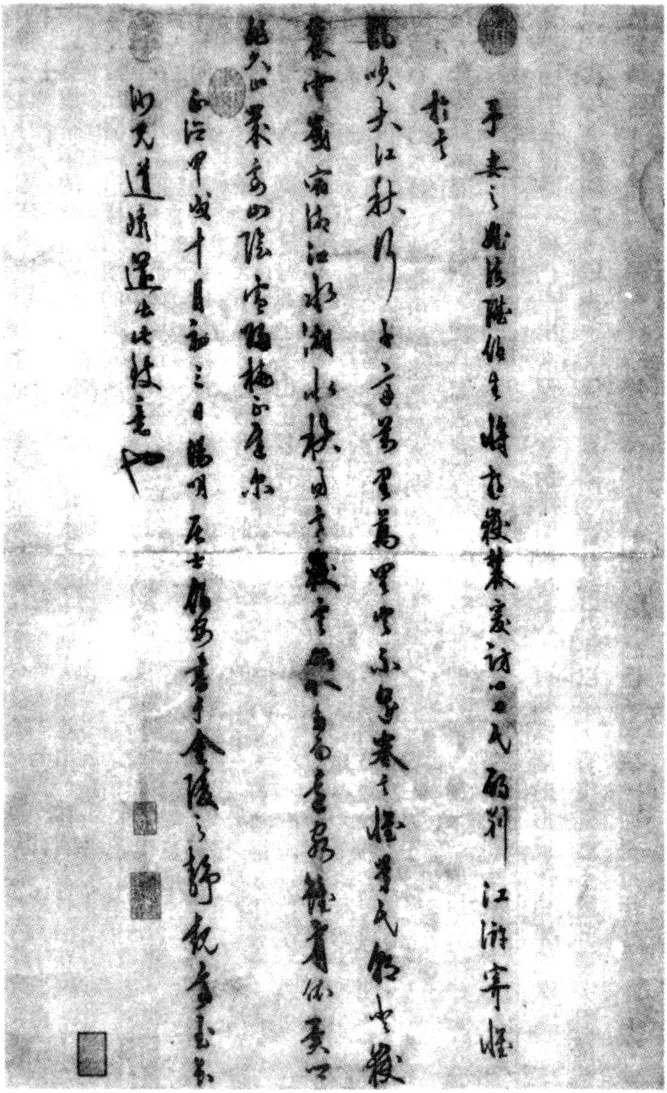

王阳明先生书法《送妻侄游岳麓》诗一首

（台北故宫博物院藏）

上奠定了成功的坚实基础。

·晚岁生活——智慧圆熟时期

从武宗正德十一年（一五一六年），阳明四十五岁开始，直到他逝世为止，是他建立事功的时期，也是他思想圆融、智慧成熟的时期。这段时期，由于他允文允武，读书而不忘救国，短短数年时间，便由一介书生，做到独当一面的大军统帅，充分表现了他颇有军事的天才，也发挥了他匡时济世的抱负，并逐步实现了他少年时做豪杰的愿望。另一方面，不但讲学益盛，他所创的学说，更能融通体用，完成体系，与辉煌的事功相得益彰；同时，在个人的身心修养上，更一步步进入圣贤的境域，达成了他少年时做天下第一等人的理想。

这十余年间，他先后建立了三大事功：首先是他四十五岁时，巡抚南赣（江西省南部）、汀州（今福建省长汀县）、漳州（今福建省漳州市）一带，两年之内，剿清了东南四省边境数十年来扰民的顽寇*。接着在他四十八岁时，平定了宁王宸濠的叛乱，使东南半壁江山免于涂炭。最后在他五十六七岁时，也是他生命的最后两年中，又征服了思田（在广西省）的土酋，为国家安定了边陲的局势，也开拓了西南的疆域。

正德十一年，江西、湖南、福建、广东四省边境，盗贼蜂起，饥民载途；尤以江西横水、大庾，广东浰头（今和平县境）、乐昌，福建大帽山（今漳州龙湾市白水镇）等地匪寇，杀人掠物，为害地方最烈。朝廷虽曾派人进剿，但因山林既深且险，盗贼又顽强凶悍，竟使大小官吏，束手无策。这时兵部尚书王琼，素知阳明学养深湛，才能卓越，足堪大用，遂向武宗极力推举他负责剿抚寇乱，朝廷果

---

* 简体版编者注：文中所说“寇”、“顽寇”、“土酋”、“贼寇”、“匪寇”、“贼酋”、“寇盗”，指在历史上起义反抗的民众，请读者注意。

然接纳了王氏的建议，命阳明率兵巡抚南赣、汀、漳等地，以平寇乱。

但阳明因身体一向衰弱，而这一艰巨的任务，又实在没有成功的把握，加以武宗依然昏庸，奸臣仍旧专权，这样的政治情势，将不利于在外立功的大将，这是阳明的苦衷，也是历史的明训。所以阳明乃上疏请辞，但武宗不许，只好勉强接下这副重担。

正德十二年正月，他抵达赣州以后，先了解南赣一带盗贼群起的原因，然后从健全地方组织与加强民间防御入手，首先实施十家牌法，集合十户人家编为一牌，登记各户人口的姓名、籍贯、年龄、面貌、职业等。每天轮流由一家担任巡察，凡遇见陌生可疑的人，立即报请官府究办；如有私藏人口，则十家共负连坐之责。并告谕地方父老子弟，各自安分守己，勤俭持家，遵从礼义，敦厚风俗，做到守望相助、共维地方治安的目的。其次，他又就地取材，编选民兵，施以军事训练。并通令四省兵备官，就部属中选出骁勇的战士，率同地方兵员，每日勤于操练演习，由出众的为将领，专负守城之责。

不久，漳州的寇盗首先侵扰，阳明一面令湖南、福建、广东三省兵备，起兵会同清剿，一面自己亲率江西民兵出征，途中大战贼兵，追歼围攻，终使贼寇溃逃老巢象湖山。阳明又率精锐进击，直捣贼巢，贼寇既失险要，乃据高崖峻壁，以滚木巨石相抗；阳明无惧木石，亲自督兵，与贼寇鏖战。这时三省民兵突然各由小路抄进，贼寇溃败逃奔，官兵乘胜追剿，于是斩杀贼首数千人，漳州为患地方数十年的顽寇，至此全部剿平。

阳明初次用兵，只有三个月工夫，就创下了全胜的奇功，固然由于运筹部署的周详，更由于临阵不乱的定力，充分表现他军事方面的天赋，和勇敢冒险的精神，不但少年时所研读的兵法，得以实际运用于战阵，且坚定了他今后用兵的信心，增强了他平乱立功的意志。

漳州匪寇的平定，只是阳明用兵戡乱的开端。事前编选的民兵，仓促应战，实在不够精强，因此，在率师返抵赣州后，他又亲自拟定治兵的法则，建立兵将制度，以兵符为节制，并请求朝廷授以赏罚专权。于是，他正式展开剿匪新军的训练，勤于习战操练，一时士气大振。

福建境内漳州匪寇虽已平定，但大帽山及广东乐昌、龙川、左溪、桶冈，江西横水一带，还常有匪寇扰攘为害。这时，阳明决定先进攻横水、左溪、桶冈的匪寇，但又怕乐昌、龙川的匪寇倾巢而出，反受牵制，便先用怀柔方法，采剿抚并用的策略，以收各个击破的战功。于是，向乐昌、龙川的匪寇发布招降文，剀切晓谕他们改邪归正，弃暗投明，字里行间，充分流露出阳明哀怜无辜的恻隐之心，爱民如子的仁者怀抱。当时，贼酋们很多都率众归附，并愿以死相报，实在是受他仁慈精神的感召。

阳明亲自督率兵众，先向横水、左溪一带进兵，这是贼寇的腹心之地，由于娴熟兵法，明了形势，果然一战而平定了横水、左溪，斩杀、俘虏各二千余。接着又乘胜攻向桶冈，贼酋蓝天凤等力战而屈。于是八十多个贼寇的巢窟，约四百余里的贼寇地盘，不到两个月工夫，都全被阳明戡平，并奏请新设崇义县，以抚辑这历年遭匪乱骚扰的地方。当阳明班师回赣州时，南康（江西省南康县）一带百姓，沿途扶老携幼，箪食壶浆，焚香迎拜。各地更有为阳明设立生祠、悬挂肖像以膜拜的，可见当地人民对阳明感恩之深！

剩下浰头一带的贼巢，尚未扫荡，阳明先用计擒杀贼酋池仲容，并亲率士卒，直捣贼寇巢穴，乘隙戡定，又奏请设和平县，以绥靖地方，于是四省边境，从此再没有寇盗扰攘，百姓得以安宁。只在一年多的短时间里，以一介文臣的阳明，竟能创下如许事功，毕竟是不平凡的。而阳明用兵杀贼，完全出于不得已，诚如当时的大学士费宏所说："公平日岂习杀伐之事，而贪取摧陷之功哉？顾盗之于民，不容并肩，除盗以安民，仁者不得已之心也。"

南赣一带，由于山高势险，交通阻塞，风气不开，加以习俗侈靡，自然民生日益穷困，而成为寇乱之源。所以阳明在平定寇乱之后，便想到要地方治安良好，应先改革风俗，消除无益的靡费，且人人都能孝亲敬长，守身奉法。于是兴立社学，创设乡约，以巩固地方基层组织，共同维护地方安宁；并告诫父老，务期做到"德义相劝，过失相规，敦礼让之风，成淳厚之俗"。进而普施教化，歌诗习礼，蔚成风气；作《训蒙大意》，以开示教育的原则和方法。就在阳明用儒家《诗》《书》《礼》《乐》的教化熏陶之下，原本民风悍戾的鄙陋的山区，竟一变而为淳朴礼让之乡。

朝廷为了表扬阳明平定寇乱的事功，一再奖励升迁。但几年来军旅驰驱的生活，使他身心都感到疲乏，如今匪乱既已平息，又兴起思家的情绪。他的《怀归》诗说：

深惭经济学封侯，都付浮云自去留。
往事每因心有得，身闲方喜过无求。
狼烟幸息昆阳患，蠡测空怀杞国忧。
一笑海天空阔处，从知吾道在沧州。

诗中充分表露出他这时的心情，富贵利禄，一如浮云，只求身心闲适，过过海阔天空的自在生活。因此，他又两度上疏，恳切请求退休，希望能返归田里，以安息多年疲困的身心，并成全颐养病躯与孝养祖母的微愿；可是国难方殷，在地方多事之秋，朝廷还需要倚重他，去肩负拨乱反正的事业。

正德十四年（一五一九年）六月，阳明在奉命勘处福州叛逆途中，听说宁王朱宸濠拥兵造反，便回吉安兴起义兵，以讨伐叛乱，护卫王室。宸濠是明太祖第十六子宁王朱权的玄孙，曾与奸宦刘瑾接纳，早就包藏祸心，觊觎王室，图谋不轨；并肆行劫掠，惑乱人心，气焰嚣张。在宸濠正式举兵叛变以后，江西南康、九江等地，相继被袭沦陷。于是阳明决计不辞万死，以赴君父之难，乃一面暴发宸濠的罪状，一面以问罪之师在后牵制。这时祖母岑氏过世，国难亲丧，接踵而至，阳明心情的苦痛可知。他既要实现尽忠报国的血诚，又要一伸尽孝报亲的恩情，就在戎马倥偬之际，便道归乡送葬。

在紧急的情势中，阳明号召四方义师，相与起兵勤王。这时他接出夫人及儿子正宪同来吉安，为了表明随时可为国死难的决心，命守兵于万一情势不利时火焚公署，其见危授命的牺牲精神，真足以惊天地而泣鬼神。他又设法延缓宸濠叛兵的行动，以便自己有充分调度部署的机会，一面期待朝廷的大军到来，因为单凭四方临时召集的义军，与势大人众的叛敌相抗，力量自然薄弱，而胜负更难预料。不过阳明早已抱定不成功便成仁的决心，在这生死关头，正是他人格接受考验的好机会。他一面致书父亲龙山公，表示诀别；一面上疏武宗，作沉痛而严厉的谏诤；可见他大有以身许国、不畏斧钺的忠义精神。

阳明亲率知府伍文定等从吉安出发，并与江西境内地方官如临江知府戴德孺、袁州知府徐琏等所率各路兵马，会合于樟树镇（在今樟树市）誓师，先攻南昌，守兵闻风倒戈，南昌城破，俘获千余人，宫府眷属纵火自焚。宸濠进攻安庆（属安徽省）不下，遂引兵反救江西，因进取不利，巢穴又已倾覆，故士气沮丧，阳明乃乘胜迎击，宸濠水军大溃败于樵舍（在南昌北）。后又苦战顽敌，宸濠再度败阵。阳明更以火攻，叛众大溃四散，宸濠与嫔妃挥泪告别，正想潜身逃逸，却被知县王冕纵身擒获，奉献阳明。于是宸濠世子、眷属及叛党数百人都束手就擒，斩杀士卒三千多人，有二万多人落水而死，衣物与浮尸，横江十余里。战况极为惨烈。这时九江、南康也都相继收复，声势浩大的宸濠叛变事件，遂告全部底定。

阳明以孱弱多病的体质，起事于颠沛危疑之际，且所率领的不过是一万多乌合之兵，竟能在一个多月的短时间内，大破强寇十万之众，俘获反叛的元凶宸濠，真不愧为出奇制胜的靖难豪杰，挽狂澜于既倒的中流砥柱。

在阳明和宸濠作战期间，即使戎马倥偬，军情紧急，仍与士子不断地研讨学术。某日，忽接阵前失利的报告，阳明从容离座，发出令牌，命处斩先退却的士兵，回座后依然神态自若，大家惊惧地探询详情，阳明淡淡地说："这是兵家常有的事，不值得介意。"后来听说已擒获宸濠，满座莫不喜形于色，而阳明颜色如故，其不动心的修养工夫，与镇静坚定的儒将风度，真可与东晋的谢安后先辉映！

当初朝廷风闻宸濠叛变，遂派遣许泰、江彬、张忠等领兵征讨，途中听说阳明已经得胜，三人竟意图夺功，便秘密奏请武宗亲征。武宗正想趁机到风光绮丽的江南游玩一番，于是自称"奉天征讨威武大将军镇国公"，煞有介事的首途往江西亲征。阳明上疏谏止，武宗不愿接受，遂亲幸南京，并派江彬、张忠先率军到南昌，江彬等竟诬说阳明与宸濠共谋反叛，因见朝廷大军忽然到临，才擒住宸濠以图脱卸罪名；他们甚至想缚执阳明以居功，而阳明丝毫不为所动，并乘夜直趋杭州献俘。后又奉旨巡抚江西，返抵南昌时，张忠等故意纵师触犯阳明，无所不用其极。阳明委屈忍辱，反而以礼相待。后来江彬等又百般设计，构陷阳明，但正义终能战胜邪恶，他们的奸谋都没有得逞。

当时的江西，真是个多灾多难的地方，两次剿匪平乱的大战，已是兵连祸结，接着又遭逢两度天灾。先是数月不雨，遍地干旱，饥民流散四方，辗转死于沟壑，阳明上疏请求免税宽租，竟不得宽免，只得自叹自谴说：“徒切痛楚之怀，曾无拯救之术，汗背赧颜，此皆吾之罪也！”继而洪水滔滔，四境杌陧不安，人民痛苦益深，阳明基于忠君爱民的血诚，再度上疏以自劾，希望君主开悟，疏中有“悠悠苍天，谁任其咎”的话，但武宗仍然听信群小的谄言，继续羁留南都，对阳明的忠谏，始终不能悔悟，奈何？

正德十六年（一五二一年），阳明五十岁了。在平定宸濠叛乱，完成这番惊天动地的事业之后，又受尽权奸们的讥谗毁谤，而忍辱含垢，对他个人来说，处身于危疑震撼之中，正如暴风雨的袭击，使他更深刻而真切地体认：良知真足以忘却患难、超出生死。因此，他开始揭举“致良知”的教言，来指点世人。可知“致良知”的学说，是阳明历经危难，从百死千劫中证验、锻炼出来的真学问！

这年武宗崩逝，骄横不可一世的江彬伏法。世宗即位后，召阳明北上，以备重用。因阳明声望日隆，朝中元老重臣不胜嫉妒，故又中途受阻。这时阳明恰好路经钱塘，遂上疏请求便道归乡省亲，幸蒙世宗允准，得以返回余姚，展拜祖坟，并与家人团聚。万险归来，益觉田园恬静可爱，颇有怡然自得的快乐。

世宗颇能轸念忠贤，先后升阳明为南京兵部尚书，进封新建伯，并以厚礼慰劳存问。阳明家居时期，由四方到浙江来问学的士人渐多，朝中谗臣向世宗上疏，指为伪学，因此，从嘉靖元年（一五二二年）到嘉靖五年（一五二六年），阳明六年未被朝廷召用。这六年居家的生活，倒是惊涛骇浪后的一段平静的日子，也是他晚年讲学极盛而思想成熟的时期。

嘉靖元年二月，父亲龙山公逝世，阳明因哀毁过度而致病。在忧病中，对远方来问学的人，指示归求孔、孟之训，可见阳明之学，实尊崇孔孟，而纯以儒学为依归。次年，阳明虽然隐居讲学，但京师仍有不少嫉妒他的人，继续对他横加谤毁，而阳明却一依良知而行。他早年为摆脱卑陋的乡愿习性，而寻求到良知的本体，由于不能与世俗同流合污，所以不断的受人毁谤，遭人谗害。他本属狂者一路的人，经过多年来环境的磨炼，心性才渐近狷者。孔子说："狂者进取，狷者有所不为。"阳明就是有所为有所不为的人。晚年则更从狷者而趋向中道，这是他性行方面的进境。

嘉靖三年（一五二四年），阳明五十三岁时，仍然在家守孝，各地因慕名而问学的人，继踵比肩而来。于是特别开辟一座稽山书院，八方俊彦，相聚一堂，环坐而听阳明讲学，人数常达三百余众，盛况可想而知。阳明向大家阐发《大学》万物同体的旨意，使人各自寻求一己的本性，以致其良知，而达止于至善的境界。

这年八月中秋夜，月明如昼，与门人在天泉桥宴聚，设席于碧霞池畔，当酒意半酣，歌声四起，诸门人或作投壶之戏，或击鼓为声，或泛舟池上以取乐。阳明见诸生兴致浓厚，因赋诗二首以寄兴，很能道出他当时的思想和心情。他的诗说：

万里中秋月正晴，四山云霭忽然生。
须臾浊雾随风散，依旧青天此月明。
背信良知原不昧，从他外物岂能撄？
老夫今夜狂歌发，化作钧天满太清。
处处中秋此月明，不知何处亦群英？
须怜绝学经千载，莫负男儿过一生。
影响尚疑朱仲晦，支离羞作郑康成。
铿然舍瑟春风里，点也虽狂得我情。

嘉靖四年正月，夫人诸氏去世，四月葬在徐山。次年十二月，继室张氏生子正亿。老年得子，使阳明喜出望外；尤其在人丁不旺的家庭里，自然更是一件莫大的喜事。因此远近世交亲友，纷纷前来道贺，也有以诗相贺的，阳明深受感动，都次韵奉答，写出了他欣喜的心情。如：

自分秋禾后吐芒，敢云琢玉晚珪璋。
漫凭先德余家庆，岂是生申降岳祥？
携抱且堪娱老况，长成或可望书香。
不辞岁岁临汤饼，还见吾家第几郎。

嘉靖五年（一五二六年），广西田州的土族岑猛作乱，由都御史姚镆领兵征讨，终能擒服岑猛父子；次年，岑猛手下的头目又聚众煽乱，并攻陷思恩，姚镆乃结合西南四省的兵力征讨，但长久仍不能攻克，朝廷便采用侍郎张璁、桂萼的推荐，特别起用阳明总督两广及江西、湖广的军务，并督同姚镆，以剿抚边陲嚣悍的蛮夷。但阳明适值衰病垂老之年，实在心有余而力不足，只好上疏请辞。

世宗对阳明十分倚重，一面责令姚镆退休，以便事权专一，一面降旨阳明即刻赴任。阳明奉命后，因见事势迫切，而世宗的旨意又这样温和，一片忠诚体国之心，以及天生以苍生为念的仁者胸怀，又鼓起了他的勇气，扶病冒险赴任，再度肩负起艰巨而沉重的担子。

对广西思恩、田州的苗夷之乱，阳明有他深一层的看法，当他于嘉靖六年十一月到达梧州时，便上疏世宗，主张先以道德感化他们，若道德不足以感化，然后才以兵威慑服。次年二月，阳明抵达南宁，首先下令完全撤退防守的兵众，几天之内，便有一万多蛮夷自动来归，头目们也自缚请罪，余众莫不欢呼感泣，叩首悦服。就这样兵不血刃，不损一箭、不费一卒地平定了思、田的蛮夷。于是阳明保存当地原有的土官，以夷治夷，并借他们原有的兵力，以为中原的屏障；然后又在各地兴建学校，普施礼义教化。

广西境内，另有八寨、断藤峡等地，因地势险恶，常有蛮贼数万，出没无常，而且凶猛猖獗。阳明顺便命部将分道进剿，全部兵力，不足八千，但在一个月之内，便悉数扫平了蛮贼的巢穴，为地方除去了数十年的大患，真是功在国家。但却因而引起一般朝臣的嫉妒、物议与谤毁，不过公道自在人心，阳明为国除患的忠贞，博施济民的仁惠，终能赢得大多数人的支持与称扬。

阳明将两广的军政事务，大体处置妥当之后，可算奠定了当地长治久安的基础。这时，他的病况日趋严重，的确支持不下去了，遂不得不决定告病退休。嘉靖七年（一五二八年）十月，他上疏恳求世宗准许他回乡就医养病。于是他一方面启程东行，一方面在途中听候复旨。当舟行到乌蛮滩（原广西省横县东郁江中），滩前有马伏波庙，阳明乃扶病登岸，拜谒于庙中，竟与十五岁时梦中所见相同，不禁喟然而叹，有诗以志感：

四十年前梦里诗，此行天定岂人为？
徂征敢倚风云阵，所过须同时雨师。
尚喜远人知向望，却惭无术救疮痍。
从来胜算归廊庙，耻说兵戈定四夷。

阳明自幼体质孱弱，青年时期，曾多次因疲神苦思、用心于学问而病倒；中年以后，又忙于案牍公文，因辛劳过度，以致患上了虚弱咳嗽的宿疾。后来窜身荒夷，用兵南赣，瘴疠蛊毒的雾气，军旅驰驱的生活，对他的身体更倍加侵蚀摧残，所以终生忧病缠结，悲苦积郁。这次以年近六十的高龄，远赴蛮荒的边陲，跋涉于山野丛林之间，多年肺痨咯血的病情，自然更重，加上咳嗽与泻痢，遂致一病不起。

十一月二十八日，舟行至江西南安的青龙铺，因旅途劳顿，已元气大伤。次日清晨，病况更加危急，家童问有何嘱咐，阳明说：

“其他倒没有什么可挂念的，只是平生学问方才见得几分，未能与同志们相共成就，这是唯一令人遗憾的事！”继而召门人周积入内，良久，方才张开眼睛说：“我走了！”周积流着泪问老师遗言，阳明微笑地说：“我这片心地是光明的，还有什么可说的呢？”顷刻间，便瞑目长逝。南赣本是他开始建立事功的地方，而今不意又在这里结束了他充满忧患的一生。诸葛武侯所说的“鞠躬尽瘁，死而后已”的话，阳明实在也当之无愧！这时是明世宗嘉靖七年十一月二十九日（一五二九年一月九日），享寿五十七岁。

阳明溘然而逝的噩耗，远近传播，各地门人纷纷前来奔丧。当时正任赣州兵备的门人张思聪，在途中迎灵，并依礼入敛，设奠祭祀；然后灵衬由舟运北返，沿途士民缟素匍匐迎丧，或祭奠于道旁，痛哭哀泣，如丧考妣。江西百姓感念他的恩泽，其感情之深挚，由此可见一斑！

次年正月，自南昌发丧，家中子弟辈都先后赶来迎灵奔丧。当灵柩运抵余姚，四方来吊丧的门人有数百人。十一月十一日，安葬于距城三十里的洪溪，这是阳明生前自择的墓地。发引那天，远近来会葬的门人，多达一千余人，或扶柩痛哭，或庐墓守望，充分表达了他们无尽的哀思与真诚的崇敬。

2. 阳明的时代背景

历史上任何一位人物，任何一家学说，都不免要受时代环境的影响。因为个人所生存的空间与时间，是他直接呼吸感受的所在，与他的生命息息相关。换句话说：时代风气的氛围，时代潮流的趋势，对个人的思想、人格、学问、事业，必然会产生浸染的作用、冲击的力量。阳明所处的时代背景，对阳明一生的影响，自然也不例外。兹分数点说明如次：

· 政治的腐化

明代自太祖朱元璋削平群雄，驱逐元帝退回蒙古，定都金陵（今南京）以后，由平民直起而为天子，从异族手中夺回政权，重开汉人统治的政治局面，奠定了开国的规模；由于徐达、常遇春等部将的能征惯战，平定了四方，一时武功强盛，威镇海内。但太祖生性猜疑暴虐，功臣宿将几乎尽被杀戮，专制气焰太盛；又废除宰相，造成绝对独裁的局面；并不惜用严刑酷罚来对待士大夫，其残酷无理，为有史以来所仅见；因而造成有明一代政治的腐化。

后来成祖篡惠帝之位，迁都北京，整饬内政，平定安南、交趾、鞑靼、瓦剌诸蛮邦，武功极盛；并遣郑和三度下南洋，宣扬国威，国势一度强大起来。但成祖也是一位暴虐的君主，忠良耿介的士大夫常被残害，逮捕犯人的马队常四出滥捕无辜的平民，臣子与百姓们在他极度的淫威之下，只有惶恐战栗着任由宰割而已，结果人权尽被剥夺，民众饱受压制，忠臣直士几被迫害殆尽，因而造成朝中权奸的专横跋扈。

就整个明代的政治局势来说，内有宦官朋党的争端，外有南方的倭寇、北方的强虏时相侵扰；自成祖以后，因内政的日益腐败，外患的纷至沓来，加以连年用兵，靡费巨大，以致国势衰微，民生凋敝。继而英宗出征鞑靼，不幸被重重围困，不但自己成了敌寇的俘虏，而且四十万皇军竟全数溃灭，在危疑震撼的局势下，造成此后一连串的混乱不安。

阳明生当明代中叶，正是明室政治中衰、昏君当朝的时期。当宪宗成化八年（一四七二年），阳明出生的时候，朝廷在政治上依然显不出一点清明的景象。到宪宗的儿子孝宗，总算比较贤明，但他在位十八年（一四八八—一五〇六年）期间，并没有什么重大的建树或革新。后来武宗的荒淫无度，世宗的昏庸暗弱，神宗的荒怠朝政，这三个有名的昏君在位时，成为明代中叶政风最衰敝的时期。阳明的一生，共经历宪宗、孝宗、武宗、世宗四朝，其中尤以武宗和世宗与阳明的关系最大。

武宗在位时，宦官刘瑾和他的同党马永成、谷大用等八人，引诱君主日夜沉迷在声色犬马、游猎狎亵之中，荒淫无度。虽然朝中忠直的大臣们不断的规谏，但不仅劝阻不了武宗的放肆，且更助长了刘瑾等奸宦们专横的气势，并促成他们向忠臣阴谋报复的行动：如诬贤良忠直的士大夫为奸党，或假造圣旨召集他们罚跪下狱。除东厂、西厂常大肆滥捕人犯外，又设置内厂，残杀无辜，手段更加酷烈，正人君子被摧残迫害的不计其数。刘瑾又好受贿赂，只要以金钱买通他，可以得官、升级或抵罪。奸宦的气焰如此嚣张跋扈，朝廷的政纲如此混乱腐化，爱国忠君的阳明，实在不忍坐视，所以在正德元年，因上疏营救戴铣等而被放逐蛮荒。

·内乱与外患

正德五年（一五一〇年），刘瑾因罪恶昭彰，终于事发被诛，虽然大奸已除，但朝政却依然紊乱如故，因为又有奸臣许泰、江彬、刘晖等博得新宠，他们和刘瑾一样的专横。于是国家纲纪更加败坏，百姓生活日益困苦，加以灾害相继，边患紧急，遂引起内乱与外患，频频发生。

内在的祸乱方面，如河北流寇刘六、刘七等，聚集数千饥馑流民，掠夺山东一带；又有杨虎等人聚众数千。在河南大肆侵扰，总计纵横数千里内，大约一百多个州县，被他们弄得残破不堪。次如四川一带，由于连年饥荒，以致盗寇蜂起。朝廷派去剿匪的部队，比这些土寇还要扰民，所以官军越是进剿，贼寇的声势越是浩大，几乎发展到无法收拾的地步。而且他们又与湖广大盗扬清、蓝廷瑞等遥相呼应，往往拥有数万人众，横行于川湘一带，荼毒无数的生灵。又如江西横水、大庾；广东浰头、乐昌；福建大帽山等地的匪乱，也十分猖獗。

除了匪寇的祸患以外，朝廷宗室藩镇的反叛，也是明室极严重的变乱。除宁王朱宸濠的叛变，上文已有详述之外；另有安化王寘鐇，一向狂诞异常，对皇室久存觊觎非分之想，正德五年，曾以声讨刘瑾为借口，竟公然进犯京师，一时全国骚动，民心不安。

以上这些地方匪寇的扰攘、宗室藩镇的叛变，幸而先后都被平定，才算解除了朝廷的危局，延续了国家的命脉。如河北的寇乱，后来被彭泽、陆完等平息；四川、湖广的盗匪，也被次第平抚；而江西、广东、福建等巨贼，及宸濠声震一时的反叛行动，都是被阳明先后平定的。至于寘鐇的变乱，则为右都御史杨一清、太监张永、宁夏游击将军仇钺等所敉平。

至于外来的忧患，明代四方的异族，本来有东北的女真、北方的鞑靼、西面的藏番，及东南海外的日本，他们随时都构成侵袭的威胁。到明代中叶以后，由于内乱频频，国力衰颓，东南沿海的倭寇便乘机大肆骚扰，北方的鞑靼也时常蠢蠢欲动。因此，东南海疆与北方边境，几乎年年都有战端，没有安宁的岁月。

武宗朝的内乱外患如此，到了世宗当政，由于他专制的手段与偏执的个性，造成臣僚们逢迎谄媚的卑靡风气，忠诚正直的士大夫，多被排挤诬陷，无法立足于朝廷。阳明也因被朝中权奸所谮毁，困居家园，从嘉靖元年（一五二二年）到五年（一五二六年），六年不蒙征召。直到后来因广西思恩、田州一带苗夷的动乱，才再度起用阳明前往招抚。

·学风与士气

明代的学术风气与教育制度，本来就卑靡衰薄，到中叶以后，乃更趋败坏腐化。从明代开国以来，因政府多次大兴文字狱，读书人动辄得咎，生命不保，学术思想的自由发展，当然深受阻遏，甚至全被扼杀。在教育制度方面，国学的监生，可用粟米财物换得，其程度之滥，流弊之深，可以想见。至于地方教育，也只是虚耗公帑而已，且生员习气恶劣，甚至仗势欺人，为非作恶，令人叹息！

自从朝廷的科举考试，不再试验经书中的义理，而以束缚思想、窒碍心性的八股文取代之后，学术思想因而益形荒芜空虚。一般士大夫的头脑中，毫无坚定的中心思想与人生信仰，他们所用心讲求的，只是如何趋附时势，博取功名利禄，以便装点门面，炫耀一时；古圣先贤所讲的身心之学，早已尘封固闭，乏人问津了。所以阳明曾感慨地说："今夫天下之不治，由于世风之衰薄，由于学术之不明；学术之不明，由于无豪杰之士者为之倡焉耳。"真是一针见血的论断！

功利思想，在当时不但弥漫社会，习染成风，而且毒害人心，以致饰伪行恶，骇人听闻。因此，阳明更悲愤地说："呜呼！士生斯世，而尚何以求圣人之学乎？尚何以论圣人之学乎？士生斯世，而欲以为学者，不以劳苦而繁难乎？不亦拘滞而艰险乎？呜呼！可悲也已！"后来阳明极力倡导圣人之学，目的就在扭转衰薄的世风，昌明沉晦的学术，他真不愧为一世豪杰！

·时代的影响

总之，明代自太祖建国，以及成祖的开拓，由于他们暴虐的作为，专制的淫威，已播下了腐化的种子；到宪宗在位时，太监开始得宠，朝政便从而败坏。以后历传孝宗、武宗、世宗诸朝，由于君主的昏愦荒淫，权臣的奸邪跋扈，造成国家纲纪的废弛，因之内乱频起，外患丛生，而学术的空疏，经济的萧条，政治的腐败，也就一天比一天严重，阳明所遭逢的，便是这样一个衰敝的乱世。

由于阳明素怀大志，常以救世济民为己任，当他眼见国事如此衰败，百姓如此痛苦，怎不令他兴起悲悯苍生的心怀？和奋起挽救国运的行动？所以他还只有二十六岁时，便开始专心从事兵法的探究，俨然有志在四方的男儿气概；二十八岁那年，曾向宪宗上疏，陈述如何巩固边疆防务的策略，他坦诚地指出：朝廷内政的紊乱，是造成外患猖獗的基本原因；并详切地剖析：若想有效地抗御外来的侵犯，应当从储备人才、精练军队、开垦田地、严行军法、施布仁恩诸端入手。他热烈地期盼政府，力图振作，力谋革新，以达成拨乱反正的目的，而挽救国家危亡于旦夕，但宪宗并未采纳他的建言，令他大为失望。

武宗嗣位以后，由于他只图个人的享乐，以及宠幸宦官佞臣，而不顾国计民生，所以朝政更加败坏。这时，君主既如此荒淫，政事又如此坏乱，积弊之深，几乎已不可救药；于是阳明不得不改弦更张，从另一方面谋取挽救之道，那就是提倡致良知的学说，以振起陷溺在功利漩涡中的人心。他认为：如果社会人心能趋于端正善良，则衰薄的世风自然能趋向淳厚，而天下国家也自然能平治。他这种唤醒人心、改善民风的主张与作为，可说是一种社会心理建设，也是一种了不起的精神事业，的确是救国救世的根本要图；但是曲高和寡，赞同他的意见，而愿与他共同肩负这时代重担的人，实在如凤毛麟角。

阳明既处身于这道德沉沦、良知泯没的时代，而国脉的微弱、民生的困苦，在在都需要一个豪杰之士来挽救、来担当旋乾转坤的使命。所以，他平生倡导学术，建立事功，莫不是为了救国、救民与济世。尽管阳明的心志如此光明磊落，而且为国家安定了许多内乱，替民众扫除了不少祸害，真是功在国家，泽被生民。但他从三十五岁被贬谪龙场，到五十七岁病逝军中，这二十多年的岁月，竟无时不生活在忧谗畏讥之中。嫉妒、排挤、毁谤、中伤，常常在袭击着他；朝廷的奸臣们，随时都想设计陷害他；小人的横行，时代的黑暗，对阳明构成残酷的精神迫害。不过阳明正因为生存在这变乱污浊的时代，身受种种苦痛，目击种种罪恶，强烈地刺激他的精神，磨炼他的意志，无形中推动着他成就伟大的事功，开创出真切的学术天地，而赢得立德、立功、立言的不朽生命。

二、王阳明的学术思想

1. 阳明的心学

·心学的渊源

阳明全部学说的根本，在于直接从人的本心上用工夫，所以阳明学说当时称为心学。宋儒陆象山主张：圣贤之学就在直指本心，而摈弃训诂词章等支离小道；更大胆地说："宇宙便是吾心，吾心便是宇宙。"他把整个宇宙的真理，纳入了人心之中；以为宇宙有永恒不易的真理，这真理就存在我们的本心，而这个不变的心，便是沟通宇宙和自己的一座桥梁；且四海之内、千百世以下，莫不心同理同。后来阳明也认为心就是理，并主张"心外无理，心外无事"。与象山大致相同；所以一般探讨阳明学说渊源的人，大多以为阳明承继象山的余绪，而有所推衍发扬，所以并称"陆王"。

在中国古代典籍中，最早论到心的文字，当推《尚书·大禹谟》的："人心惟危，道心惟微，惟精惟一，允执厥中。"这著名的所谓十六字心传，据说是尧、舜、禹相传的心法。阳明为象山文集作序，曾说："圣人之学，心学也。尧、舜、禹之相授受曰：'人心惟危，道心惟微，惟精惟一，允执厥中。'此心学之原也。"但《大禹谟》是《古文尚书》，清代考据家已证明是后人的伪作，所以，我们不能以此为中国论心的起始。

中国思想家中论心的学者，当推孟子为第一。不过孟子之前，孔子在谈到弟子们的仁德修养时，曾赞美颜回说："其心三月不违仁。"这话便已微见端倪，只是到孟子更加具体而已。孟子曾说："仁，人心也。"又说："仁义礼智根于心。""岂无仁义之心哉？"都是从义理论心，与孔子正同。尤其他性善的主张，更是他论心的重点，他以为人心都具有善端，也就是人心自然倾向于善；人心对于一切善，具有良知良能，人应当从心上下工夫，以克制情欲，培养善端，然后才能增进德行，而日进于高明的圣贤境域。

如此说来，阳明学说真正的渊源，应该上溯到孔孟。据他自述，年轻时曾陷溺于邪僻二十年，后来钻求孔孟的言论，才恍然见到一片圣学的真天地。又曾譬喻孔孟的遗训，就像日月的光辉，如撇开孔孟而寻求其他异说，等于舍弃日月的灿烂，而希冀萤火的微光般荒谬可笑！所以阳明学说确是远本孔孟的儒学，体悟到孔孟的真精神，把握住孔孟的真血脉，而发挥得更透彻，且有更具体的理论，更确切的实践，足以启示圣学的精奥。

陆象山在心学上所建立的基础，是后来心学开展的先导，所以象山可说是阳明思想上的导师，他的心学与阳明学说一脉相承。阳明曾说：象山的心学，简易直捷，是孟子以后第一人；且断定陆氏上接孟子所传，陆学也就是孟学。可见阳明学说的渊源，远宗孔孟，近承象山，而陆王的心学，都可说是上接孔孟儒学的真传。

阳明心学的精义，可分为心即理、致良知、知行合一三大纲领，兹分别介述其要旨如后：

·心即理说

“心学”脱离宋元理学而俨然别树一帜，正式成为一套思想的体系，虽然是发端于宋儒陆象山与杨慈湖，然光大象山、慈湖的遗绪而集其大成的，则为明代的王阳明。

从前朱子把《大学》所说的“格物致知”，解作要在事事物物上穷究其道理，阳明在三十七岁谪居龙场以前，对这种解说久已感到怀疑，因为朱子显著地将心与理截然分开，于是八条目中“格物致知”与“诚意正心”以下，便成两套不同的工夫，彼此不能贯串。这问题使他困惑了二十多年，始终没有悟透；然而在龙场的一番困心衡虑，恍然一悟，却因而悟出了一个道理。他想：若依朱子的说法，去穷究一草一木，乃至天下万物的道理，教人有茫然而不知何从下手之感。况且就算穷究到一草一木的道理，又跟个人的心性修养有什么相干呢？因此，他才憬然悟觉：原来格物的工夫，是要在心上去做的。

格物既然是心上的工夫，则格物的“格”便不当如朱子解作“穷至”，而应与孟子“格君心之非”的“格”相同，是使一切不正的归向于正的意思。他又把格物的“物”解释做事，认为从人心发出的便是意向，而意向所在的便是物，也就是事。因而举例说：“如意向在于事亲，则事亲便是一物；意向在于事君，则事君便是一物。”这样一来，物理也就成了事理，所谓格物，就是使不正的事理归向于正。

阳明又认为：天下万物都不在我们的心以外；也就是说：天下没有心外的物。那么明明是外界的物，又怎么来到心中的呢？当阳明有一次与朋友游山时，那位朋友手指山间的花木问道：“你说天下没有心外的物，请问这些花木在深山里自开自落，与我们的心体究竟有什么关系呢？”阳明胸有成竹地回答说：“当你还没看见这些花木时，它跟你的心体同样归于寂静；但当你一旦看到了这些花木，它的形体、颜色便在你心中一下子清晰地呈现出来，可见这些花木何尝在你的心以外呢？”这真是耐人寻味的一番对话。

从以上这番对话里，我们可以体会出阳明的意思是：一切外物粗看似乎不在人的心体中，但它显而易见的形体、颜色等，却完全由于人心的知觉与认识，方能发生认知的作用，而觉察出它的存在；换句话说：宇宙万象都由人心主观的认知，才能证明它们是实有的，不然便等于无。物的存在必有它存在的理，而物理也是因人心的认识与理解作用，方才成立，如果没有心，物理也就不存在了；反过来说，心的存在，也正由它这种作用才表现了出来，如果撇开物理，心中也就一无所有了。所以心体与物理，乃是相互依存、相互容摄而存在的，因而心以外没有物，而心的存在也就是理的存在。

在阳明看来，人的心是包罗万象的，宇宙间万事万物都在我们的心中，所谓“万化根源总在心”。他认为心的本体原是寂然不动的，这本体就是性，而性也就是理，所谓理，也就是天理，所以他说心就是理。天下既没有心以外的事物，也没有心以外的道理；天下的道理虽然散附在万事万物中，而实际上都存在于人们的心中。万事万物的道理既不外于我们的心，若从心以外去求事物的道理，就没有事物道理可求了。

因之，阳明又以为：读书必须在心体上用功，因为四书五经所说的，不过只是这心体而已。四书五经的内容，在教人尽性做人，推其极致，则是圣贤学问，这是生命的真理，这真理的悟觉，系于心体的一念。因此，一脱离心体，就没有圣贤学问，没有生命的真理，四书五经也没有存在的价值。如《论语》讲“仁”，《孟子》讲“性善”，《大学》讲“明明德”，《中庸》讲“诚”；《诗经》教人“温柔敦厚”，《书经》传述“百王心法”，《易经》垂示“穷神知化”，三《礼》阐释“亲亲尊尊”，《春秋》著明“礼义大宗”，其内容都不离心体。如果我们只将四书五经看作文字书本，只去作训诂考据的工夫，而不能透过心体，以求融会贯通，悟解其中的真理，进而实践力行于人生日用之间，则不能说是真通四书五经。陆象山曾说：“学苟知本，六经皆我脚注。”心体就是学问的根本，六经中千言万语，不过为这心体作多方面的阐发印证而已。阳明在《稽山书院尊经阁记》中也说：“六经非他，吾心之常道也。”正可与象山的话相发明。

总之，阳明所说的“心”，就是孟子的本心，也就是宋儒喜欢说的天心或道心，这是圣贤一脉相传的心法；至于他所说的理，就是我们的心去应事接物的道理，也就是天理。这天理由天心而发，所以天理就在我们的心中。他认为只要此心不被私欲所蒙蔽，就充满了一片天理，不须由外面增添一分，也绝不外求于他事他物。因此，他所说的“心即理”，等于说“良知就是天理”，这是阳明形上哲学的本体论，由此而衍生出他的“致良知”说，且二者息息相通，如《传习录》中《答顾东桥书》说：“致吾心良知之天理于事事物物，则事事物物皆得其理矣。致吾心之良知者，致知也；事事物物皆得其理者，格物也。是合心与理而为一者也。”这段话最足以说明他的学理的融贯性。

·致良知说

“良知”二字，本出于《孟子·尽心》。孟子说：“人之所不学而能者，其良能也；所不虑而知者，其良知也。”又说：“是非之心，人皆有之。”“羞恶之心，人皆有之。”所以“良知”就是不待学习思虑而能辨知是非善恶之心。王阳明也曾直截了当地解释说：“知善知恶是良知。”又说：“良知即是天理。”所谓“天理”，其实只是分别是非善恶之心，因为除去了这能分别是非善恶的人心，便无由见出天理，所以“良知”就是天理本源的人心。

先就善恶来说：善恶的标准固然难定，但推究它的本源，只存在于自然灵明觉知的人心中。譬如人心莫不自然有求生存、求爱的欲望，那么生命与爱就是天理，因而一切助长生命与爱的行为便是善，一切摧残生命与爱的行为便是恶。这一片求生存、求爱的心，就是在自然灵明觉知的状态中朗现的良知；所以良知就是人心对善的自然明觉，而所明觉的善就是天理。

再就是非来说：阳明曾简明切要地解释："良知只是个是非之心，是非只是个好恶。"所谓是非之心，也就是分别善恶之心，而善恶的普遍标准，就是从人心的好恶上得来。譬如人心莫不好生恶死，好爱恶恨，因此，一切助长生命与爱的行为固然是善，人们必然肯定它的价值而称它为"是"；一切摧残生命与爱的行为固然是恶，人们必然否定它的价值而判它为"非"。其实，一切的善恶是非，只是人心的好恶而已。

人对善恶是非的本然好恶之心，就是天命之性的真诚良知，由此推广繁衍，古圣人又立下许多德目，如以此真诚的良知事奉父母就是孝，对待兄长就是悌，以此真诚的良知事奉君主就是忠，对待朋友就是信。这孝悌忠信的德行，只是人心良知的自然显露，因为是人心所好，所以认定它们是善的，从正面肯定它们为"是"，尊它们为天理。孟子曾说："孩提之童，无不知爱其亲也；及其长也，无不知敬其兄也。"他从人心自然知道爱亲敬长，来指点人心的良知，是再切近不过的了，所以阳明也曾阐扬这一点，他说："知是心的本体，心自然会知。见父母自然知孝，见兄自然知弟（同悌），见孺子入井自然知恻隐，这就是良知。"

又阳明《答聂文蔚书》说："良知之在人心，无间于圣愚，天下古今之所同也。"所以，他认为良知是人人所固有、所同具的本性，自孩提之童莫不完具，也是愚夫愚妇与圣人所同的，甚至天下之大、古今之久远，在这广大无垠的空间、绵绵无穷的时间内，所有人类无不同具。它是人心中灵明自觉、寂然不动的本体，不必假借耳目见闻，在圣人心中不增一分，在凡人心中不减一分，并且是永远不会泯灭的，即使是一个杀人不眨眼的盗贼，也有良知发现的时候，在他内心深处，也会自觉不应当做盗贼，称他为盗贼，他也许会表现出忸怩不安的情绪，这岂不就是孟子所谓“羞恶之心，人皆有之”吗？

《阳明文集》中载有一段动人的故事，足可证明这能辨知是非的基本良知，是不必假借耳目见闻的。当时有一个又聋又哑的人叫杨茂，有一次求见阳明，阳明只得与他用纸笔写字交谈。

阳明首先问：“你的口中不能说出是非，耳朵不能听到是非，你的心里还能知道是非吗？”杨茂回答说：“知道是非。”

阳明因而称赞说：“这样说来，你的口虽然不如他人，你的耳朵虽然不如他人，但你的心还是和他人一样的。”杨茂点头称谢。

阳明进而开示他：“如今你对于父母，只须尽到你的孝心；对于兄长，只须尽到你的敬心；……只须实行你那自以为‘是’的心，不要实行你那自以为‘非’的心。”杨茂又点头拜谢。

于是阳明便说：“我如今教你：只须终日实行你的心意，用不着口说；只须终日听取你的心意，用不着耳听。”杨茂更磕头再三拜谢而后已。

由这个故事里，一个失去听觉的聋子，也失去语言能力的哑巴，依旧具有是非之心的事实看来，可知这人人皆具的良知，的确是本心所固有，何尝假借外界的见闻呢？

良知的本体，好比一面光洁明净的镜子。当人心一旦被私欲所蒙蔽，这面镜子便不再洁净，而失去其光明；良知便不再昭明灵觉，而失去其所以为良知的作用；只有“致”良知的工夫，才能恢复它本体的光明，回归到纯粹的天理。那么何谓致良知呢？如上面那段故事中，阳明要杨茂尽孝尽敬，这行为便是致良知，因为孝亲敬兄之心，就是天理，也就是良知。所以良知是体，致良知是用，使这良知的本体，达于人生实用，便是“致良知”。

阳明所倡行的“致良知”说，不看重口耳间的知识传授，而注重身心上的实证与体验，所以特别强调“致”字，他曾说：“致良知是学问大头脑，是圣人教人第一义。”孔子教人求取的学问，不是口耳间的学问，而是身心上的学问；《大学》要人格物致知，格物的“物”既然是心中的物，那么致知的“知”当然是心中的知，也就是指此良知而言。阳明认为：学者须先在良知上作去恶存善的体认，然后随时随地就事事物物上真诚地致此良知。

在阳明看来，用功于致良知的方法，一面要拂除心中的私念私欲，不使一念不善在胸中潜伏，以保存那本具的善端；一面要在事实上、环境上接受磨炼，笃实履践，不能只是口头上说说而已，要致我的良知于事事物物，使事事物物都合于正理，合于天理。后者是格物的工夫，前者便是诚意的修养。可见阳明的“致良知”说，原是要人将格物与诚意在心胸中贯串成一套心性修养的工夫。这是圣贤论学用功之处，简易明切，经阳明这样阐发，不但掌握了孔孟思想的真血脉，更光大了圣人学问的真精神。

·知行合一说

阳明为了针砭当时一般学者知而不行，或行得不够笃实的通病，又特别提出“知行合一”的学说。据《阳明年谱》的记载，他在龙场悟道的次年，应贵州提督学政席元山的聘请，主讲于贵阳书院时，开始提出“知行合一”的学说。

从前理学家们主张向外在事物穷理，他们往往强调：必须先知道事物的道理，然后才能依理去实行，阳明以为这显然是将知与行分作两段，如此说来，当人一心去知的时候，那里还有工夫去行呢？如果只是知而不能行，不但那知不是真知，而且知也就毫无意义可言。

从知与行的关系上看，阳明认为：知是行的主意，行是知的工夫；知是行的开始，行是知的完成。知只是一个意念，而一个意念的发动就是行。譬如看见美好的颜色，闻到秽恶的臭气，属于知；而喜欢美好的颜色，讨厌秽恶的臭气，便属于行了。当见到美色时，已心有爱好，闻到恶臭时，已心生厌恶了，并非见了美色、闻到恶臭之后，再另外立一个心意去爱好与厌恶。同样，并非知了以后，又立一个心意去行。可见知与行之间有相互关系，它们是不可须臾分离的。所以阳明曾说："只说一个知，已自有行在；只说一个行，已自有知在。"

就人对善恶的辨知与好恶来说，人心本然的良知，是能辨知善良与邪恶的，同时也会爱好善良、厌恶邪恶的。对善恶的辨知属于知，对善恶的好恶则属于行。当人心辨知善恶时，就已对善恶有所好恶了；相反的，当人对善恶产生好恶时，则辨知善恶的真知，已由内在的意念而表现为外在的具体行为了。内与外的合一，也就是知与行的合一。

再从知与行的工夫上看，知行也是不可分的，因为知的工夫，到了真切笃实的地步便是行；行的工夫，到了明觉精察的时候便是知。所以，知与行原来只是一个工夫，它们在本体上是合而为一的。古人所以既说一个知，又说一个行，只缘世间有一种人，懵懵懂懂的任意妄行，完全不晓得思维省察，所以用"知"去针砭他们，才能使他们行得正确；又有一种人，茫茫荡荡的空思冥想，完全不肯着实躬行，所以用"行"去针砭他们，才能使他们知得真实。

在阳明提出"知行合一"说的当时，由于一般学者没有做过存养省察的工夫，对阳明所指点的知行本体，往往不得要领，所以议论纷纷，而不知从何入手。甚至数年之后，门人徐爱还不了解知行合一的宗旨，与同学再三辩论，仍不能解决心中的疑问，只得请示阳明说："有些人明知事奉父母应当孝，对待兄长应当弟（同悌），但却不能做到孝与弟，可见知与行分明是两件事。"阳明告诉他说："那是因为被私欲隔断，不再是知行的本体了。天下没有只知而不行的人，如果有知而不行的，只是未曾真知。圣贤教人知行，正是要恢复那本体。"

所谓"知行本体"，就是良知本体，在自性上原是合一的，只因被私欲隔断，所以分而为二，必须由致良知的工夫，以恢复它合一的本体。有些人虽然知道事父母兄长，应当尽到孝弟之心，但却往往做不到，那是他知行的本体被某种私欲所隔断，使他能孝亲敬长的良知受到蒙蔽，而不能"致"此良知于父母兄长，表现为孝弟的行为，那怎么能算是真知孝弟呢？假如良知的本体明净无尘，不被任何私欲所隔断，则自然能"致"此良知于父母兄长，而行孝行弟，这就是"知行合一"。所以良知是知，致良知是行；良知是本体，致良知是工夫；阳明"知行合一"的学说，实际是从"致良知"而来。

阳明为什么要建立知行合一的学说？他曾告诉问他的人，说他立言的宗旨，是针对一般人把知行分作两件的错误，他们往往心中有一个意念发动，即使是不善的意念，只要还没有表现出不善的行为，就不去禁止它。要知道意念无论善恶，当它在心中发动的时候，便是行为的始端。如果发动时一有不善，就立刻彻根彻底把它克倒，不使任何一个不善的意念潜伏在心胸之中。这就是阳明倡言"知行合一"说的宗旨所在。

《大学》所说的诚意、正心，是一切善良行为的起点，因为人心的本体，虽然没有不善的成分，但从心体发动的意念，却有善恶的区别，当心中有一个意念发动，便是行为上作善作恶的先机，也是圣人与凡夫、正人君子与邪恶小人的分野。阳明以为：这意念发动时的善恶，清明的良知自然能辨识，也自然能随时做到"去人欲，存天理”的工夫。可见知与行确是同时并起的，而阳明的“知行合一”说，就在勉励学者“即知即行”。

阳明“知行合一”说的重点在于“行”，所以他总是劝人在意念发动时，就要切切实实地去恶存善，他常以力行策励后进，曾对门人说：“你们听我讲致知格物，天天如此，即使讲一二十年，也还是如此。你们听了以后，必须切实用功，才会有所长进，否则只是空话一场，又有什么用处呢？”阳明不但教人要这样身体力行，他自己在一生中的每一阶段，总是迸发整个生命的热情，从力行实践中去追求他人生的理想，后来他在政治上迭次建立的事功，便足以证明他已充分发挥了“知行合一”的精神。

总之，阳明的“心即理”说，认为良知就是天理，因而衍成“致良知”的学说；于“致良知”以后，进而论修为工夫，则主张“知行合一”；三者是前后一贯的。后来他的学生钱绪山，曾将阳明一生诲人的教言，归纳成四句偈语：“无善无恶是心之体，有善有恶是意之动，知善知恶是良知，为善去恶是格物。”这就是“天泉证道”著名的四句教，又称四句诀，《大学》“正心、诚意、致知、格物”的工夫，全在其中，而且确能概括阳明学说的精义。

以上三大纲领，是阳明全部学说中完整而一贯的思想体系。此外，就他平生的言论来看，还有仁说、性说、亲民说、诚意说、谨独说、克己说、立志说、存天理去人欲说、拔本塞源说等，都有他独特的见解，但比较零星，而且大多和他的“致良知”或“知行合一”说相涵摄，甚至他在教育、政治方面的思想，也莫不从“致良知”出发，而贯以“知行合一”，可见这是他的中心思想。

阳明一生所施于人的言教与身教，纯粹是凭一己内心体验到的真理去指点人心，启导他们实践力行，简易而平实。他从来不尚空谈，也从来不只从书本或事物去灌输微末的知识；他只从根本上讲明人的心体如何与天理相应，人如何致良知于事事物物，如何使良知与行为恢复它本来的合一：这样的教化和学说，不但针砭了千年来儒者们空疏迂阔的弊病，也替儒家思想注入了新血液，开创了新生命；不但光大了宋儒程明道、陆象山以来心学的余绪，而且远承孔孟思想，发扬了内圣外王的儒学精神。所以，阳明学说不仅是道道地地的心学，并且心物兼赅，体用并尽；而阳明先生不仅在中国思想史上是一位集大成的心学大师，他一生的人格、学问与志业，更建立了知行合一、文武合一的儒者典型。

2. 阳明的学术著作

阳明毕生的著述，都汇集在由门人徐爱等所辑录的《王文成公全书》中。全书共三十八卷，首先三卷是语录，为先生在世时徐爱等所辑录，就是著名的《传习录》。其余诗文、奏疏等类共二十八卷，则为先生逝世后，门人钱德洪续辑，凡文录五卷，别录十卷，外集七卷，续编六卷。最后七卷为年谱与世德记，为钱德洪与先生另一门人王畿所辑附。

最足以代表阳明学术思想的著作，当推《传习录》。另外，先生晚年书示门人的《大学问》，则可见出他晚年思想的一斑。兹分别叙述如后：

·《传习录》

《传习录》一书，为阳明平生讲学的记录，书名取自《论语》曾子所说“传不习乎”一语。书中除少数信函及短文外，所记不外阳明与门弟子平日谈论学问，或答复他们质疑问难的话，由门人徐爱、钱德洪据平日所听闻及同门所记录的数据汇辑编录而成，所以大体是一本语录性质的书。全书分上、中、下三卷，上卷包括徐爱所录的十四条，陆澄所录的八十条，薛侃所录的三十五条，共计一百二十九条。

中卷内容，包括阳明与友人讨论学问的书信七封、短文两篇，就是《答顾东桥书》、《答周道通书》、《答陆原静书》、《答欧阳崇一书》、《答罗整庵少宰书》、《答聂文蔚书》、《再答聂文蔚书》及《训蒙大意》、《教约》共九篇。据钱德洪的记载，绍兴知府南大吉当年在浙江刻印《传习录》时，共分二册，下册摘录阳明手书八篇，首为《答徐成之》二书，旨在调停朱陆异同，钱氏因朱陆之辨久已明于天下，故不再录于《传习录》，另增录《答聂文蔚》第二书。

下卷性质与上卷同，包括门人陈九川所录的二十一条，黄直所录的十五条，黄修易所录的十一条，黄省曾所录的十七条，钱德洪所录的五十一条，共计一百一十五条，加上黄以芳补遗二十八条，则有一百四十三条。此外，附有《朱子晚年定论》及《大学问》等。

上、下二卷语录部分，或记阳明平常谈论学问、修养的话，或记弟子发问而阳明解答的话，与《论语》的情形相类似，大多没有什么一定的次序，大体由弟子随手记录而成。内容或讨论《大学》明明德、亲民、止于至善的义蕴，或反复辩明格物、致知的旨趣，由此而谈到致良知与知行合一的学说，或由心的本体谈到如何存天理的工夫，阳明全部学说的纲领，可说全在师生间平日言谈中透露无遗。

弟子们读四书所发现的疑问，常提出来请示阳明，如孔门弟子谈论各自的志趣，孔子何以单独赞许曾点？“思无邪”这句话，怎么能概括三百篇的意义？孟子的不动心与告子有什么不同？告子说“生之谓性”，孟子为什么非议他？大人既然与万物同体，为什么《大学》又说个厚薄？《大学》“在亲民”一句，朱子以为当做“新民”，阳明以为宜从旧本作“亲民”，是否有所依据？《中庸》说“修道之谓教”，何以道就是教？《中庸》说“博学之”，又说“笃行之”，分明知行是两件事，如何能合一？对于这些疑问，阳明无不一一剖析分明，直到弟子胸中毫无疑滞而后已。

许多地方谈到修养，如静坐、主一、养心、诚意、持志、克己、为学等，阳明莫不有精微剀切的指点与启示，如上卷说到为学的大病在于好名，因而指点门人薛侃说："名与实相对，务实的心重一分，则务名的心轻一分。全是务实的心，就全无务名的心。如果务实的心情，像饥时求食、渴时求饮一般，那里还有功夫好名？"又如下卷说："人心本就是天理，精精明明，没有丝毫染着，只是一个'无我'而已。胸中切不可有'我'，有'我'就不免傲慢。古代圣人有许多好处，也只是无我而已，无我自然能谦虚。谦虚是众善的基础，傲慢是众恶的魁首。"

下卷黄省曾所记钱德洪与王汝中论学，汝中对德洪归纳阳明教言的四句诀提出异议，认为若心体是无善无恶，那么意也是无善无恶的意，知也是无善无恶的知，物也是无善无恶的物。他们相互辩难，各不相让，并请老师在天泉桥上作公开的评判。阳明以为他们所见各有殊胜，德洪的四句诀，是教根机比较迟钝的人渐修的途径；而汝中所说的"四无"，则是教根机比较敏锐的人悟入本源的法门：前者由工夫积渐而成就，后者直接由本体上悟解，可说各有利弊，可以兼收并用。这一次的学术论辩，在王门称为"天泉证道问答"。

中卷书信部分，如谈论知行本体，以《答顾东桥书》与《答周道通》、《答陆原静》、《答欧阳崇一》四书，最为详尽。其中《答顾东桥书》的末段，畅发拔本塞源之论，尤为阳明学说一番重要的贡献。阳明认为：圣人的心，以天地万物为一体，天下人的心，最初与圣人无异，只因被私心欲望所蔽隔，因而阻塞不通，以致有违反伦常的行为。圣人有所忧虑，所以推广他天地万物一体的仁心，以教化天下，使天下人都能克制私欲，除去蔽隔，以恢复心体的本来状态。

唐虞三代之世，社会纯朴，人们所教育的、所学习的，不外完成人的德行；三代以下，世衰道微，霸术继起，诈伪繁兴，人们竞趋知识的末流，人心被功利思想所毒害，行为迹近夷狄禽兽，这是世道人心的大危机。所幸天理永在人心，不致泯灭，良知的光明，万古如一日，那么人应该怎样才能使天理良知显现它光明的本体呢？那就是当私欲正萌发之际，极力去克制私欲，作根本的拔除；如在私欲尚未萌发之前，则极力防止私欲，作有效的堵塞。这就是所谓拔本塞源，不仅是恢复此心本体的工夫，也是学做圣人的一番修养。

大体说来，阳明的拔本塞源论，是从人类的心性出发，再从教育入手，不但求个人良知的觉悟，尤扩及全体人类天理的昭明；不但求内心的省察，更扩及人生一切道德、知识、才能与事业；不但着重人与人间相同的共性，也注意人与人间相异的特质；不但着重一部分伦理问题，举凡政治、经济、社会等各项问题，莫不兼筹并顾，一以贯之，由内圣而外王，真是有体有用。就依此逐步推进，不仅足以消极地挽救世道人心的陷溺，更足以积极地促进理想社会的实现。由此可见：阳明的良知学说，绝非空疏偏狭的学理而已，实在可为人类共同的理想开示具体实现的步骤。

《答罗整庵书》论格物，是大人之学实际下手的起点，从初学到圣人，只有这番工夫而已，所论详尽明确，义旨剀切。《答聂文蔚》的第一封书，表述了他的一番苦心孤诣，那就是阳明平生甘愿冒天下人的非议诋毁，虽然栖栖遑遑，始终不忘讲学，惟恐学者不闻圣人之道，而趋于功利的邪径，甚至日益陷溺于夷狄、禽兽的人性深渊而不自觉，他那一体同物的仁者心怀，可说是孔孟以来圣贤们共同的苦心。《答聂文蔚》的第二封书，则揭举出致良知的工夫，阳明认为：这工夫简易明切，使人言下就能立刻着手去做。

至于卷末所附《训蒙大意》及《教约》二文，则可见出阳明的教育思想。阳明以为：民间风俗所以不善良，由于政府未能普施教化，因而当他巡抚南赣时，便告谕当地地方政府，广泛兴办学校，延请师傅教育子弟，以变化他们的气质。《训蒙大意》一文，就是他当时写来垂示教读刘伯颂等，指点训导蒙童的宗旨与方法，由这篇文章，可知阳明对儿童教育确有切实而卓越的见地。

阳明在《训蒙大意》一文中，开宗明义便说："今教童子，惟当以孝弟忠信、礼义廉耻为专务。"这种重视伦理道德、生活行为的教育，就是孔子所说："弟子入则孝，出则弟，谨而信，泛爱众，而亲仁"，孟子所说："谨庠序之教，申之以孝弟之义"的圣贤古训，可说深得我国传统教育思想的精神。阳明又提示培养儿童健全身心的方法，在于"诱之歌诗，导之习礼，讽之读书"。这也就是孔子"兴于诗，立于礼，成于乐"以及"行有余力，则以学文"的教学旨趣，教育与生活完全融成了一片。

阳明所谓"歌诗"，类似如今幼儿园、小学的唱游；而所谓"习礼"，则类似现在的体操；既能训练生活纪律，又能陶冶身心健康，真是一种活生生的儿童教育。又所谓"读书"，用意在使儿童反复诵读，借此将书本上的知识道理永存心中，并倡导他们的志意，而并非盲目地死背强记。阳明曾在《教约》一文中说："凡授书不在徒多，但贵精熟。量其资禀，能二百字者，止可授以一百字。常使精神力量有余，则无厌苦之患，而有自得之美。"可见他非常了解教材教法应与儿童的心理与生理发展相配合。在十六世纪初期，已有这样进步的教育理论，实在是中国教育思想史上难能可贵的一页。

从《传习录》中，可以看出阳明教育弟子，很善于运用机会教育，例如某次与弟子同进饮食，阳明便陈述饮食只是为了养身，吃了务必求其消化，如果徒然留存在肚子里，一定会患消化不良的病症，身体便不能吸收饮食的养分而生长肌肤；后世一般学子，只求博闻多识，而滞留知识于胸中，这就像饮食有伤肠胃一样。譬喻何等浅近而贴切！又如与弟子在池塘边闲坐，旁边恰有井水，阳明便对弟子说：与其为数顷无源的塘水，不如为数尺有源的井水，生意无穷。这样运用活生生的譬喻，从事活生生的教育，真是生动极了！活泼极了！

由《传习录》的记载，阳明也善于因材施教。有一天，弟子王汝止出游归来，阳明问他："出游见到些什么？"汝止回答说："见满街人都是圣人。"阳明说："你看满街人是圣人，满街人倒看你是圣人在。"又有一天，另一弟子董萝石也出游而归，见阳明说："今天见到一件奇异的事。"阳明问："什么奇异的事？"他回答说："见满街都是圣人。"阳明却说："这只不过是平常事而已，有什么奇异的呢？"问题相同，而所答不同，都从他们言语的反面，期求增进他们的造诣，因为汝止还露些锋芒，而萝石虽然尚未真切地见出圣人之道，但似乎已恍惚有悟，所以阳明针对他们不同的材性进境，而给予不同的启示。

·《大学问》

《大学问》是一篇长文，由阳明的门人钱德洪所记录。钱氏在跋文中说：《大学问》一篇，是王门教学的宝典，凡学子初到阳明门下，必然先将这番意思授予，使他由此入门，经过实地用功，便可成就圣学。门人曾请求录印成书，阳明以为：这番意思，必须由学子口口相传，如果笔写成书，使人只当做文字看，那就对身心没有什么益处了。世宗嘉靖六年（一五二七年），当阳明奉命往征思田，将出发时，门人再度请求，方才允许录印成书。

本文附录于《传习录》之后，也曾由阳明另一门人邹谦之附刻于《大学》古本。全文采取问答的方式，将《大学》首章由明明德以至于本末先后之意，层层解说，层层辨析，平易切实，详尽明晰。先儒以大人之学解释"大学"二字，所以阳明一开始便说："大人者，以天地万物为一体者也。其视天下犹一家，中国犹一人焉。"

这天地万物一体的仁心；是宋明理学的传统精神所在。后而解析明明德与亲民说："明明德者，立其天地万物一体之体也；亲民者，达其天地万物一体之用也；故明明德必在于亲民，而亲民乃所以明其明德也。"说得真是体用一贯，内外交融！又以明明德、亲民的极则在止于至善，而良知实为明德的本体，也是辨别是非善恶的准绳。他对《大学》三纲领的阐发，几乎完全包括了自己平生讲学的要旨，可见在当时，阳明也不过借《大学》一书来发挥他自己的学术见解。

其中对格物、致知、诚意、正心等工夫的阐述，虽然阳明在最后颇自诩地说："此格致诚正之说，所以阐尧舜之正传而为孔氏之心印也。"但在文义上总不免有牵强附会的缺憾，因此，这一部分，阳明似乎并未真正地直吐胸臆，譬如钱宾四先生的《阳明学述要》一书曾经指出："《大学》明明说身心意知物，阳明却偏说'其实是一物。'《大学》明明说格致诚正修，阳明却偏说'其实只有一事。'《大学》明明有先后次序，阳明却偏说：'虽有先后次序之可言，实无先后次序之可分。'究竟阳明是在说他自己的话，并非真的在说《大学》。"后世的学者，不免径用《大学》为准绳以衡量阳明学说，甚至真透过《大学》去研究阳明学说，所以难怪要在文义上生出许多纠葛纷歧了。

虽然如此，对阳明整个学术的体系来说，毕竟并无损害。我们千万不能用经学家求章句训诂的方法去了解或批评《大学问》，而应该仔细地从中辨认出阳明的真见解。在《答顾东桥书》里有一段，阳明也曾阐述《大学》格物、致知、诚意的义蕴，由于没有比附《大学》本文解说，所以他自己的意见发挥得比较明白而透彻，读者可以比较参看，则阳明真正的旨意，便不难分晓了。

大体说来，阳明学说以致知、格物为入手的工夫，也是得力的法门；再进一步，往内则由致良知以达于知行合一，往外则扩充一己的仁心，以与天地万物为一体。本篇因为受《大学》文句的滞泥，对格物、诚意的解释，虽然不免牵强支离；但对明德、亲民、止于至善三纲领的阐发，层层解说，深切而着明，所以难怪弟子要奉为教典了。

阳明在授录《大学问》以后，第二年就因病逝世了，所以本文可算是阳明的晚年定论，而且等于是一部《传习录》的缩影。因此，如果我们要想了解阳明学说的概略，应该深切留意这篇《大学问》。

三、王阳明思想对当时及后世的影响

1. 阳明思想对本国的影响

·对当时学界的影响

阳明学说，在当时已流传得很广，所传授的弟子也极众多，俨然成为明代学术的主流；后人因阳明为浙江余姚人，而余姚县南边有一川流，名为姚江，故称阳明一派学说为姚江学派。黄梨洲著《明儒学案》，除阳明本人立《姚江学案》外，并依阳明弟子分布的地域，分列为《浙中王门》、《江右王门》、《南中王门》、《楚中王门》、《北方王门》、《粤闽王门》各学案；而阳明的得意弟子王心斋名艮，因他的学说蔚为大宗，又另立《泰州学案》。在全部《明儒学案》中，姚江学派占了大半的篇幅，可见阳明学说真是盛极一时，

《明史》列传说："阳明弟子盈天下。"这话确实不虚！

余姚是阳明诞生的地方，平生居停时间比较长久，所以这一带及门弟子最多，而阳明学也因此在浙中大为昌盛。浙中派著名弟子有徐爱、钱德洪、王畿等。

徐爱，字曰仁，余姚人。他是阳明的妹婿，武宗正德二年（一五〇七年），当阳明出狱以后，就受学于阳明，是阳明最早及门的弟子。后来又与阳明同在南京做官，来往很密切。他深得阳明心学的真传，所以阳明常把他当孔门的颜渊看待，正巧他的年寿也不幸与颜渊相同，只活了三十二岁。当阳明在江西接到徐爱死去的讣告，哭得极为悲恸，也一如孔子之哭颜渊，并无限感伤地说："徐爱这一死，我的学理将孤微了！"后来每当讲学的时候，仍常常悼念不已，可见阳明对他的挚爱与寄望是何等深切！

钱德洪，字洪甫，号绪山，也是余姚人。当阳明平定宸濠兵变归来，德洪与同县诸君数十人共以阳明为师，后来亲近阳明最久。他常尽力协助阳明普及师门的教育宗旨，这是他对王门很大的一番贡献。至于个人的学问修养方面，他所致力的是阳明所谓"事上磨炼"的工夫。他曾因案下狱，而仍旧讲学不止，在狱中体现真性，所以他的学问是从生死艰危中磨炼出来的，悟道的历程，和他的老师阳明先生颇有相近之处。因此，他对阳明学说有特别深刻而亲切的体悟，尤能针对其精微奥妙之处，作更进一层的阐发，而不离阳明立言的宗旨。

王畿，字汝中，号龙溪，浙江山阴人。二十岁就来王门受业，天赋聪颖，颇有辩才。他根据阳明的四句教，力持"四无"之说，认为"心意知物，只是一事；若悟得心是无善无恶之心，意即是无善无恶之意，知即是无善无恶之知，物即是无善无恶之物"。这"四无"之教，虽然为阳明当年所首肯，认为可用来接引利根的人，但后来的学者纷纷怀疑，尤其龙溪的后学，确有许多流弊。然他亲近阳明的时间很久，在学问修养方面，主张从心体上顿悟，对良知的议论，更有精到卓越的发挥，可说探得良知的真谛与阳明的薪传，对于阳明之学，有很多的发明。

自武宗正德二年（一五〇七年），阳明由家乡谪赴贵州龙场，路经江西、湖南起，到五年（一五一〇年）任庐陵县知县，及后来建立事功，揭示学问的旨归，都是在江西，所以江西一带随他受学的弟子也相当众多；而江右、楚中两派的著名弟子，有罗洪先、邹守益、聂豹与刘文敏。

罗洪先，字达夫，别号念庵，江西吉水人。他幼年时就向慕阳明之学，读《传习录》至于废寝忘食，但他在阳明生存时，始终未能及门受学，阳明逝世后，由钱绪山、王龙溪作证，始称门人，所以他只能算是阳明的私淑弟子。据《明儒学案》的记载，他最初致力于践履工夫，中年以主静为宗旨，晚岁则彻悟于仁的本体。对阳明之学，诚心苦苦追摹之后，颇能得其真旨，如以“至善”与“诚”字解释良知，最为简要而明切；并特别强调致良知的重要，而深斥当时“悟得本体即是工夫”的高调，可说极有功于阳明之学。

邹守益，字谦之，号东廓，江西安福人。他是亲从阳明受学的江右派健将，讲学主张戒惧，而得力于一个“敬”字，与罗念庵的主静无异。曾以“敬”指本体，而以“戒惧”说工夫，实际上戒惧就是敬，工夫也就是本体，体用原是不二的。据梨洲的《明儒学案》所载，可知他受阳明的启示而立意为学，一开头就从《中庸》“戒慎不睹，恐惧不闻”上着手，可说与宋儒朱子的观念很相近。

聂豹，字文蔚，号双江，江西吉安人。他虽然曾与阳明见过面，但却是在阳明逝世之后，由钱绪山作证，设神位拜师而称门生的。他讲学以归寂为主旨，与罗念庵心心相契。他以静坐的方法，使此心真体归于寂静，则必能光明莹澈，与天下事理相感应。所以他所主张的归寂，就是主静，也就是注重涵养工夫，以为平日涵养是为学真正下手之处，可说是遵循宋儒杨龟山默坐澄心、在静中体认天理的旧路。

刘文敏，字宜充，号两峰，江西安福人。他也属主静归寂的一派，主张默然静坐，澄清心体，然后反身向内心观照，使外在嗜欲日益减少，则智慧自然日益显著。他认为为学当从“静”字入手，这是就功夫说：又批评一般学者把“致”字看得太轻，所以功夫多不得力，其实圣贤千言万语，都是从“致”字上发挥，并非能在良知本体上增益分毫：这是教人重视功夫，不要只享受现在良知。

武宗正德八年（一五一三年），阳明到安徽滁州，二三年后在南京，跟从他游学的人也很多，故《明儒学案》又立《南中》、《泰州》两学案。著名弟子有王艮、黄省吾、朱得之、唐顺之、周道通等，其中以王艮成就最大。他字汝止，号心斋，泰州（江苏泰县）人，是泰州学派的祖师。平生以振兴阳明学说为己任，与浙中的王龙溪并称王门二王。著有《心斋全集》，尤以《淮南格物说》最著名。他以《大学》为讲学的依据，以反求诸己为格物的工夫，以止于至善为安身的修养，而认定安身是天下的大根本。并以“絜矩”二字解释格物的“格”，犹如格式的“格”，身是矩，天下国家是方，矩正则方正，这就是格物，所说颇具新意。

正德十二年（一五一七年），阳明平定南赣、汀州、漳州等地，足迹遍历广东、福建等边区，这一带知识分子，也多有相从问学的，故《明儒学案》又立《粤闽王门学案》，著名弟子有薛侃、周坦等。可惜阳明成学以后，足迹未曾履及北方，故阳明学说始终没有在北方盛行起来，仅有穆孔晖、孟秋、尤时熙、孟化鲤、南大吉等少数弟子而已。

由以上所述，阳明学说流传之普遍，分布地域之广远，传授弟子之众多，而著名弟子莫不卓然有所自立，成就斐然可观，在当时已有这许多分支，俨然形成一个庞大的学派，汇成学术界的一股巨流，一股极大的影响力，上承宋儒的理学与心学，不但成为明代学术的重镇，并且在中国学术思想的主流里：成为宋明理学一系中极为丰富而壮观的一段历史，可见阳明思想对当时学术界的影响之深！

·对晚明学风的影响

阳明学说本来自成完整的体系，而且体用兼顾，无有并重，本体与工夫俱摄，是既开展而又圆融的学理。所传授的门下诸弟子，由于各人体会不同，取舍各异，因而自然衍生出许多派别来，正如《韩非子·显学》所述“儒墨之后，儒分为八，墨离为三”一样，异说纷歧。任何学术思想，凡有所宗，必有派别的孳衍，大约是学术发展的必然现象吧！

关于阳明学的派别，日本学者冈田武彦在所著《王阳明与明末儒学》一书中，打破了《明儒学案》以地域分派的观点，依据阳明弟子们的主张而分成三大派：一派主张良知现成说，称左派或现成派，以王龙溪、王心斋为中心；一派主张良知归寂说，称右派或归寂派，以罗念庵、聂双江为中心；一派主张良知修证说，称正统派或修正派，以邹东廓、欧阳南野为中心。三派中以崇尚心学的良知现成派最富朝气，这一派的思想曾经盛行一时。大体说来，三派固然各有不同的主张，也各有一些流弊，这些流弊，对晚明的学风影响很大，尤其是现成派二王的弟子及再传弟子，竟完全丧失了阳明原有的精神，而趋于空疏的末流，因此引起极大的反对。兹先就三派的中心主张及主要流弊分述如下：

良知现成派主张：阳明所说的良知是当下现成的，只需率直而自然地流露，有直接趋于本体与性命的倾向。他们之间，流行着阳明说过的一句话：“人人心中有圣人。”故主张顿悟，而排除渐修，虽然也讲工夫，以求与本体契合，但所用工夫，却直接自本体着手，于是认定悟得本体就是工夫，这样自然轻视实际的修为，而任由自己的性情、知解或心意去发展，结果则陷于任性而偏向私意，或空虚而不切实际的弊端，终于形成蔑视伦理道德、不顾社会纲纪的坏习气。传衍至于末流，如心斋、龙溪的门徒，竟一味高谈心性，废书不读，思想空洞，行为放纵，晚明社会，道义的颓丧，纲纪的废弛，学风的空疏，士气的败坏，未尝不是这一派的流风所致，这实在是阳明学的大不幸！所以明、清之际的学者，如顾亭林便曾举出心斋弟子颜山农、再传弟子罗近溪、赵大洲、龙溪弟子何心隐、再传弟子李卓吾、陶石篑等，认为他们只知高谈异论，对国家社会有重大的罪害。

至于良知归寂派的主张，自然以心体归于寂静为宗旨，因而欠缺阳明心学中活泼的生机，而比较接近宋儒以静为主的性学。本来阳明认为：良知的本体固然是归于寂静的，但一方面也有受事物感发而致用的特质，我们致良知的工夫，要从根本上去培养生机，然后再传达于枝叶。换句话说，致良知说的本旨，就是立体达用，从寂静的良知本体，而达到活泼感发的实用效果。所以阳明在中年以后，也曾提出主静一说，以为致良知说的宗旨。不过归寂派最初不免偏于寂静，后来才逐渐体会：本体虽然虚寂，实则动静一体，这才注意用真切的工夫。实在说来，江右王门这一派，无论是罗念庵的主静，邹东廓的戒惧，或聂双江的归寂，可说都在救浙中、泰州二王现成良知的弊端。

良知修证派则又针对现成派的空疏流荡与归寂派的偏于寂静的弊端而加以矫正，所以特别强调天理与性的重要，认为阳明所主张的良知，是一种道德法则，也正如阳明自己常说的："良知就是天理。"阳明也曾认为："工夫就是本体。"修证派颇能理解及体认这一精神，因而明白地如此主张，而做到工夫与本体的合用，于是自然趋近于宋学的方向。很显然的，归寂派与修证派的流弊都比较少，但晚明学术思想发展的趋向，这两派却反而不如高蹈成习的现成派那么独占上风，盛行一时，因而导致阳明学说步向空疏的末流，这该是当时阳明从百死千难中锻炼出学问的大条理时所始料不及的吧！

就整个明朝的社会情势来说，由于政府以八股文取士，一般读书人，除了明成祖永乐皇帝钦定的《性理大全》以外，其余圣经贤传，早已束诸高阁，几乎一书不读，所以学术界原来就十分贫乏衰弱，阳明以豪杰之士的气概，起而倡导致良知与知行合一的学说，将孔、孟圣学赋予新的生命而得以复兴，不但扭转了明代衰微的学风，也开启了明代学术发展的新机，给学术界以莫大的振奋，使五百年来的道学，尤其象山以来的心学一系，发出很大的光芒。

由于阳明的学说信从的人日益众多，使他在学术界的声望日益隆盛，隐然造成一股很大的潜在力量，而阳明天生不屈权势、仗义敢言的君子性格与人格，加以军事上平寇有功，政治上绩效斐然，既获朝廷的倚重，又得民心的爱戴，所以不免树大招风，尤其到了晚年，谗臣小人们的嫉妒排挤，竟从四面八方接踵包围而来，而阳明就在这讻讻的谗毁声中，赍志病殁，如此世道人心，怎不令人浩叹？

阳明逝世后，他的弟子如钱绪山、王龙溪、王心斋、邹东廓、欧阳南野等，都能秉承老师当年的气魄，而将师门的学术宗旨，发扬光大，一时声势浩浩，遍及全国。然而一经再传，阳明原有的精神竟完全走了样，由于弊端丛生，各方反对的声浪乃日益增高，据梁任公在所著《中国近三百年学术史》中的分析，当时反对的人大约有三派：一为事功派，可以张居正为代表，他觉得他们都是些迂阔的书生，思想主张多不切时务；二为文学派，可以王世贞为代表，他认为这批人学问空疏，而且讲学的内容枯燥乏味；三为势利派，这一派可说毫无主张，只晓得依附权势，如魏忠贤一班太监，唯利是趋，并且专与正人君子作对，王门讲学的先生们，自然是他们嫉之如仇的对象。这三派中，除势利派以外，事功、文学两派，对道学家本来各有相激相荡的好处，但他们与道学派之间，由相互轻视而变成彼此攻讦。道学派有的堕落到无视一切道德藩篱，最高的也软弱得一如颜习斋所谓："无事袖手谈心性，临危一死报君王。"可怜正在他们笔端口头相攻相争，闹得学术界一片乌烟瘴气的时候，大明的江山已被流寇所断送，不幸终于铸成又一幕空谈误国的历史悲剧！

明、清的正派学者，除前举顾亭林以外，他如李恕谷、朱舜水、王船山、费燕峰等，都曾群情愤慨地批评，义正词严地指摘，当时空谈心性、贻祸国家的学风；船山甚至以为姚江王氏之学是阳儒阴释诬圣的邪说，这当然是极端激烈的言论。平心来说，罪过绝不在阳明，而在阳明后学的过分放纵，一旦趋于偏锋邪径，遂不知自振自拔，就此使原为拯救世道人心的一派学说，竟完全变了质，而演成如此不可收拾的局面，王门后学的不肖，怎不教人痛心惋惜呢？

·对清初学术的影响

阳明思想或由阳明思想衍发而成的整个姚江学派，对于清初学术所产生的影响，可分三方面来论述，也可说是自然形成的三个阶段的演变。第一个阶段，是阳明学本身的余波，及后学对它的修正，这时的学风，有渐由空疏转向健实的趋势。第二个阶段，是由阳明学末流的弊端，引发出朱子学的兴起，于是陆王与程朱二派相互辩争，而自然转向作风比较平实的程朱一派，学风由明而返于宋。第三个阶段，是由相近而趋向相反的方面演变，那就是经学、小学、考证学的兴盛，学风完全趋向于客观与实践。

就第一个阶段来说，姚江学派在晚明，固然已趋向末流，弊端也相缘而生，学者们习于"束书不观，游谈无根"，因而形成空疏无用的学风，甚至政治、社会上种种流祸，也有人一齐归罪于他们。但阳明学继起的后辈中，也有人深知弊害所在，而在思想内容上改弦更张，作重大的修正。因当时的阳明学，染有极浓厚的禅宗色彩，不免陷于虚玄冥想，所以补偏救弊的主张，相继出现。如东林党的领袖人物顾宪成与高攀龙都提倡格物，主要在弥补空谈的流弊；后来刘宗周又提倡慎独，用意在挽救放纵的偏锋。

到了清朝初年，姚江学派依旧余波荡漾，如河北有孙夏峰，陕西有李二曲，浙东有黄梨洲，他们三人都各自聚徒讲学，宗奉阳明为先师，但却各有适度的修正。其中黄梨洲尤为中坚，他不但开创了浙东学派，而且对后来影响颇大。比较晚出的，还有江西的李穆堂，可说是姚江学派的殿军。

孙夏峰，名奇逢，字启泰，号锺元，河北容城县人。因晚年躬耕终老于河南辉县的百泉山，这山一名夏峰，所以学者称夏峰先生。他祖父曾随阳明弟子邹东廓受业，好友鹿善继又一心服膺阳明之学，在环境的影响和亲友的熏陶之下，他的思想自然深受阳明的浚发。但他对程朱陆王，没有任何门户之见，认为他们各有深造自得的学问，也各有短长，我们只应该平心静气地去探讨，学习他们的长处，而无须作无谓的争辩。他不像明末学人，只晓得空谈心性，而是一个肯下工夫在行为上笃实践履的人。著有《理学宗传》一书，很扼要地叙述宋明理学的流派，精审而明当。

李二曲，名颙，字中孚，陕西盩厔县人。他是一位毫无师承、全靠自己磨练成功的学者。主张反躬践实，悔过自新，着有《四书反身录》，是一部陈义切实而有益修养的书，他认为修养身心的方法，应先读陆象山、杨慈湖、王阳明、陈白沙的书，以洞悉心学的本原大道。平生讲学的精神，富有平民作风，不尚性理玄谈，务求切身有益，与孙夏峰同为阳明学派坚实的后劲。

黄梨洲，名宗羲，字太冲，浙江余姚县人。少年时，曾随刘宗周受学，毕生奉为依归，所以他可说是清初阳明学的嫡传人物，也是唯一的一位大师。阳明思想是他学问的根基，他认为阳明“致良知”的“致”就是“行”，目的在补救徒然穷理的错误，学者绝不可能单凭想象测度就可以见到本体。他平生学问，无不是从读书、行事而来，因此，他从不提倡静坐、参悟之类的工夫，这是他对阳明学的修正。他一手著成的《明儒学案》，是我国最早、最完善的学术史，这书以代表阳明思想的姚江学派为主干，但对阳明以外的其他学派，也都赋予适当的地位与评价。

王阳明、刘宗周与黄宗羲，都是浙东人，所以清朝初年，阳明学在其他各地，虽然已逐渐衰竭，只有浙东一带，还依旧继续传衍。阳明的及门弟子中，如徐爱、钱德洪都是余姚人，明清间，余姚籍的阳明学者，除梨洲外，还有一个沈求如，名国模，曾受业于钱德洪。他与梨洲的学风截然不同，几乎和禅宗没有什么差异，曾创设姚江书院，弟子中如韩遗韩、邵鲁公都先后为这书院的主讲，而梨洲则另倡证人学会，当时浙东阳明学的余劲，梨洲以外，求如一派也有相当的势力。邵鲁公的孙子念鲁，是韩遗韩的弟子，又受学于梨洲，主持姚江学院很久，至此两派在精神上才会合于一。当时康熙帝提倡程朱之学，孙承泽，熊锡履等专以攻击阳明为能事，念鲁常和他们相抗，辞色侃侃然。著有《阳明王子传》、《王门弟子传》、《姚江书院志略》等书，可说是阳明同乡后辈中能发扬阳明学说的最后一员健将。

阳明一生在江西生活的时间相当长久，所以当时门弟子以江右派最多，后来中断了将近一百年。到康熙末年，有临川人李穆堂，名绂，虽然未曾以讲学自居，却颇有阳明的气象。当时阳明学已成天下人众矢之的，而穆堂却仍毅然以阳明学术自任，这种不同流俗的风标，是值得我们崇敬的。他著有《陆子学谱》、《阳明学谱》等书，可惜都没有流传下来。浙中王门一派，邵念鲁是最后一人，而李穆堂则是江右王门的结束者，从此以后，姚江学派便成了学术史上的一个历史名词。

再就第二个阶段来说，由于数百年来，学者们好谈性理，已积习而成风气，短时间当然不容易转变过来，晚明阳明学末流放纵、空疏等弊端，既已被人们所厌弃，而宋儒程朱一派，学风比较保守，又重视书本知识的广泛研习，因此，清初学风的第二度演变，很自然的趋向于程朱方面发展。

前文所述的清初学者，如孙夏峰、李二曲、黄梨洲诸人，虽然仍在传衍阳明学的余绪，但都有相当程度的修正，甚至对朱、王二派颇有调和折衷的倾向。后来专以程朱学的宗旨相标榜，而人格也卓然可敬，足成一派的学者，先后有张杨园、陆桴亭与陆稼书、王白田。

张杨园，名履祥，字考夫，浙江桐乡县人。他是刘蕺山（宗周）的弟子，虽然系出阳明，但他并不固守师说，甚至一反师门宗风。曾将他老师修正阳明学风的话辑成《刘子粹言》一书，并批评阳明的《传习录》说："读这本书，令人增长傲气，文饰过失，轻率自大，而终至一无所得。"又说："一部《传习录》，吝、骄二字足以涵盖。"这当然是成见很深的评论。在清初学者中，对阳明学施以攻击的，他是首先发难的人，所以后来朱学一派尊他为道学的正统。

陆桴亭，名世仪，字道威，江苏太仓县人。他虽然不喜欢阳明学说，但评论公允，绝不作偏颇的攻击。他认为阳明的学问，原是从穷理读书而来，致良知不能废弃穷理读书，阳明的用意，在于采取简易直捷的途径，以挽救支离破碎的过失。他为学不立宗旨，毫无成心，既不宗尚陆王，也与程朱之学不尽相合，著有《思辨录》。

陆稼书，名陇其，浙江平湖县人。他讲学以居敬穷理为主，宗仰程朱，而力辟阳明，且门户之见最深，认为只有程朱之学才是学问的正宗，此外便没有正途可循，或许因当时阳明学末流实在太猖狂，所以他才如此尊重程朱，以极力矫正时弊，后来讲理学的人，也共尊他为正统。著有《四书大全》、《困勉录》等书。

王白田，名懋竑，字予中，江苏宝应县人。他治学严谨，品行方正，曾校定《朱子年谱》一书，这是他毕生精力所萃的著作。这时阳明学已盛极而衰，程朱学派代之而兴，但白田的作风，一如陆王派的后劲李穆堂，对于两派学说的是非优劣，既不作意气相争的攻讦，也不作模棱两可的调停，只是平心静气、忠诚实在地表明本派学说真正的内涵，这部《朱子年谱》，就是白田在这方面最好的成绩。

清初许多学者，当陆王派心学衰敝之后，自然趋向程朱一路，在经学、考证学尚未兴盛以前，程朱学是其间一度颇具势力的一股潮流，也可说是明末清初以来学风演变过程中一段过渡的桥梁。

发展到第三个阶段，便是经学与考证学全盛的时期，经学与考证学的兴盛，足以代表清代学术的精神。首先开创风气的是顾亭林，他认为经学就是理学，除了经学之外无所谓理学；他只主张抄书与著书，极不赞成玄谈和讲学。他这些态度，对晚明的学风来说，是一种显著的革命，影响清代思想界达二百年之久，所以亭林可说是清代学术的开山大师。

亭林少年时就开始留意经世致用之学，后来成为他毕生一贯的事业。他的学术思想最大的特点，就是反对内向的、主观冥想的学问，而提倡外向的、客观考察的学问。阳明学便是由内在心灵作纯主观的冥想，他批评这样得来的实不足成为学问，因而揭示出许多做学问客观而实在的方法与途径，从此学术风气乃逐渐有了重大的转变。

亭林极重视读书人的品格，他认为做人与做学问的工夫必须并进，在与朋友谈论学问的书信中，他曾提示做人的方法在于“行己有耻”，做学问的方法则不外乎“博学于文”，这就是古人所谓圣人之道。因鉴于宋明以来的学者，每每教人明心见性，到了末流，已变成一种浮滥的高调，他们往往言行不相顾，甚至肆无忌惮，因而造成明末政治的黑暗，终至江山沦于异族之手，亭林深感痛惜，所以才揭举简要的一个“耻”字，来针砭当时学者不学无行的末俗，并树立士人人格的堤防。

亭林又为了极力矫正宋明以来学者废书不读、空谈心性的流弊，所以更提出“博学于文”的主张，以直接反求于古圣人的经典。他自己从小到老，没有一天不读书，即使在外旅行，也常用两匹骡子驮带书籍，随时应用。他不但好读古书，也极留心当时的文献；不但从书本里找材料，尤其重视实际调查的结果。因此，他平生足迹所到，对当地山川风俗、民生疾苦，都详加考察，所著《天下郡国利病书》，便是一部实录。

清代学术，大多由亭林发端，他不但开启了切实的学风，使学术界不再沉溺在理气性命的玄谈中，转而以客观立场去研究考察事物的条理；而且指点出研究学问的方法，应勤于搜集资料，并参验耳目见闻，以求实证；更开辟了不少学术的门类，如参证史迹的经学、讲求精密的音韵学、实际考察的地理学、精心研考的金石学等，都是具体而实在的学问。可见他对清代学术，的确具有创发性与建设性的贡献。

王船山与顾亭林一样，可说是由阳明学术的反动所产生的代表性人物，他们一面破坏了宋明的学术传统，一面也建设了清代学术的规模，大体说来，亭林是循“科学的”方向建设，船山则是循“哲学的”方向建设。亭林平生最不喜欢谈论“性与天道”之类的哲理问题，船山虽然也反对主观的玄谈与冥想，而竭力倡行实践，但他常喜欢研究宇宙人生的最高原理，与亭林略有不同。

影响日本文化极深的朱舜水，也是一位力主人生实践而排斥空言谈玄的学者，这显然又是为矫正阳明学的弊端而产生的学风，他曾赞许阳明是豪杰之士，但却说他讲学是多余的。他不满宋明以来道学家研究学问的态度与方法，也不满清代考证学家为学问而学问的态度，而提倡实用的学问，一方面要对自己的身心有益，一方面要对整个的社会有益，这样的学问才有实用的价值。

史学家金谢山，也是浙江余姚人，生在阳明、蕺山、梨洲之后，当然会深受他们学问精神的感召。尤其在人格上，可说纯粹得力于阳明的启沃，所以胸怀如光风霁月，嵚崎磊落；至于学术上的造诣，当然是植根于阳明学说，且与他的朋友李穆堂同是阳明学派的后劲。最可贵的，是他的著述思理纯粹，没有丝毫门户之见，除阳明学术以外，在史学上尤有独特的成就。

不事空谈、力求实践的工夫，做得最为彻底的学者，要算颜习斋。习斋名元，字浑然，直隶（今河北省）博野人。他年轻时也曾爱好陆王之学，后来又笃信程朱之学，中年以后，渐觉宋明理学家研究学问的途径都很有问题，认为学问不能脱离世间事物与人生日用，否则便不算是学问，但要在事物或日用方面求取学问，需要下工夫实地练习，所以他极重视并尽力提倡这个“习”字，称他所居的地方为“习斋”，一般学者因而尊称他为习斋先生。他又极重视学问的效率，有热切的用世之心，认为一切学问都应对人生社会有所裨益。而且主要的要可施用于政治，所以他对学问的态度，不但主张实践，也主张实用。

习斋的门弟子李恕谷，颇能恢宏习斋讲求实践与实用的学风，后世并称颜李学派。恕谷名塨，字刚主，直隶蠡县人。他们二人对学问的看法，完全突破了传统的藩篱，所有前人研究学问的方式，几乎一概被否认，包括读书、讲学、注解古书、撰写论文、研究哲理、谈论心性等，甚至连著书都表示反对。从前陆王学派也曾反对读书，禅宗尤其如此，禅师们撇弃一切经典，主张“直指人心，即性成佛”，所谓“不立文字”，就是禅宗极大的特色。颜、李二人固然不主张读书，在读书以外所下的工夫，当然与陆王学派和禅宗又截然不同，他们的学风，只是教人多做事，少说话；多求实际，少谈道理；从实际工作中自然能体悟人生的真学问。

颜李学派对个人修养的种种方法，诸如主静、主敬、穷理、格物等等，大多不赞成，或有不同的意见，譬如习斋曾针对宋儒的主静而提倡“主动”；至于程、朱的主敬，则认为他们的方法不对，因为脱离事物而谈主敬，只是完全不落实的空谈而已。总之，颜李学派重行而不重知，但并非完全舍弃知识；而是认为真知识是从实行中经验得来的，所以颜李学派对知识的基本态度，可说是一种“唯习主义”的知识论。

习斋因深感“习”的力量之伟大，所以采取《论语》“学而时习之”的“习”字为书斋命名，并终身提倡，那么所“习”的是什么呢？他认为礼、乐、射、御、书、数之类都需实习。他这种“唯习主义”的主张，不但符合孔子的思想，也与近代经验学派的出发点相同，很富于科学精神。他要从事物上发现真理，由行动中体验真知，认为这才是真正的知行合一，比阳明所倡的“知行合一”说更切实。

此外，颜李学派也主张功利，不过是以义为利，曾将董仲舒的话改为：“正其谊以谋其利，明其道而计其功”，所以他们常以天下为己任，而主张一切学问都应当以《尚书》所谓“正德、利用、厚生”为鹄的。习斋好动恶静，所以无论谈论学问或政治，总以求日益改良进步为目标；恕谷更认为：要想求得有用的学问，先要做个有用的人。他们这样笃实践履的治学精神，完全与人生日用密切结合，可说是由玄妙放纵的阳明学末流所激荡、演变而成的相反的学风。

从顾亭林到颜李学派所形成的客观、实践的学风，对清初学术最显著的影响，是经学、小学与考证学的兴盛。如乾嘉学派的学者们，一反明人空疏的习气，客观地考察知识，钻研学问，以求“实事求是”，所以经学一时蓬勃发展起来，以致两百年间，有关经学的著述汗牛充栋，单以阮元的《皇清经解》、王先谦的《续皇清经解》而论，已有作者一百六十家，著述三百八十九种，二千八百三十八卷，可见盛况之一斑。小学方面的成绩是空前的，文字、音韵、训诂学家辈出，如段玉裁、桂馥、王筠、朱骏声、钱大昕、江永、孔广森、王念孙、王引之父子等，都各有卓越的成就。考证学方面，更成为一时的风气，如阎若璩、惠栋、姚际恒等对《尚书》真伪的考证，及辨伪学的建立，并由此而造成在古籍校注、古书辑佚、史学、方志学、历算学等各方面广泛的成就，使清代学术有极丰富的收获。

·对近代思想的影响

满清末年，由于朝政的腐败，国势的积弱，加以列强的船坚炮利和侵略野心，使这老大的东亚帝国，备受欺凌侵侮，割地赔款，丧权辱国，几乎面临被瓜分而灭亡的危机，尤其自鸦片战争以后，危机更日甚一日。这时，民间逐渐孕育成一股革命思潮，一天天发展壮大，终于汇成近代中国思想史上的一股巨流，影响中国近代的政治、社会至深且巨，因此完成了轰轰烈烈、惊天动地的革命大业——推翻了腐败衰弱的满清政府，结束了几千年的专制政体，创建了民主共和的中华民国。

这次革命运动的成功，主要原因是由于革命思想鼓舞人心，如怒涛澎湃，有不可遏抑的趋势，而激荡起这股思想潮流的革命领袖孙中山先生，他一面承袭中国固有文化的道统，一面融合近代欧美的政治思想，再加上他个人独有的心得，创造出三民主义的革命建国理想，使他成为近百年来中国思想界的巨擘；尤其“知难行易”的学说，对革命建国的心理建设有积极性的大贡献。

阳明思想就其对国父中山先生的影响来说，虽然不是正面的、直接的影响，而且国父对阳明“知行合一”的理论，在《孙文学说》第五章里，还曾痛加抨击过，认为与现在的科学精神不合，与日本维新的成功无关，这当然是有待商榷、有待辨明的问题，但事实上阳明的“知行合一”说与国父的“知难行易”说，在精神上有相互贯通的地方；且阳明“致良知”的学说，与国父思想是相合的。兹详加论述如后：

国父在所著《孙文学说》第一章里谈到：当革命破坏告成、建设开始的时候，正想把平生的抱负和多年研究所得，定为建国计划，付诸实行，使中国一跃而登于富强隆盛的境地，这时，有人向他质疑说：“先生的志向高远，策谋宏深，但‘知之非艰，行之维艰’，如何能成功呢？”他初听到这些话，心中感到惶然若有所失。因想打破这一难关，以达成建设中国的目的，于是以阳明的“知行合一”说勉励同人，但久而久之，总觉得大家奋勉的志气，胜不过畏难的心理，甚至全国人心的趋势莫不如此，遂潜心研求这问题的究竟。

国父费了不少年月的研究思索，才恍然觉悟：古人相传而为当时人所深信的道理，其实是似是而非的，中国国事之所以不能振兴，实由于“知易行难”的谬说所误，倘能证明知不易而行并不难，使人无所畏惧而乐于实行，则国事必然大有可为。于是，国父便构思出十件人生常事，如饮食、用钱、作文等，证明实行并不难，要知道事理才真难，以破除世人的迷惑。

在《孙文学说》第五章里，国父作“总论”说：有了这十个“知难行易”的铁证，则“知之非艰，行之惟艰”的古语，和阳明“知行合一”的格言，都可从根本上推翻了。又以为阳明的“知行合一”说，在于勉人为善，可说用心良苦，但推想阳明的观念，仍不外“知之非艰，行之惟艰”，这便与真理背驰了；且阳明倡“知行合一”说的目的，在勉人实行，等于是勉人以为其难，这实在与人性相反，还令人顿生畏难之心，而不敢去行。所以，阳明之学虽被传诵一时，毕竟无补于世道人心。

有人以为：日本明治维新的成功，完全得力于阳明学说之助，所以日本人极推尊阳明。国父却以为日本的维新，成于孟子所谓“行之而不知其道者”，与阳明“知行合一”之说，实在风马牛不相及。假如“知行合一”之说，果真有助于日本的维新，则也必能救中国的积弱，何以中国学者同样尊重阳明，而效果却完全不同呢？这是由于中国人暮气太深，畏难而不敢行，深受“知易行难”说所误；而日本的维新，多依靠冒险精神，由不求知而行，所以反而得到成功。

最后，国父论到阳明“知行合一”之说，如果在科学未发明的时代，指某一时代、某一事业来说，则很适当；但阳明合知、行于一人之身，则在科学时代是讲不通的。因为科学愈昌明，则个人的知、行相去愈远，不但知者不必自行，行者不必自知，即使同为一知一行，而依经济学分工专职的原理实施，也有分知分行的必要，所以阳明“知行合一”之说，不合于实践的科学。

国父这些批评的意见，显然可归纳成三个重点：一是认为阳明提倡“知行合一”，在勉人为善的意义上，固然用心良苦，但因未能打破“知易行难”之说，故仍不能鼓励实行，且无补于世道人心。也就是说如要鼓励国人实践力行，首先必须打破“知易行难”的谬说，否则即使提倡“知行合一”，也不可能收到任何实效。二是认为日本的明治维新，乃得力于西洋科学，及西方人的冒险精神，不求知而行，并非阳明哲学促使成功的；因为阳明“知行合一”之说，既不能有助于中国的变法，又怎能助成日本的维新，三是认为“知行合一”不合科学时代专职分工的原理，本来知行学说可分道德、知识两方面，单就知识方面来说，他认为现代社会只重视科学分工，而不重视知、行合于一人。

从这三个批评的重点来看，可知国父表面上似乎反对阳明的“知行合一”说，但实际上却是赞成这一哲学的，因为他提倡“知难行易”学说的目的，在于鼓励国人实行，而阳明的“知行合一”学说，其主旨也在于提倡实行，两者并无重大的差异，那么他对王氏学说为什么作如此严厉的批驳呢？原因之一是他当初提倡“知难行易”之说，主要目的在破除“知易行难”的心理障碍，希望大家都乐于奉行他的革命主张；凡建立一种新的学说，对不合自己宗旨的旧学说而言，很自然的具有一种“排他性”，这本是辩论性文章的常情，因此，纵笔所至，把传统的“知易行难”连带阳明的“知行合一”之说，作了这样严厉的抨击。原因之二是阳明“知行合一”的“知”，是指“良知”的“知”，因而“知行合一”的“行”，是指个人透过良知的觉醒而表现为道德实践的“行”，如此当然知、行要合于一人。而国父是站在科学的立场来批评阳明的“知行合一”，把“知”看作是科学上知识的“知”，“行”看作是一般实行的“行”，且根据现代经济学“分工专职”的原则来衡量，则“知行合一”说自然是讲不通的。

其实国父在《孙文学说》第五章里曾说：“以行而求知，因知以进行。”足见他也承认个人的知行合一。阳明以为：“行之明觉精察处，便是知；知之真切笃实处，便是行；所以知和行原来只是一个工夫。”国父所谓“以行而求知”，是说由行中去求知，并求与知合一，这就是阳明“行之明觉精察处便是知”的境界；而“因知以进行”一句，是说由知进而求与行合一，又与阳明“知之真切笃实处便是行”一语有相同之处，且包含阳明“知是行之始，行是知之成”的精义，可见他也认为知行工夫是合一的，尤其他常说“能知必能行”，其中便包括了知行合一的道理。

况且，个人的知行合一，即使在科学时代，也有某方面的正确性，国父自己便是很好的实例，他一生的革命事业，是在不断求知、不断实行中成功的；换句话说，他一方面不断地研究革命理论，一方面又不断地从事革命实践，就在他致力国民革命的四十年内，他读书求知而得的结晶——三民主义，也由孕育、发展而达到完成，这岂不充分证明了知行合一于他一人之身吗？

由此可见，国父对阳明的知行合一说，虽然曾大肆批评，但仍不免有暗合之处，尤其对致良知的学说，更是始终重视，且时常有所阐扬的，他曾在《社会主义之派别及其批评》一文中说："强权固为天演之进化，而公理实难泯于天赋之良知。"他常主张：革命志士要凭借天赋的良知，为社会除不平，这正如阳明所谓："良知就是天理"，致良知可以明天理。关于致良知说对国父的影响，蒋公曾有精辟的剖释，容于后文再加阐述。

阳明思想与蒋公的渊源极深，对蒋公的影响也极大。蒋公十八岁就开始阅读阳明的《传习录》，后来留学日本的时候。亲眼看到许多日本人，凡是出外旅行，无论在火车上、电车上或轮渡上，都是用心研读王阳明《传习录》，特别是陆海军军官，对于阳明哲学，更是手不释卷，拳拳服膺。书坊里到处都有关于阳明哲学一类的书籍，当时的蒋公遂尽所有的财力一一购买，不断地阅读研究，后来对阳明的哲学，乃逐渐产生了一种手舞足蹈、心领神驰的仰慕之情，因知日本以小小的岛国，竟能强大起来，实在是阳明"致良知"与"即知即行"哲学所造成的结果。从那时候起，蒋公就特别重视阳明学说，并认为国人要革命救国，必须奉行阳明学说，即知即行，笃实践履，埋头苦干，才能使国家强盛，民族复兴。

蒋公从日本归国以后，还不断地研究阳明学说。当一九一九年，国父所著的《孙文学说》在上海出版时，蒋公正在福建军中，看到其中对阳明"知行合一"说所作的批评，感到非常惊异，但因戎马倥偬，没有机会与之讨论学说。后来国父不幸逝世，这问题一直使蒋公耿耿于怀。

一九三一年发生了九一八事变，日本竟大肆侵略中国，这时蒋公乃深深的体认到，如果要抵抗日本帝国主义，就先要抵抗日本的武士道精神，而所谓武士道精神，便是以我国王阳明“知行合一”的哲学为基础的。于是蒋公乃再度研究国父学说与阳明哲学的异同，发觉国父注重实行的精神与阳明哲学的本质在行的意义上并无出入。因此，一九三二年五月十六日，蒋公在南京中央军校所讲的《自述研究革命哲学经过的阶段》一篇讲词中，将他的心得作了公开的阐述。

蒋公认为：国父发明“知难行易”的原理，完全是要国人注重一个“行”字。因为国父生当满清末年，与王阳明生当明季一样，都是看到国人受了数千年来“知易行难”说的影响，一般士大夫，不是学汉儒训诂经义，就是学宋儒讲说性理，结果不是支离破碎，就是空疏迂阔，无补于民生实用，所以王阳明乃提出“知行合一”的学说，来矫治当时中国民族性的偏弊；而国父更进而倡导“知难行易”的学说，以激发中国的民族精神，并用来实行他的革命主义。

蒋公后来又在中央军校讲《革命哲学的重要》，把国父的“知难行易”与阳明的“知行合一”两种学说合并起来，称为“行的哲学”。由此形成他“行的宇宙观”与“力行的人生观”，认为宇宙间只有一个“行”字才能创造一切，宇宙本身就是由于不断的运行而创造出来的，否则就根本没有宇宙的存在。他又以“行”和“仁”两个字来说明宇宙的本性，认为行的目的就是行仁，“仁”是宇宙的生命，因此，行的宇宙观也就是行仁的宇宙观。

由行的宇宙观，而自然衍成他力行的人生观，也就是革命的人生观，因为“革命的本务是行仁”，就是利他而不利己，爱人而不害人。他认为行的本能是与生俱来的，无论是上智的“安而行之”，或中人的“利而行之”，或资性稍次的“勉强而行之”，只要我们肯去力行，便能增进我们利他、爱人的本能。这“力行哲学”，便是蒋公受阳明“知行合一”说与国父“知难行易”说的影响而创造出来的一种人生哲学。

一九三四年九月十一日，蒋公在庐山军官团讲《大学之道》，后来经过数度修订，与另一篇讲词《政治的道理》合成单行本，改称《科学的学庸》，将《大学》、《中庸》逐章逐句详加解释，并认为《中庸》是本体论，《大学》是方法论，对我国道统文化的精义，颇有高明的阐发。其中尤其对五百余年来学术界未成定案的一大争论：朱熹与陆、王之间分歧的观点，作了一番会通与调和，可说是我国学术史上的一项重大的贡献。原来朱熹认为“天下事物莫不有理”，主张理在心之外；而陆象山与王阳明则认为“心即理”，主张理在心之内，心外别无理。蒋公乃就二派言论详加探究，终于悟出他们见解互异的症结所在，遂从“天命之性”的观点着眼，证实“理”是贯通内外，且无分于内外的，从此才使圣学复归于统一。

一九三九年三月十五日，蒋公又在重庆中央训练团讲演，题为《行的道理》，在这篇讲辞中，不但对知与行的道理作成完整的体系，而且还有前所未有的创见，就是“不行不能知”五个字，这是蒋公经历多年艰险与失败后所获的心得，也是受阳明与国父的影响与启发所获的心得，且与阳明哲学及国父学说有相得益彰之处。

一九五〇年，蒋公在台湾复行视事以后，于七月十三日在阳明山庄讲述：《总理“知难行易”学说与阳明“知行合一”哲学之综合研究》，对阳明哲学与国父学说的异同，提出三项结论；后来又讲述《革命哲学的基础》，也有新的看法。综合这两篇讲词中的言论，蒋公对两种学说异同的比较，可归纳如下：

首先就“异”的方面来说，至少有两点不同。一是两人对“知”的看法不同，也就是二者的本体完全不同，蒋公认为：阳明所讲的“知”，偏重于人性的良知，即不待学而后能、不待教而后知，是与生俱来的天赋之知，所以阳明“致良知”与“知行合一”的“知”是属于“生而知之”的一面；至于中山先生所讲的知，乃是着重于科学上的知识之知，要由博学、审问、慎思、明辨的工夫才能得来，其经历的过程非常繁复艰苦，所求得的知识非常珍贵，所以国父“知难行易”的“知”，是属于“学而知之”或“困而知之”的一面。

二是彼此的时代背景不同，蒋公认为：王阳明的时代，是科学尚未萌芽的时代，这时汉儒的考据学与宋儒的性理学，加上佛学的空寂玄妙之说，汩没了读书人的理性，一般士大夫之流，几乎都跳不出语录、词章、功利、训诂的圈子，不但学术研究趋于玄妙空疏而不切实际，且功利思想弥漫，甚至人欲横流，天理泯灭。所以阳明不得不提倡“致良知”的学说，以去除人们外诱的私欲，而充实其本然的良知之善；又不得不提倡“知行合一”的学说，以求其“反身而诚，强恕而行”；可说都在求补救时弊。至于国父所处的时代，则正当革命肇始，又适逢科学昌明的时候，而党人多惑于“孙氏理想，黄氏实行”的谬说，致使革命建国的方策，成为纸上空谈。国父为证明“知非易而行非难”，乃发表“知难行易”的学说，以为“能知必能行，不知亦能行”，用意在鼓励大家努力去实行。

其次再就“同”的方面来说，蒋公除一再强调他们同样重视“行”的精神之外，还分析出两点相同的地方。一是阳明并不否认“知难”，蒋公曾举阳明格亭前竹子而病倒的事为例，证明他体认了“知是难的”。后来在贵州龙场三年，才知道格物的工夫只需在心上做，且圣人是人人可以做得到的。不过阳明从此不再在“困而知之”的“知”上用功，乃转而自寻他那“不虑而知”的良知而已。

二是国父并不忽略“致良知”，譬如他曾说：“建国之基，当发端于心理。”又说：“吾心信其可行，则移山填海之难，终有成功之日；吾心信其不可行，则反掌折枝之易，亦无收效之期也。”蒋公认为：这种“心理”与“信心”，实在就是良知，而“行其心之所信”，就是致良知。又国父在《军人精神教育》讲词中，讲别是非、辨生死，一直归结到仁，无一不是良知的流露。又国父在《民族主义》中推崇大学的八目，由一个人内部做起，推到平天下止，是一种最有系统的政治哲学。并说：“正心诚意是内治的工夫。”且在《孙文学说》中说：“先奠国基于方寸之地，为去旧更新之始，以成良心上之建设。”蒋公认为：国父所谓“由一个人内部做起”、“内治工夫”和“良心上的建设”，很明显的都是致良知的工夫。（以上所述二异二同，大体采用周世辅先生《阳明哲学与国父学说》一文的意见）

由蒋公对阳明哲学与国父学说的比较看来，足见他对这两种学说体认之真切，且融会贯通，深得其精髓。尤其从阳明与蒋公毕生的学术与事功来看，二公有极其耐人寻味的相似之处，阳明一方面在哲学上具有卓识与创见，一方面在军事上又有辉煌的事功，当然蒋公在事功上的成就比阳明更辉煌，而他的“力行哲学”一如阳明的“致良知”与“知行合一”说，完全是从内心修养上出发，并在个人生活经验中得到印证，所以蒋公对阳明哲学有真切的默契与体悟，可见阳明的思想与言行对蒋公影响之深。

2. 阳明思想对世界的影响

·对日本的影响

阳明思想对本国的影响，在明末曾形成空疏的学风，甚至演成狂禅一流，弊害非浅，直到近百年来，由蒋公的研究与阐扬，阳明哲学才恢复它的真面目与真精神，并开启了“力行哲学”的宏规。若就阳明思想对海外的影响来说，尤其是东邻日本，情形便大不相同，它不但奠定了日本明治维新的基业，而且对近代日本的成长也帮助良多，无论政治、社会、学术、文化，都深受阳明学的影响。这一事实，是值得国人深思与反省的，为什么这样好的哲学，在自己国内竟如此被糟蹋，却被他国吸取其精华而获得莫大的实益，可见关键不在于阳明学本身有何弊端，完全在接受者运用的当与不当而已。

早在明武宗正德六年（日本永正八年，一五一一年），日本派遣一个八十七岁的高僧了庵和尚出使明朝，于这年九月到达浙江宁波，两年后归国。当时朝廷士大夫多以诗文相赠，借申惜别的情意。这时阳明四十二岁，正在家乡余姚休养，听说了庵和尚将还日本，由于余姚距宁波不远，便往宁波安远驿的嘉宾堂访晤了庵。今日本还保存着阳明《送日本正使了庵和尚归国序》一文，这篇赠序的真迹，据斋藤拙堂的《拙堂文话》记载，藏于山田祠官正位隼人家，日人师蛮的《本朝高僧传》曾揭载全文，而为《阳明全集》所失载。

日人铃木田次郎所撰《王阳明与了庵和尚》一文，也录有《阳明送了庵序》全文，从这篇序文的内容看来，当了庵居留宁波时，可能与阳明时有过从，且彼此钦敬对方的道德学问，当时阳明虽然还没有揭举“致良知”的教言，但已提出“知行合一”的学说，所以了庵和尚无疑是最早接受阳明学的日本人。至于了庵归国时，是否曾将阳明的著作携回日本，而阳明学是否就此传入了日本？从中日文化交流的历史文献上，到目前为止，似乎还找不到可靠的记载。

阳明学正式传入日本的时代，一般公认的说法，大约是在十七世纪初，继朱子学先后传入的。当日本庆长八年（一六〇三年），德川家康将军在江户（今东京）建立幕府，实行所谓武家政治，这时阳明的著作已在日本的书肆出现，并逐渐为学者们所热衷。于是阳明学对德川幕府三百年的学术文化乃产生了极重大的影响，特别是后来的明治维新，显然是受阳明学的鼓舞，而构成当时维新人物们在思想行为上的一股原动力。

据日人冈田贵美子所撰《阳明学对于日本的影响》一文所记，日本明治三十八年（清光绪三十一年，一九〇五年）八月十三日，国父曾在日本首都东京，由当时留日学生所举办的欢迎会上，以《中国应建设共和国》为题，发表演讲。在这次演讲中，国父曾明白地宣示：由于日本志士认识了王阳明“知行合一”的学说，并以此为独立尚武的精神所在，而终于完成了伟大的明治维新。由国父的这番话，可见他真正了解阳明学说，虽然与后来在《孙文学说》中所持的见解相左，但那显然是由于前后革命环境的不同，所以发言的立场自然也有所改变。

回溯江户时代，由于德川幕府安定了日本的政治局面，所以学术也随之昌盛起来，当时学者藤原惺嵩首先倡导朱子学，又得林罗山的相继鼓吹，使朱子学一时风靡天下。但由于朱学的独盛，使日本儒学陷于偏固，缺乏生趣，因而很自然的引起一股相反的潮流，那就是阳明学的兴起。

首先大力倡导阳明学的是起自民间的学者中江藤树，与代表官方学术、标榜教育主义的朱子学派形成对峙的局面，因为阳明学派纯粹是由一批民间学者的赞助，目的在倡导平民教育，因而自然形成一股民间的潜在势力，并成为后来推动明治维新的原动力。

当时的日本学者，所以竭力提倡阳明学说的原因，据张君劢先生在所著《比较中日阳明学》中的分析，一是由于阳明学简易直截，合于日本人快刀利刃的性格。二是阳明学侧重即知即行，合于日本人勇往直前的习惯。三是日本人注重事功，而阳明学正可以应用于人间社会，发生大效果。

日本阳明学的创始者中江藤树，最初也崇信朱子学，三十三岁时读《龙磎语录》，开始接触姚江学派，三十七岁时再读《阳明全书》，至于废寝忘食，使他蕴积于心中多年的疑惑，顿时涣然冰释，如大梦清醒，从此便舍弃了朱子学而归心于阳明，可惜只有四年便溘然逝世。他生前解释良知，认为良知就是天理，就是明德，《中庸》所谓喜怒哀乐未发的“中”，也就是良知的异名。所说简明易解，可见他体悟之深。尤其他生平论为学方法的言论，无不切合阳明学的旨趣，又可见他受阳明思想影响之深。后来继起的门人，有渊冈山属内省派，熊泽蕃山属事功派。

此后阳明学并未立即盛行，直到百余年后的三轮执斋，才又开创一番中兴的气象，使阳明学蓬勃发展起来。他十九岁时从佐藤直方研习朱子学，三十三岁时在朋友家获读阳明《传习录》，便毅然舍弃朱子而归于阳明。著有《日用心法》一书，专讲修身养性的方法，其中举出十项要目，第八项就是“致良知”三字，可见他笃信阳明的真诚。尤其对王龙磎与钱绪山在天泉论辩时提出的四言教深有领会，他认为那是人人可以受用的规矩，其根本精神就是《大学》修身的工夫。当时政府曾下令禁止传习阳明学，但志节坚贞的三轮氏，并未因此而懈怠或停止阳明学的研究，所以日本阳明学的遗绪，因三轮氏维护之功而得以不坠，他真不愧为日本儒学史中阳明学的中兴祖师。

门下济济多士的佐藤一斋，虽然未曾公然标榜阳明学，但他却一心向往着阳明学术的境界。其实他很早就接触阳明学，当他十九岁认识林述斋时。中井竹山以阳明“仆而复兴”的话语相赠，便感发兴起而从事阳明学的研究。他的言论常与阳明相合，曾解释孔子“予欲无言”的用意是崇尚心教，这一创见正可与“无善无恶心之体”相通。门下弟子如佐久间象山、池田草庵等十一人，再传弟子如吉田松阴等六人，都是著名的阳明学者，且再传弟子中如西乡隆盛、吉田松阴、中江兆民、岩崎弥大郎等，都是明治维新的中心人物，由此可见佐藤氏治学与教育的宗旨所在。

以著作闻名的大盐中斋，是最重实践的阳明学者，维新人物中的吉田松阴与西乡隆盛，便是因信仰大盐氏的遗范而勇于殉国的。

曾读古本《大学》而私淑阳明，他精心结撰的《古本大学刮目》一书，会集历代有关《大学》的注释，对王门各派的见解采取尤多，颇能阐发阳明恢复古本《大学》的主意。又曾以“致良知”为他学说的重要纲领，其他如变化气质、一死生、去虚伪诸项，莫不与“致良知”密切相关，足见他服膺阳明学之诚笃。

阳明学影响日本政治最显著的，是对日本开国与明治维新的贡献，如对开国著有大功的佐久间象山与吉田松阴，对外交政策著有大功的西乡隆盛与伊藤博文等，莫不深受阳明思想的熏陶。佐久间象山二十三岁时，从佐藤一斋研习儒学，三十岁以后，转而兼研科学。他虽然爱好穷理，较偏于程朱一路，但毕竟受业于阳明学者佐藤一斋，自然受阳明思想的启发。他的弟子吉田松阴，尤能为理想而奋斗，以至牺牲生命，且平生言之必行，行之不息。成为日本血性男儿的楷模。

维新人物中以西乡隆盛与伊藤博文最重要，西乡氏曾参与幕政改革与勤王运动，建树过显赫的事功，他早年便阅读《传习录》，并潜心研究阳明学，对修养身心的工夫做得十分彻底，且深得阳明不计成败生死的精神。至于伊藤博文，不但是一位志节忠义的豪杰，而且功业卓著，如树立日本政党政治的规模，在尊王大义的原则下，竭力扶植民权，所以他也是一位事功派的人物。后来被韩国志士安重根刺杀，为国壮烈牺牲，实践了吉田松阴所谓“死而后已”的遗训。

明治维新以后的日本社会，还一直受阳明学的熏陶。由于阳明学重视实行的工夫，对个人人格的涵养、孝道精神的发扬，尤有裨益，所以自然影响日本的伦理与宗教。如冈野正道于昭和十一年（一九三六年）创立的“孝道教团”，是以倡导“理事圆融”的宗教精神为宗旨，使佛教的理论与人生的实践相融合，将人所本具的佛性，经由“六度”的实践，而锻炼成佛的菩萨行。所谓六度，也称六波罗密，就是布施、持戒、忍辱、精进、禅定、般若。般若也译作智慧，这六度就是六种可以渡过生死海而到达涅盘彼岸的行法。可见阳明“知行合一”的精神，完全被日本佛教所吸收，而化成日本现代佛教的新生命。

由上文所述，可见阳明思想对日本各方面的影响，的确至深且巨。由于日本没有本土文化积习的牵累，犹如一张素白的纸，最易接受色彩的濡染，加上纯朴、诚挚而富于朝气的民族性，所以对一切外来的学说，往往极富敏锐的鉴识力，一旦肯定其价值，便立即接受，绝无成见，并拳拳服膺，黾勉以赴，不仅见之于个人身心的修养，抑且运用于国家政事的经纶，生死祸福，在所不计。而且他们对阳明学的吸收，不取它抽象精微的理论，而专取它平易浅近的实践精神，这是日本学术真能“取人之长”的优点，由此也可见日本学者深得阳明“即知即行”与“知行合一”的真髓。

·对欧美的影响

阳明思想对欧美所发生的影响，和对日本的影响完全不同，影响欧美的纯粹在学术研究方面，而不在身心实践及事功表现方面，且发生的时间很晚，直到二十世纪初，才有欧美学者注意研究阳明哲学，第一篇有关阳明哲学的论著，是曾在中国做传教士的亨克（F. G. Henke）于一九一三年所写的《王阳明的生平与哲学》，这是应上海王室亚洲会社华北分会的邀请，在该会宣读的一篇哲学论文。一九一六年，他又摘取《王阳明全书》中的《阳明年谱》、《传习录》、《大学问》，与五十篇书札、十二篇杂文，分别译为英文，题为《王阳明哲学》，这可说是阳明著作最早的英译本。

欧美学术界研究阳明哲学的风气，是近四十年来才逐渐普遍起来的，譬如大学中的研究论文，首先出现的是一九三六年出版，王昌祉所撰：《王阳明的道德哲学》一文，这是法国汉学权威伯希和

（Paul Pelliot）指导完成的。继而是一九五〇年哥伦比亚大学的硕士论文：村山弥尔顿（M. A. Murayama）的《王阳明与禅之比较》一文，与一九六八年哈佛大学杜维明的博士论文：《王阳明自我实现之寻求》，近年还有澳洲国立大学秦家懿的哲学论文：《新儒学与王阳明思想》。

此外，欧美出版的各种百科全书，也日渐注意及认识阳明哲学的价值，首先是一九六〇年版的《大英百科全书》，加入由陈荣捷先生执笔的《王阳明》一文。一九六七年美国哲学界编印的《哲学百科全书》，其中“中国哲学”部门曾大力介绍阳明哲学，并另设《王阳明》一编，也都由陈先生主稿。还有一九六九年版的《美国百科全书》，也加入陈先生所写的《王阳明》一项。由此可见：阳明的哲学思想在欧美确已渐受重视。

近年来，欧美学术界由中国学者撰写的有关阳明哲学的专著，陆续出版了不少，在启导阳明学研究风气上卓著贡献的，当推张君劢先生与陈荣捷先生，张先生专心研究阳明学数十年，所著论文有《王阳明的哲学》（见一九五五年出版的《东西哲学》卷五及一九五九年出版的《亚洲文化》卷一）、《十六世纪中国唯心论哲学家王阳明》（一九六二年纽约圣约翰大学出版）等，又著有《新儒学的进展》（一九六二年纽约出版家协会出版），其中有数章都介绍到阳明哲学。陈先生的论著更多，除上述各种百科全书中的“王阳明”部分之外，还有《王阳明之禅也何似》（见一九六二年出版的《东西哲学》卷十二）、《王阳明对佛教的批评》（见一九六八年出版的《哲学的世界远景》中“宗教与文化”一章）等。

有关阳明著作的翻译，前文曾提到是由亨克将《阳明全书》局部译为英文开始的，但亨克毕竟对阳明哲学理解不深，翻译阳明著作时又很少参考其他有关的中日文注释，以致其中错误很多，所以出版以后，对欧美学术界并未发生什么重大的影响，直到半个世纪以后，才有更多的译著出现。如陈荣捷先生翻译的《传习录与其他王阳明理学著述》(一九六三年哥伦比亚大学出版部出版)，内容包括概论、《传习录》、《大学问》，及有关政治社会的一些文书与论文。陈先生的译著，参考中日名家有关《传习录》的著述及注释达二十余种，穷源竟委，解说极为详尽，可说是集大成之作，因此出版以后，深获佳评。

一九六五年，哥伦比亚大学教授狄别瑞（W. T. de Bary)，继编译亚洲名著计划之后，又在哥大专设明代思想研究组，聘请中日阳明学者如当时在美国德谋斯大学任教的陈荣捷教授、澳洲国立大学的柳存仁教授、日本九州岛大学的冈田武彦教授等，和该校十多位研究生轮流研讨明代思想。这年夏天，狄别瑞教授又主持一项明代思想会议，由美国学会联会中国思想委员会主办，在七天的会期中，集十多位各国学者于一堂，专门探究明代思想，在提出的论文中，有四篇是有关阳明学的，就是香港新亚书院唐君毅教授的《道德心观念由王阳明至王畿之发展》、冈田武彦教授的《王畿与存在主义之兴起》、狄别瑞教授的《晚明个人主义与人道主义》，及普林斯顿大学助教授杜维明的《阳明内圣外王的儒家理想》。这次学术会议，可说是欧美学术界集中研究明代思想的开端，对未来的阳明学研究具有很大的影响作用。

至于欧美学人研究阳明哲学的重点，据陈荣捷先生在《欧美之阳明学》一文中的分析，认为在一九五〇年以前，专重良知的研究，而忽略了“致良知”与“知行合一”的教化。如前述亨克氏所译的《传习录》序文中，虽曾谈到良知、知行、仁者与天地为一体三项要旨，但没有作进一步的发挥。其他像哈克曼（H. Hackman）与福克（A. Forke）等，也都是专从良知立论。属于心学的良知问题，与西方哲学中的唯心论相近，所以自然被西方人所看重，但阳明哲学真正的精神，毕竟还在“致良知”与“知行合一”。一九五三年尼文生（D. Nivison）虽著有《王阳明前后中国思想中的知行问题》，但并非专门研究“知行合一”，所以一九五〇年以后，欧美学术界还没有进窥阳明哲学的全貌，直到近二十余年，由于冯友兰、张君劢与陈荣捷等有关阳明哲学的著述和译作，及欧美学术界集中研究明代思想以后，才使他们见到阳明思想的整个轮廓。

陈先生又曾分析：欧美学者研究阳明哲学，往往误以为阳明思想接近禅，如福克便特别着重阳明的主静默思，而忽略他的致知与事上磨练等实际工夫。他如赖世和（E. O. Reischauer）与费正清（J. K. Fairbank）所著的《东亚史》，甚至以为阳明的中心教育就是静坐，且深受禅宗的影响，其实阳明只是早年才教人静坐，且《传习录》中明说静坐须在事上磨练、做工夫才有益处。英国学者李约瑟（J. Needham）在《中国的科学与文明》（一九五六年伦敦剑桥大学出版）一书第二册《中国思想史》中，也有同样的误会。陈先生乃针对西方人这一误会，写成《王阳明与禅》一文，辨明阳明与禅并无特别渊源，非但与禅无多接触，且对佛家心说有所批评。

欧美学者研究阳明学还有一个特点，就是常喜欢与西方哲学家比较，如李约瑟曾说：王阳明的良知说早于西方唯心论者巴克莱（G. Berkley）二百年。凯第（L. V. Cady）于一九三六年出版专讲良知的小册子：《王阳明的良知》中，曾以阳明与笛卡儿（R. Descartes）、斯宾诺莎（B. de Spinoza）、莱布尼兹（G. W. Leibnitz）相比。因而影响中国学者张君劢也以阳明与叔本华（A. Schopenhauer）、巴克莱、康德（I. Kant）及黑格尔（G. W. F. Hegel）相比。郑和烈则以阳明哲学与西方现象学及存在主义相比。

一九七二年是阳明诞生五百周年纪念，这年三月二十八日，美国亚洲学会年会在纽约举行了一项学术座谈会，由陈荣捷先生主持，参加座谈的学者，有哥伦比亚大学的狄别瑞教授、史丹福大学的尼文生教授等。同年夏季，夏威夷大学举办了一项以阳明哲学为主题的“东西哲人会议”，我国知名的哲学家如方东美、唐君毅、牟宗三诸先生，都曾应邀参加，会中所提的论文，都在《东西哲学》学报上发表。这是欧美学术界研究阳明学最近的动态。

由以上所述，可知阳明思想对欧美所产生的影响，是在促使欧美学者研究阳明学的风气渐开，虽然到现在为止，似乎还缺真正有大成就的阳明学专家，且所有著作仍以东方人占多数，又大多限于英文，但明代思想与阳明哲学，毕竟已在欧美学术界引起相当的注意和研究的兴趣，今后必将有更长足的进展。

由于文化背景与民族性的关系，欧美人未能如日本人一般，探索到阳明思想的精髓，而运用到人生与功业上来，只纯粹作学理上的研究。但阳明完全是透过在现实人生中实践力行、千锤百炼之后，才提出他的致良知教和知行合一说，这是他学术思想的精神所在。因此，要真正了解他的学术精神，深入他的哲学堂奥，只有从人生经验中去体悟、笃行与历练，才可能有会心契合之处，纯客观的学术探讨，无论如何精密，只怕终隔一层。然而这种理性的、思辨的治学工夫，却能清楚地分析出阳明哲学思想的内涵，无形中也会对人性产生潜移默化的文化效能，因而这种方式的努力，仍然是值得提倡和发扬的。

参考书目

《王文成公全书》，徐爱辑，台湾商务印书馆。
《明儒学案》，黄宗羲，河洛图书出版社。

《明史·王守仁传》，张廷玉等，艺文印书馆。
《王阳明知行合一之教》，梁启超，台湾中华书局。
《王阳明致良知教》，牟宗三，“中央文物供应社”。
《阳明学述要》，钱穆，正中书局。
《比较中日阳明学》，张君劢，台湾商务印书馆。
《王阳明传习录注释》，于清远，黄埔出版社。
《陆王学辨微》，胡哲敷，水牛出版社。
《阳明学说体系》，黄敦涵，泰山书局。
《阳明学论文集》，张其昀等，中华学术院。
《阳明学》，贾丰臻，台湾商务印书馆。
《王阳明与中国之儒家》，李群英，台湾中华书局。
《王阳明哲学》，蔡仁厚，三民书局。
《阳明学说在今日》，张铁君，学园月刊社。
《王阳明圣学探讨》，邓元忠，正中书局。
《中国近三百年学术史》，梁启超，台湾中华书局。
《中国近三百年学术史》，钱穆，台湾商务印书馆。
《儒家哲学》，梁启超，台湾中华书局。
《宋明理学概述》，钱穆，中华文化出版事业委员会。
《宋明理学》，吴康，台湾华国出版社。
《中国理学史》，贾丰臻，台湾商务印书馆。
《宋明心学评述》，甲凯，台湾商务印书馆。
《中国近世儒学史》，宇野哲人著，马福辰译，中华文化出版事业委员会。

李贽

陈清辉 著

目　录

一、李贽的时代、家世与生平

1. 时代

李贽生于明世宗嘉靖六年（公元一五二七年），死于神宗万历三十年（一六〇二年）。正当明代衰微时期，传统的社会发生重大的经济变革和社会危机。随着封建势力日蹙，对百姓的剥削也愈来愈激烈，诸如：矿税的增加，土地的兼并等，尤其严重。更由于财富过度集中而使贫者愈贫，富者也因愈富而奢华无度。社会阶层纷争日益尖锐复杂，各地民变蜂起。同时在东南地区纺织业的兴起也带动工商的繁荣，和资本主义的萌芽。复因民族冲突的激烈化，倭寇的侵扰，使大明的前途有如雪上加霜，每下愈况。这一切都在动摇明朝统治的根本。李贽生长在这变动不居的时代里，除了绍述传统儒、道、法思想，更继承左派王学的精神，吸收禅学的思想。孕育出不苟且、不因袭、反传统、反封建，大胆怀疑，求新求变的进步思想。这种进步思想正是因应时代而兴，最能反映出时代的脉动。以下从社会风气，时代思潮和文学流变三大端来略论李贽的时代背景。

· 社会风气

赵翼在《廿二史札记》卷三十五中谈到明代贪污问题时说：“明代宦官擅权，其富亦骇人听闻。”但纳贿也不只是宦官，“凡势之所在，利即随之”。例如：严嵩父子的纳贿，“实自古权奸所未有”。由于严氏父子狼狈为奸，贪墨滔天，所以京城士民皆以“钱痨”①讥之。为了收藏这些金银珍宝，严世蕃挖了一个深一丈、方五尺的地窖，四周及窖底则铺砌以纹石，相传经过三天三夜才把它装满，外存者尚不算。

在严氏父子贪酷成性，奢靡无度的肆虐下，民生日蔽，风气大坏，使贪污纳贿成为贵族官绅的普遍行为。如果当官清廉，垂囊而返，反而会受人姗笑，以为无能。张四维在《文贞存斋徐公神道碑》中曾感叹地指出：嘉靖末载，世风之混浊甚矣，“民不见德，惟赂是闻，四夷交侵，万民失业”。②天下情势已因贪腐而岌岌危殆。这种贪婪风气的上行下效，使浮华奢靡之风吹起。当时人们竞相斗富，唯恐后人。《衡州府风俗考》记载：“比年以来，黜素崇华，习为豪举。”“家无担储，宴集竞尚侈靡”，往往僭越逾分，无所忌惮。③这种贪鄙的社会风气，并没有随着严嵩父子的遭受天谴而消逝，其深入民间，腐蚀人心，已因长久的熏染浸渍而融入民族的心理结构中，成为假道学家思想意识中的常模。故虽至神宗之世，也不改此贪财好利之习性，致有搜刮民脂民膏的商税、矿税之创立。虽马经纶恳切上疏，直言“陛下好货成癖”，希望停征，但神宗也只有在病危时才下诏取消，但病稍好转辄又后悔，派人追回圣旨，照收不误。皇帝如此，臣民好利也就不足为怪了。因此贪污纳贿，

① 冯梦龙《古今谭概 · 贪秽 · 钱痨》。

② 《条麓堂集》卷二十三。

③ 《古今图书集成 · 职方典》卷一二四九。

竞相斗富的社会歪风，在明代不但深入民心，也深植帝王心中，而成为一种习性。

这种邪枉的迷思反映在政治下，则自然出现一批批“阳为道学，阴学富贵，被服儒雅，行若狗彘”④之官僚典型，完全丧失父母官应负的重责大任，沦为封建帝王压榨百姓的政治工具，这也就是李贽痛恨假道学家的最大原因。

·时代思潮

宋代采取重文轻武的策略，收揽武将之权，明洪武十三年更借私通蒙古及倭寇之罪名，诛杀胡惟庸，并顺势废中书，罢丞相，建立一个绝对专制的政权。其后明太祖又制定严密的大明律，对于涉及谋反、大逆者，不分首从，不论疏亲，一网打尽。因犯罪者多，明律不敷使用，乃进而亲制《大诰》、《大诰续篇》、《三编》以及《武臣大诰》等严刑峻法。法网之密与死刑之多，历史上罕见。甚至有一人犯罪，全宗皆灭的惨剧。株连之甚，前所未有。为巩固政权，明代皇室又采特务统治，明太祖时设锦衣卫，检校监视、侦察、镇压各地官吏臣民，并随意罗织人罪，大兴文字狱，使朝野呈现一片恐怖气氛。清代史学家赵翼曾引旧史说：“京官每旦入朝，必与妻子诀，及暮无事，则相庆以为又活一日。”⑤而后，明成祖又创“瓜蔓抄”——诛十族之惨酷刑法。在在显示出大明的江山是靠“酷刑”迭起。其中掌执恶法，残害百姓者，大都假宦官之手，如刘瑾、魏忠贤，及明英宗时的王振，皆是宦官专权恣肆，作威作福的例证，人民生活在这漫漫的长夜中，命如汤鸡，危如累卵，也只能徒呼奈何！其思想受桎梏，内心之苦闷也就可想而知了。

---

④ 《续焚书》卷二《三教归儒说》。

⑤ 《廿二史札记》卷三十二《明祖晚年去严刑》。

明代对思想文化的钳制则是其酷虐政治的延伸，明代的律令中，禁止人民“奸党”，规定交结朋党，以紊乱朝政者皆斩，其妻子为奴，财产入官。并禁止收藏禁书，凡收藏者杖一百。而造妖书妖言惑众者，不论首从皆斩。取缔异己，律令严酷，希望异道不兴，民无惑志，一心归依封建帝王。明太祖为积极笼络士人，诛除异道，乃高唱三教合一，大尊孔子为“万世帝王之师”，作为他统治天下的障眼手法。为了进一步监控思想，太祖不但严格控制国子监及各级学校，规定学生不能谈论政治，科举考试也要以程朱思想为本，不可妄自发挥，不然轻则名落孙山，重则人头落地。这种独尊程朱的科举取士，在廖燕看来不啻为暴秦的焚书坑儒。⑥由于科举制度的弊害，使士人思想不敢有创见，只有抱残守缺，谨守绳墨，一心只在场屋得失，以求侥幸录取，毫不顾及敦品励学，遑论讲明君子小人，下学上达之辨。幸而录取，也就只知求官资之崇卑，薪俸之厚薄。平日所读的圣贤书之真精神，与读书人的风骨，已在名利场之中丧失无余，久而久之，思想遂僵化固闭而沦落为“俗儒”、“鄙儒”、“腐儒”、“陋儒”……而不自知，而为有志之士所不齿。

随着封建势力的衰微，程朱思想的僵化，已到了无以复加的地步，这就间接促使新的思想蓄势待发。而新的思想之兴起“则自陈献章、王守仁始”。⑦陈献章之学是从静中养出端倪，借静坐来体认道理，他自述静坐后之体悟为：“然后见吾此心之体，隐然呈露，常若有物。”⑧盖静坐是他的致虚之道，也是他自得的功夫。这种抛弃依傍，追求独立思考的思想，正是明代心学的大转折点；也是陆九渊与王阳明之间的“心桥”。黄宗羲在《明儒学案·白沙学案》

⑥《二十七松堂集》卷一《明太祖论》。

⑦《明史》卷二八二《儒林传》。

⑧《白沙子全集》卷二《复赵提学佥宪》。

说："有明之学，至白沙始入精微，其吃紧功夫，全在涵养，……至阳明而后大，而先生之学，最为相近。"王阳明之学始于泛览词章，继而遍读朱子之学，不能有得，乃出入佛老，居夷处困，动心忍性，最后悟得格物致知的道理。认为"圣人之道，吾性自足，不假外求"。⑨一切理乃具备心中，不必向外索求，若舍去吾心，则"心外无物，心外无事，心外无理，心外无义，心外无善"。⑩君子之论学，也是要求得乎心。他认为众人皆以为是，如果己心不能悟会，也不敢认为是对的；众人都认为非，如果不能契合己心，也不敢以为是错的。王阳明以"心"为主体的思想，注重"致良知"，以精察本体——心之理。此与一般学者徒从文义上穿求，路数自是不同。

尤其他把"知"、"行"视为一个功夫，特别强调"知行工夫，本不可离"，只有能行才是真知，真知即所以为行，更是透彻的心学理论。这种思想在打破程朱的僵化思想，反对旧权威、旧教条上，发生积极振奋的作用。使明代学术由传统的"主敬存诚"、"格物致知"等思想，转向注重心体修明，追求良知灵明的心学工夫。虽然由于"心"学的抽象玄远，除非根器深远，否则不容易捉摸，故难免使一些致力心学功夫者走上空疏无本之路，而流于轻浮、猖狂之弊。但其重视主体精神的发扬，打破因袭守旧的封建刻板思想，为明代思想、文学的解放运动立下丕基，则功不可没。

阳明后学分为浙中、江右、泰州三派。李贽思想乃承袭泰州学派王艮、颜钧、何心隐、罗汝芳等人思想。王艮提出"圣人之道，无异于百姓日用"。又说："百姓日用之条理处，即是圣人之条理

⑨ 《明儒学案·姚江学案》。

⑩ 《王阳明全集·与王纯甫》。

处。”[11] 把幽微难明的圣人之道，化为具体平实的百姓日用之道，为中下阶层人物，放下一把迈向圣境的天梯，引渡众生回归道途。使安身立命之学，能充分地落实到平民百姓身上。王艮提出对百姓日用的重视，其弟子颜山农及三传弟子何心隐，继承师说，发扬光大，先后提出对“欲”望的肯定。何心隐更直接指出“且欲唯寡则心存，而心不能以无欲也”。[12] 把“欲”视为人类进步的动力。其勇于冲破礼教的精神，颇为李贽激赏，故虽然李贽与何心隐未曾谋面，但何被害时李贽也写《何心隐论》为他辨雪冤情，痛斥求媚张居正而陷害何心隐的人。可见李贽对何心隐等泰州学派人物思想的推崇与发扬。顾炎武在《日知录》说：“龙溪之学，一传为何心隐，再传而为李卓吾、陶石篑。”诚为知言。

李贽孕育于政治酷虐、律令严苛、思想禁锢、程朱之学独霸儒学正统的时代。由于时君之昏聩，士大夫的虚伪，使政治腐败，思想僵化，民生凋敝，国事颓唐。李贽因不忍坐视生灵涂炭，乃以其倔强不屈的性格，承继泰州学派重视百姓日用的思想，肯定人民欲望的需求，及追求人人平等的精神，毅然兴起而反封建，反陋儒，企图冲决网罗，寻求自由平等的生活。他这种进步思想，不但风靡当代，对后代学者，也有振聋发聩的启迪作用。

·文学流变

明代的正统文学衰微，拟古风气盛行，诗文作品的内容与形式，一仿前人，少有创意。以致明代作品虽多，据朱彝尊《明诗综》所辑高达三千四百家。以数量而言，实不减唐宋，但论其文学史上地位，又远逊于唐宋。究其原因，实归咎于八股取士的制度，及拟古主义的风行。黄宗羲在《明文案序》中即提出“明文

---

⑪ 《明儒学案·泰州学案》。

⑫ 《爨桐集·辨无欲》。

之衰，根着于明代文人才士，专注于场屋之业”，而耗尽其精神。而明代作品的另一个致命伤即在模拟因袭，早期有以李梦阳、何景明为首的前七子，他们高唱“文必秦汉，诗必盛唐”，当时士子多翕然风从，文坛风气为之一新，人人以模拟秦汉、盛唐为能事。

前七子句拟字摹，亦步亦趋的拟古，使作品内容空洞贫乏，毫无生气可言。因此，一些豪俊之士，不安于固陋，乃群起反对，首开反拟古的风气，并揭示古文之弊。如王慎中、唐荆川之流即是。唐荆川并在《答茅鹿门知县》中提出他理想中的文章是“但直摅胸臆，信手写出，如写家书”，虽然这种文章有些粗疏，但因没有“烟火酸馅”的习气，便是宇宙间第一等的文章。也唯有这种文章才能呈现出“真精神与千古不可磨灭之见”，为千古之至文。这就是唐宋派反拟古，追求文章“本色”的精采文论。可惜唐宋派虽反对前七子的拟古，但自己却又难免陷入古人的窠臼中，只是把模拟的时代由秦汉移至唐宋，并把模拟的重点由古人的字句转向内容，其仿古精神却是一致的。又因唐宋派的大将偏重于文而不长于诗，致使反拟古的运动并未能克竟全功。

在嘉靖年间后七子兴起后，复与前七子声气相通，如出一辙，又带动了拟古的风潮，把唐宋派又压了下去。后七子以李攀龙，王世贞为代表。这些人都是年少气盛，才高气锐，互相标榜，视当世为无人。《明史·王世贞传》说王世贞在李攀龙死后，主盟文坛，独操柄二十年，声势之隆，影响之大，“一时士大夫及山人词客衲子羽流，莫不奔走门下”。惜以结社订盟，自吹自擂，渐染习气，以致所作诗文日益窘衰；间有一些投机分子，随声附和，趋炎附势，借以提高身价，博取令名，图谋富贵，于是为文又蹈模拟剽窃之病，内容贫乏，遑论性情之真。李贽生在这个模拟剽窃成风的时代，洞悉当时文坛的弊病，厌恶社会习气泛滥虚伪。

遂坚决反拟古，鄙视因袭，求真务实，大力提倡“童心说”。此种以“真”为最高审美标准之文论，正是因时因地而生，也是顺乎天、应乎人，适乎时代之需要而发的，有其“救世之弊”的使命感在。也正因李贽反拟古、求真心的文论之提倡，开启了人们性灵之城府，才使公安、竟陵的“性灵”思想，汩汩流出，创造出明代散文的巅峰——小品文；打破传统对小说、戏曲等俗文学的轻视，带动小说、戏曲的隆兴，改写明代文学在文学史上的地位。

2. 家世

·先祖考源

李贽虽然博通古今，著作满家，但他对于祖先的叙述并不多。仅在《与焦弱侯书》中提到他的祖先是光州固始人。由唐末的李辅迁闽，后代遂世居此地。至元末明初，林闾[13]继承祖业，光大门楣。《荣山李氏族谱》说他：“承借前人蓄积之资，常以客航泛海外诸国。”平居乡里，热心助人，急公好义。在乡梓之中，素有名望。因此虽在元末天下大乱，夷人据泉，干戈扰攘，狱讼繁兴，而又逢饥荒的时代，以夷人的粗暴也都“敬公德性，不敢有犯”。[14]

林闾生二子，长子曰驽，次子名端，林驽为老长房二世祖。林端为老二房。继承父业，航海为生，常往来于波斯湾，卒娶色目婢女，信奉回教，把异教色彩带入林家。林驽有五子，以次子林仙宝

---

⑬ 李贽先人姓林或李，说法不一，《清源林李宗谱》、《凤池林李宗谱》主林为本姓。《李氏族谱》则主李为本姓，但二派皆承认十九世祖睦斋公为林李二姓的共同始祖，林海权《李贽年谱考略》页四七五，故有林李同宗之说。

⑭ 《清源林李宗谱》。

继长房位置，为长房三世祖，夙有经营四方之志，常至广州一带经商。四祖林恭惠，初为里老，因通译语，故被荐为通事官，引日本诸国人贡京师。成化三年，率长男琛，引琉球入贡，事成后以年迈表辞，蒙亲赐冠带荣身。五世祖林琛，则随父往来琉球、日本之间有功，因袭父职，受赐官带。六世祖竹轩公，生平不详，七世祖林白斋，则以教书为业。

·家族特性

上溯李贽七世的祖先，可以看出其祖先大都以航海为业，经商各地。综观李贽家世，可以得知他的家族具有三大特性：

（一）思想前进，异族联姻：李贽家族婚姻的复杂，据陈泗东的考证：其先祖有不少与回教徒通婚者，甚至与西域人结婚。其宗谱中尚载有李氏、蒲氏、丁氏、迭氏等通婚的事。据考证这些姓都是汉代西域人。李氏家族，除了与异族合婚外，也不忌讳与同姓结婚。[15]这种不忌讳同姓结婚的观念，不但冲破礼教，也触犯《左传》所载“男女同姓，其生不蕃”的优生学禁忌，但在李贽的祖先中却屡见不鲜。

（二）信仰复杂，五教具有：李贽的先人林闾，笃信回教，而林闾妻却皈依佛门，曾赞修寺宇，助建佛殿，为虔诚的佛教徒。二世祖林驽则从父信仰回教。二世叔祖林端，却是一个“敦诗习礼，绰有儒风”。[16]的典型儒者。三世祖林通衢妻的坟墓也在回教徒墓地。但老二房三世祖林广斋却为道教徒。又于《林李宗谱》万历乙亥年条中记载：“是年天主教传入中国。”把天主教传入中国载入宗谱中。正与李贽三会利玛窦之事，同样说明了李贽家族与天主教有

⑮《李卓吾的家世故居及其妻墓碑——介绍新发现有关李贽的文物》，《文物》，一九七五年第一期。

⑯《林李宗谱》。

密切的关系。利玛窦在其传记中也透露他想吸收李贽的企图心。可见李贽的先世正与儒、道、佛、天主教等都有不同程度的关系。其家族宗教信仰的自由化，正显示出这个家族思想开通，不拘传统，这与其航海经商的家族事业的特性，是颇能相契合的。

（三）世代经商，航海致富：李贽家族中从第一代至三代纯为商人，四、五代也是业商，只不过充当琉球贡使的翻译，蒙御赐冠带，地位只比一般商人稍高。李贽出生外商云集的泉州，其先人航海经商，足迹遍及海内外，见多识广，卒养成冒险犯难的精神。李贽遗传这种血统，又受到族人商业思想的熏陶。⑰ 故独能通权达变，跳脱传统思想的羁绊，求真务实，直探先秦儒家之本心。了解李贽的家世及其家族特性，我们就可以知道李贽在思想史、文学史上能大放“异”采，正与他的家“族风”有密切的关系。

3. 生平

·青少年时期——少年灵隽，轻易中举

明嘉靖六年（一五二七年）十月廿六日戌时，福建泉州南门外一个私塾先生的家里，孕育了一位坚毅果敢、思想特异的进步思想家——李贽。

李贽（一五二七—一六〇二年），号卓吾，又号笃吾，福建泉州人。一生共有字号四十七个。⑱ 因生于泉州，泉州为温陵禅师修道的地方，故自号“温陵居士”。后在共城（河南辉县）当官，共城西北有苏门山，山上有百泉。李贽以出生泉州，又在百泉做官，与“泉”特别有夙缘，又自号“百泉居士”。听到别人批评他心胸

---

⑰ 李贽族人从商的尚多。参见张建业《李贽评传》页二二。

⑱ 高映：《鸡足山志》卷六《名贤》。

狭小，乃取号“宏甫居士”以自勉。五十岁左右，因思念父亲白斋公，又自号“思斋居士”；晚年因长居龙湖，又自号“龙湖叟”。剃发后，又自号“秃翁”以自我解嘲。袁中道在《柞林纪谭》中又称他为“柞林叟”。李贽的名号，有自取的，有别人取的，或俗或雅，散见于文中，为其作品，添加了几许的奇趣，我们很可以从他的名号中想见他的为人。

李贽的童年因“生而母太宜人徐氏没”，[19]所以幼年过着孤独无依的生活，也养成自立、倔强的性格。他说：“予自幼倔强难化。”《阳明道学钞》又说：“某性褊急”，[20]这是他对自己个性的剖析。难怪袁中道为他作传时说他：“中燠外冷，丰骨棱棱，性甚卞急，好面折人之过。”可知他是一个外貌冷漠，内心热诚，风骨刚健，个性急躁，又好当面责难别人过错的人。好在他虽爱骂人，但友人都知道他是一个口恶心善的人，所以也就不恨他。自言：“余性亦好骂人，人亦未尝恨我。何也？以我口恶而心善，言恶而意善也。”[21]可是这种不近人情的个性，也很难以俗交。因为他认为“若为追欢悦世人，空劳皮骨损精神”。[22]是知李贽长大后，走上异端之路，除了天生性情倔强外，应与早年失母，缺乏慈晖照拂有关。李贽六、七岁时丧母，启蒙教育只好由父亲白斋公来教他，七岁时父亲开始教他“读书歌诗，习礼文”。[23]奠定良好的儒学基础。一直到十二岁，才崭露头角，试作了一篇《老农老圃论》，注重会通。取《论语·子路》中樊迟请学农事，孔子却说：“小人哉，樊须也。”与《宪问》篇荷蒉的隐士讽刺孔子不能适应时宜，偏偏要“知其不

---

⑲ 《焚书》卷三《卓吾论略》。

⑳ 《焚书》卷三《杂述》。

㉑ 《焚书》卷三《三蠢记》。

㉒ 续《焚书》卷五《石潭即事四绝》。

㉓ 《焚书》卷三《卓吾论略》。

可而为之”；以及《微子》篇扛着竹制的除草器，讽刺孔子为“四体不勤，五谷不分”的隐士等篇章内涵，融贯成文。文中李贽赞美务实学稼的樊迟，也讥讽孔子不懂农事。十二岁的孩子就能通融经典，出此巧思，独出已见，殊为可贵，真是英雄出少年。故写好后立即获得同学的赞美，邻里相庆，并祝贺白斋公有个好儿子。日后可以借此攫取富贵，光宗耀祖。李贽与父亲听了，对这种俗不可耐的称贺，极为不屑。因为他的父亲并不是一个贪财好利的人，而是一位“身长七尺，目不苟视”热心帮助别人的长者，虽然家贫如洗，却常常变卖他太太的头簪耳饰“以急朋友之婚”，[24] 而太太也不反对。所以若以世俗争功求利之心，来预贺急公好义的白斋公，必定会受到鄙视。日后，李贽轻视科举考试，正与父亲的熏陶有关。李贽不喜欢科举制度，因当时科举取士，以四书五经为范围，以朱子《集注》为标的，学者皓首穷经，死守章句，拘限朱《注》，甚至作文仿古，体用排比对偶，这种别名“制义”的八股文不但钳制文人才思，泯灭学子的创造发明能力，最后且沦为专制帝王统治的工具，故为李贽所恶。

李贽十四岁时，已遍读《易》、《礼》、《诗》等书，虽不喜科举，但为了生活，仍未能免俗，而有求禄之心。他自幼学《易经》，后来改学《礼》，十四岁时，又改治《尚书》，“竟以《尚书》窃禄”。[25] 后来为了奉养父母，照顾弟妹，不得不到处奔走，他在《与焦弱侯》信中说：“弟自弱冠糊口四方，靡不逐时事奔走。”根据林海权《李贽年谱考略》考证：李贽二十岁开始出外谋生，大概在晋江青阳一带教书，并在此认识李贽后来的女婿庄纯夫的父亲庄君显。二十一岁时与贤慧的黄宜人结婚，当时黄宜人年十五。由于李贽乐善好施，

---

[24] 《焚书》卷三《卓吾论略》。

[25] 《李温陵全集》卷十一《易因小序》。

轻财好友，“户外履常满，宜人蚤夜治具无倦容”。[26]但也因此而经济更加拮据，虽然黄宜人也做些女红，贴补家用，但生活的重担逼得他喘不过气来，只好到处找事做。他在《子由解老序》自述曾经在“天寒，大雨三日，绝粮七日”受冻挨饿，饥寒交迫，幸好主人公可怜他，煮了黄米饭（黍）给他吃，吃饭后他还问主人说：“这是最好的稻米啊！怎么会有这么美好的味道呢？”主人回答说：“这是黍稷啊！与稻粱差不多。而且现在的黍稷也和以前的一样啊！只是你太饿了，所以觉得特别好吃！”由此可见李贽青少年时期生活的确非常困穷。正因面临强大的生活压力，使他不得不努力奋发，走向科举的道路，但在这条路上确实常让他深感痛苦而想半途而废。他说：“稍长，复愦愦，读传注不省。不能契朱夫子深心，因自怪，欲弃置不事。”[27]为了读朱子《传注》，脑筋胡涂不能领悟，又不能切合朱子的心意而气馁。但因日子过得太闲，无法消磨岁月，便抱着玩玩的心去应试，于是就取“时文尖新可爱者，日诵数篇”，到考前共读五百篇，乡试时题目一下来，就找一篇类似的抄下去，“但作缮写誊录生”，[28]结果高中举人。科举求仕，自古为士子梦寐以求的，并视它为神圣大事，历来应考的人无不小心谨慎，唯恐疏忽而错失良机。但李贽却漫不经心，视为儿戏，不但态度轻慢，并藐视考官，把一般考生视为恩师的主考官讥为“不懂孔圣精蕴”，其狂者精神与异端的性格，由此可见一斑。李贽在二十六岁中举后，自认是侥幸，并认为这种侥幸只有一次，且因父老，弟妹婚嫁各自及时，于是就想早点踏入仕途，并从此绝意科举。

---

[26] 耿定力《诰封宜人黄氏墓表》。

[27] 《焚书》卷三《卓吾论略》。

[28] 《焚书》卷三《卓吾论略》。

·中年时期——仕宦行义，两袖清风

李贽从嘉靖三十四年（一五五五年）踏入仕途，担任河南辉县教谕，至万历八年（一五八〇年）辞去姚安知府，凡经二十五年之官宦生活，曾任辉县教谕、国子监博士、礼部司务、南京刑部员外郎、云南姚安知府等官职。李贽在《卓吾论略》中叙述他最初本想就近在江南找个官做，但没想到被派至万里外的辉县，反而使父母担心。但想到辉县（古称共城）是北宋李之才、邵雍等人“苦志参学”而有所得的地方；又因长子死去，内心悲痛难耐，因此也就抱着求道的心，毅然前往就任。在辉县三年后，高升南京国子监博士，到任数月，即遭父丧，为守父制，只好返回家乡。三十四岁那年春天抵家，不顾带孝在身，立即率领族人，登上女墙守城抗倭。当时城内断粮，城下箭石横飞，战事惨烈，艰险万分，“居士家口零三十，几无以自活”。由于倭寇连年侵扰，泉州一带，“数年田亩变为草莽，瘟疫流行，死者枕藉”。[29]为了逃避饥疫的威胁，李贽决定全家迁到北京去。嘉靖四十一年（一五六二年）李贽到北京，图谋一官半职，以养家活口，但事与愿违，久候不获。此间盘缠用尽，囊箧萧然，几乎活不下去，不得不借馆舍，开班授徒，赚取束修，“馆复十余月，乃得缺，称国子先生，如旧官”。[30]等了一年多，才等到与南京国子监博士相等级的北京国子博士，然居官不久，又因个性不合，时与长官冲突。他在《焚书·豫约》中说：“为县博士，即与县令、提学触；为太学博士，即与祭酒、司业触。”除了官场的不如意，生活的不幸也接踵而来。先是祖父竹轩公仙逝，而后次男又病死。真是命与仇谋，屋漏偏逢连夜雨。经过一连串的打击，素称倔强的李贽也不禁吁然长叹：“人生岂不苦，谁谓仕宦乐。

㉙ 《泉州府志》卷七十三《纪兵》。

㉚ 《卓吾论略》。

仕宦若居士，不乃更苦耶！”[31]接到祖父的讣闻后，李贽决意第二次奔丧，从北京千里迢迢地赶回泉州。因家贫而暂厝的曾祖父母遗骸，这次回乡也计划将他们一一安葬，以便了却一桩为人子孙的心愿。此去三年，其妻黄宜人念母心切，很想同行，但限于经费，无法如愿。

李贽取道河南，将妻女留在他曾任官四年的辉县，并将同仁赠送的赙金，拨出一半，买了几亩地，以供妻女耕食，另一半则携回故乡作为丧葬费用。无奈祸不单行，这年正逢辉县大旱，贪官污吏乃假借漕河转运公粮之名，切断农田用水，企图乘机勒索。李贽虽然尽力为民纾困，请求管理河漕的官员放水灌溉，但均遭拒绝。李贽心想若只为自己数亩请求，一定会获准。但他感叹地说：“嗟哉！天乎！吾安忍坐视全邑万顷，而令余数亩灌溉丰收哉！纵予必不受，肯求之？”[32]李贽对官吏假借名义，横征暴敛，深表不满，但他又不忍独享特权，只图自己获灌溉丰收，而不顾他人死活，于是怏然离开辉县。这年辉县大闹饥荒，李贽的田里只收几十斗稗，“长女随艰难日久，食稗如食粟，二女、三女遂不下咽，因病相继夭死”。[33]后来靠李贽旧友辉县推官邓石阳，及同事的解囊相助始能度过危机。李贽在《卓吾论略》中自述初见妻女的情景：一进入家门，本来欣喜异常，但谈到二女、三女相继病死，黄宜人已经泪水涟涟。李贽回忆说：“是夕也，吾与室人秉烛相对，真如梦寐。乃知妇人势逼情真，到此方觉屐齿之折也！”这与杜甫历经困阨从奉先探望妻子，而“入门闻号咷，幼子饥已卒。吾宁舍一蓑，里巷亦呜咽。所愧为人父，无食致夭折”。正是今古同悲，天人共泣。李贽这一年也因不堪旅途劳顿，与丧女之痛，终于病倒了，痊愈后，暂居辉县调养

[31] 《卓吾论略》。

[32] 《卓吾论略》。

[33] 《卓吾论略》。

一年，又携眷返回北京。

嘉靖四十五年秋末冬初李贽到了北京，补礼部司务。有人劝告他礼部司务是个掌管收发公文等事的卑职，收入很少，不要去白受穷苦。李贽在历经人生无比的苍凉创痛后，对于人间的是非已不再执着，求道之心更加坚定。他说："吾所谓穷，非世穷也。穷莫穷于不闻道，乐莫乐于安汝止。"㉞坚持个人独特的价值观，不顾众人的冷嘲热讽与工作的卑微，毅然就任。李贽在礼部时，张居正时任礼部右侍郎，成为他的顶头上司。李贽在作品中屡次赞美张居正的改革措施并推崇他为"宰相之杰"、"吾师也"。㉟李贽这么崇拜张居正，除了二人革新务实的思想相契合外，应与这段因缘有关。

李贽一心慕道，求道的机缘也在此地逐渐成熟，他在同仁李逢阳、徐用检等王学信徒的领导下，首次接触王学，成为他一生思想变化的转折点，他在《王阳明先生年谱后语》追忆说：我自幼倔强难化，不信俗儒之学，也不信道教、不信仙佛。看到道人、僧人就讨厌；看到道学先生更加痛恨，"惟不得不假升斗之禄以为养"，所以不得不与世俗往来。但"不幸年甫四十，为友人徐用检所诱，告我龙溪王先生语，示我阳明王先生书"。于是了解得道真人不死，正和真佛、真仙一样，到此，虽然个性倔强也不得不相信了。李贽在李、徐二人的诱导下，正式踏入王学，迈向大道，并痛下功夫，苦心钻研，日后李贽以"心"为明断是非的标准，正是受阳明"心即理"的影响。李贽受王学灌顶后，吸纳王学对主体能动力量的高度肯定，并与自己的思想相激相荡，遂对现实生活有更深的体会。终于迸发出追求平等、重视个体、尊重个性的自然发展等一系列求新求变的进步思想。此举不但强化了反传统、反俗儒的攻击力量，甚至超脱王学，跳脱封建束缚。如脱缰野马，奔走飘逸，成为最能

㉞ 《卓吾论略》。

㉟ 《焚书》卷一《答邓明府》。

表现左派王学精神者。诚如嵇文甫所说："（李贽）虽然不能正式列入王学左派，但与王学左派关系密切，其思想行动最能把左派王学的精神充分表现出来。"㊱即是道破他能入能出的思想特质。

李贽在礼部司务五年，最大的收获是对王学有深入的研究，他说："五载春官，潜心道妙。"㊲可见他专注的精神。只是五年学道并没有改变他倔强的个性，而只有增强他那狂者胸怀与追求平等的精神。因此他还是时常与上司冲突，他在《豫约·感慨平生》中说："司礼曹务，即与高尚书、殷尚书、王侍郎、万侍郎尽触也。"李贽与这些长官抵触，原因不详。大概与他不受束缚的倔强个性有关，或对事情的看法有异。可以确定的是李贽不会以个人的好恶而贬抑他人。如高尚书（高仪）这个人《明史》记载说他："性简静，寡嗜欲，室无妾媵……及殁，几无以殓。"是一个廉洁官吏，而李贽也称他为"人杰"，可见李贽实事求是、客观公正的精神。

李贽在隆庆五年（一五七一年）离开北京，任职南京刑部员外郎。这段期间还结识当时著名学者王畿与罗汝芳等人，并受他们重大的影响。李贽在《罗近溪先生告文》说："我于南都得见王先生者再、罗先生者一，……自后无岁不读二先生之书，无口不谈二先生之腹。"佩服二先生可以说五体投地。王畿为王阳明门徒，发扬良知说并主张良知即佛性，倡导三教合一思想，影响李贽三教思想颇大。而罗汝芳认为"以赤子良心不学不虑为的，以天地万物同体，彻形骸，忘物我为大……即以不屑凑泊为功夫"。㊳为阳明弟子中最接近禅宗的一派。李贽受罗汝芳影响很大，尤其罗反对封建及同情基层民众，重视百姓生活的思想，更坚定了李贽关心民生的决心。后来泰州学派创始人王艮的次子王襞到南京讲学，李贽便拜他为师，

㊱ 《左派王学》第四章《李卓吾与左派王学》。

㊲ 《卓吾论略》。

㊳ 《明儒学案·泰州学案三》。

他说："心斋之子东崖公，贽之师……东崖幼时，亲见阳明。"[39]表示自己是阳明的嫡传弟子。李贽受泰州学派的影响主要有二：一、圣人之道，无异百姓日用。二、圣凡平等。李贽对泰州学派的人物非常赞赏，他在《为黄安二上人》三首、《大孝》一首中，把王艮当做"真英灵汉子"，并将心斋之后的徐波石、颜山农、赵大洲、邓豁渠、罗近溪、何心隐等泰州学派的代表人物，视为"云龙风虎，各从其类"，一代高似一代的英雄人物。李贽虽受泰州学派影响很大，但却不囿于泰州思想，而独能吸收泰州重视百姓日用之道及平等的思想，摆脱泰州派人物如王艮等人受儒家思想之束缚，创造出反对传统，追求独立自主的进步思想。

李贽身处人文荟萃，群贤聚集的南京，除了听人讲学，吸收新知外，自己也聚徒讲学，他的讲学强调证验，反对空谈，重视学而必思，思而后行，他认为在实践中去体会才是真知。其挚友焦竑在《焦氏笔乘》卷四《读书不识字》曾记此事。李贽任职南京最后一年在友人劝诲下，翻阅佛书，究心生死之门而有了大突破，这也是其人生重大的转折。此后佛学对他的影响越来越深，有关佛学的文章也日益增加。他在《圣教小引》中说明初读佛书的经过"并庆幸于生死之原窥见斑点"，乃重新研究《大学》、《中庸》的道理。总之，李贽在南京六年，曾晋见王龙溪、罗汝芳等大师，又师法王艮，锐意王学，钻研佛学，进德修业，精进不已，卒使其思想逐渐融通，他的三教合一思想大抵也在此时完成。李贽在南京的另一大收获是获得两位重要知己：一为焦竑，一为耿定理。焦竑是耿定向的门生，也是明代的大学者，经、史、子、集无不贯通。性情刚直，与李贽相近，只是焦竑较为保守，没有李贽那种激烈反传统的抗争精神。二人相识后，遂为至交，李贽许多作品如：《焚书》、《藏书》

---

[39] 《续藏书》卷二十一《侍郎储文懿公》后论。

等。都有焦竑的序，二人相交，直至“以死相许”，甚至李贽临终立下遗言，指定墓碑也要由焦竑题字。而耿定理则是明代著名的理学家，也是道学家耿定向的弟弟，个性较温和，与李贽思想相近，气味相投，二人成了莫逆之交。并为李贽与耿定向冲突的调理人，对李贽一生帮助很大。即使在耿定理死后，李贽仍对他怀念不已。他在《耿楚倥先生传》说：“然使楚倥（耿定理的字号）先生还在，则片言可以折狱，一言可以回天。”又何必等到与耿定向闹到僵化难解才察觉呢？……对耿定理的追念历久弥深。

神宗万历五年（一五七七年）李贽出守姚安知府，知府为四品官，这是他一生做过最大的官，也最能表现政绩，展现自己的施政理念。李贽前往姚安途中，路过黄安，往会耿定理，并认识他的哥哥耿定向。知心好友，久别重逢，相谈甚欢，倍感温馨，李贽遂有弃官留住的想法。但耿定向（天台）看到李贽囊箧萧然，就劝他去就任。限于旅费，本想把家留在黄安，但因妻子坚持同行，就把女婿、女儿托付耿定理，并约定三年后回来共同参禅论道，同登彼岸。耿定理乃牢记共同的约定，“教戒纯夫学道甚紧”，并视庄纯夫如己婿。李贽到了姚安，正值姚安兵后，满目疮痍，悲天悯人之心油然而生。他在姚安府楹柱上题上两联：“从故乡而来，两地疮痍同满目。当兵事之后，万家疾苦总关心。”“听政有余闲，不妨甓运陶斋，花栽潘县。做官无别物，只此一庭明月，两袖清风。”由联语可知李贽时时关心百姓的疾苦，也间接对统治者感到不满，因为刚在兵事过后，人民亟待重建家园，休养生息。故李贽在姚安为官，就采取黄老治术，一切操持以自然为原则。对待百姓，廉洁宽和，务以德化人。并于公余时间讲学不辍。袁中道《李温陵传》说他在姚安当太守，政令清简，不言而治，常到佛寺去批阅公文，看完公事就在庙堂上和名僧谈虚论玄，别人都感到怪异，他却不以为意，默默地在推展他“因乎人”、“因情以牖民”、“恒顺于民”、“不易其俗”⑩顺民之情性欲望而治的政治观点。诚如连广桥的修筑即是一例。《姚安县志》记载：“连广桥……明万历间知府李贽建。”连广桥因桥下连水，夏秋淫雨，洪流暴涨，舟楫难行，往来者常有惨遭灭顶之虞。李贽深知民困，乃聚石为桥，造福人群。李贽在姚安虽采无为而治，但政绩卓著，人民无为而自化，李元阳说他：“惟务以德化民而民以自化。”㊶而李贽的友人顾养谦也说：“先生为姚安，一切持简易，任自然，务以德化人……自僚属、胥隶、夷首无不化先生，而先生无有也。”正说明李贽无为而善治，使姚安民风淳朴，人民安乐，成为人间净土。李贽在姚安，虽然清廉从公，罄俸修庙学，治绩斐然，他因个性刚直，故仍与上司有抵触。《豫约·感慨平生》记载：“最后为郡守，与巡抚王触，与守道骆触”，其中“王本下流不必道矣”。而骆与李贽最相知，同样是有为有守，乐学知道，能身体力行的人，而终不免和他冲突，正因为他过于“刻厉”，“只知有己不知有人”，是一个苛刻严厉而坚守礼乐刑政信条的道学官员，与李贽顺势化民之政治理念相抵触，虽相冲突，“然使余得以荐人，必以骆为荐首也”。李贽客观公正的心由此可见。万历八年，太守三年期满，因政绩卓著，本可荣升，但李贽坚决请辞，以行动履行初来时与耿定理的约定。于是谢簿书、封府库，准备交接，携家带眷向巡按刘维乞辞，刘维说：“姚安守贤者也，贤者而去之吾不忍！”㊷强欲慰留，但李贽坚辞，乃入鸡足山，阅览藏经，恣情山水，遍览滇中胜景。李贽一生自奉清廉，抚爱百姓，《姚州志》载：“三载竟自归，士民攀卧道旁，车不能发，囊中仅图书数卷。”㊸“士民遮道

⑩《焚书》卷三《论政》篇。

㊶《姚安太守卓吾先生善政序》。

㊷《焚书》卷二《附顾冲老送行序》。

㊸《姚州志》卷四《名宦》。

相送，车马不能前进。”[44]在循吏史上写下辉煌的一页，也为自己的官宦生涯戛然划下完美的句点。李贽离开姚安，假道四川，出三峡，直奔湖北黄安，随着大江东去浪涛尽，这位走在时代尖端的风流人物也结束了他二十五年的仕宦生涯。

·晚年时期——流寓著述，力战伪学

李贽于万历九年（一五八一年）初夏抵黄安，住进耿定理天窝书院，每日除了与少数友人往来外，大部分时间都沉浸在子、史书中。他在《答骆副使》中曾提到黄安地实僻陋，但为居食方便，免受逼迫之忧，所以也只好留下。他感叹地说：“非惟出世之学莫可与商证者，求一超然在世丈夫”也不容易得到。所以“不得不闭户独坐，日与古人为伴侣矣”。尤其在山中寂寞无侣时，时时取史册披阅，与古人会晤，亦乐在其中。他发现千古流芳的大圣人和遗臭万年的大坏蛋，“其精神巧思亦能令人心羡”。[45]更何况历史也有局限，自古以来多少历史的冤屈，又有谁能为他们辨明洗刷呢？又有多少的投机分子，蒙混其中，“以浮名传颂，而其实索然”，[46]这层历史的云雾烟尘有谁能为之拨云去雾，扫尽尘染，而呈现历史的真精神呢？

李贽心想，这是当仁不让，责无旁贷的事。于是着手读史，重新编写历史，务使历史的投机客，原形毕露；受尽细摘的圣贤，重获尊重。这本是天地间至大至刚浩然正气的发扬，但因意见与传统不同，又不愿苟合世俗之见，因此也只有顶着“反传统”的“异端”之名往前冲，这时期的作品就是《焚书》、《藏书》的初稿。李贽在黄安除了著史外，对于《老子》也有深入的研究，他于《与焦弱侯

---

[44] 光绪修《姚州志》卷五。

[45] 续《焚书》卷一《与焦弱侯》。

[46] 同上。

书》云："入九以后……雪深数尺，偶一阅子由《老子解》，乃知此君非深《老子》者，此《老》盖真未易知也。呵冻作《解老》一卷。"李贽在钻研《老子》中深获《老子》"治大国若烹小鲜"等政治哲学，及以简御繁，朴实为贵的政治哲理，故为政力求清简，为人则重适性，充分尊重个体，发挥政治哲学主体精神，不受外在的束缚。他为了摆脱传统的束缚，故反对儒家所提倡的"君子之治"，因为"君子之治"被落实为封建伦理道德以后，已失去它原有"仁者安人"之崇高理想，而变成封建帝王钳制天下，压榨百姓的工具。因此李贽极端反对，奋力欲冲破封建牢笼，跳脱礼教禁锢。这种思想却被素以"孔孟"正脉自居的耿定向所不容，遂爆发耿、李之争，最初由理念之纷争，终至交恶，且引发其他道学家加入混战之中。

综观耿、李之争，肇因于耿天台死后，耿定向对于李贽的"超脱"感到担心。袁中道《李温陵传》说："子庸死，子庸之兄天台公，惜其超脱，恐子侄效之，有遗弃之病，数箴于公。"而耿定向《又与周柳塘》更明白地批评他："卓吾之学只图自了，原不管人，任真纵横可也。"显然是怕其子侄受李贽"超脱"的影响而"不以嗣续为重"，[47]及对科举的漠视。李贽在痛失良友，正感今后实难度日之时，又受耿定向的责难，遂负气迁走麻城，住周思久女婿曾中野家。不久，迁居新建的维摩庵，并写一达七千余字的信给耿定向，逐条驳斥耿对他的指责，并揭发耿定向之虚伪面具。对于耿定向的为人行事，剖析入微，描写真切。其中对耿心求名利，口说仁义，口是心非的虚假行径，深感痛恶。他反而欣赏市井小民，做什么事，便说什么话，毫不掩饰，真实无妄。此可知"真"与"伪"之争是耿、李论战的焦点所在，也是李贽判断是非善恶的审美标准。

万历十六年（一五八八年）李贽年六十二，从维摩庵又搬往龙

㊼ 《焚书》卷一《答耿司寇》。

潭芝佛院，此地一住，几近十年，潜心著述，著作等身。然而这段期间，烦扰事端也层出不穷，如与耿定向关系的恶化，复于著书谈道之余，招收女弟，甚至为忘却丧妻与丧子之哀，解除脾病之痛，恣意所适，到处从众携手听歌，因而“出入于花街柳市之间”。[48]这些作为皆为当时保守的社会所不容，故受谤之声也随之响起。但李贽也不甘示弱，针锋相对提出一些无情的批评，并肆意地嘲讽传统道学的保守迂阔，虚伪矫情。李贽一生至此，饱经忧患，先是仕途坎坷，常与上司抵触，而后二女、三女饿死共城，三年前独子又溺毙龙潭，去年逝妻，一连串的不幸，纵有铁石心肠，岂不摧折？因而在今年，李贽去掉三千烦恼丝，落发出家，他在《与曾继泉》中说出他落发出家的理由，正是对家族中一些闲杂人逼他回去的反弹，也是对那些无见识的人“共以异端目我”，[49]发出倔强的怒吼，“以成彼竖子之名”，[50]以免那些人以虚名加我。兼此数种痛击，又感人生之空寂，故毅然落发，了断尘缘。

李贽虽然落发，但其胸中块垒未除，反道学的决心丝毫未减，只是他将这种反抗传统的意志投入写作中。他落发不久，即完成第一部著作——《初潭集》。李贽在书序说明《初潭集》之命名，乃初落发龙潭即纂此。全书以儒学为正统思想，除了猛烈的批评假道学家，并反映出他追求“出世”，企求悟得“本地风光”，以抵“彼岸”，“早证无生之乐”。[51]《初潭集》完成后，李贽仍终日读书，孜孜不倦，继续编著《藏书》、《焚书》、《说书》等；李贽于《答焦漪园》中提及：年来有书三种，惟《藏书》是“系千百年是非”，书中人物约八百人，算是长编巨著。还有一种“专与朋辈往来谈佛

㊽ 《李温陵集》卷四，页二〇一。

㊾ 《焚书》卷二《答焦漪园》。

㊿ 《焚书》卷二《与曾继泉》。

[51] 《初潭集》卷四《夫妇论》。

者”，名曰《李氏焚书》，因为多“因缘语”、“忿激语”，怕看到的人惊怪，所以取名“焚书”，取其当焚而弃之之意。另外《藏书》也是该藏诸名山，以待后之来者，不合公诸于世的。而《说书》虽是读书杂记，亦甚可观，“其立论多出前人所未有”。[52]这些书都足以令人一新耳目，甚至为惊世骇俗之作，颇具有强烈的震撼力。因此万历十八年（一五九〇年），《焚书》首次在麻城印行，虽然李贽于序文中说明本书是答知己书问，所言皆能切中时弊，中其痼疾，但也触犯道学家的隐痛，因书中所辑有与耿定向论辩事，彼此交锋，咄咄相逼。于是激怒耿定向，并使“胥天下之伪学者，莫不胆张心动，恶其害己，于是咸以为妖为幻，噪而逐之”。[53]耿定向受激后，乃作《求儆书》，发动学生群起而攻之。故次年就有蔡弘甫《焚书辨》，极力攻击李贽。这股势力与伪道学家合流，对李贽极端诬陷与反扑，而以耿为首的伪道学者更采取强制驱离手段来对付他。在捕曹吏急缉下，风声日紧，李贽只有暂遁衡州，入武昌，客居城外洪山寺，又受耿定向的门徒以“左道惑众”[54]而围逐他。

李贽在武昌受逐被围事，传到湖广布政使刘东星耳里，刘亲诣洪山寺造访，并邀李贽至官署，严加保护。刘东星对李贽只是久闻其名未见其人，只知他弃官家，隐居龙湖，也听到有人批评他。但他半信半疑，本来想去拜会，因路途太远而不可得，这次利用袁宏道陪李贽住洪山寺的机会，特地前往会面。一见面后，刘东星对李贽颇为敬佩，他在《书明灯道古录后》说：“然后知其果有道者，虽弃发，盖有为也，嗟呼！此身若弃，又何有于家，何有于官乎？乃区区以形迹议之，以皮毛相之者，失之远矣。”刘东星看李贽不以外在的形迹批评他，也不从肤浅的表层去看他，而能透视其内心

[52] 祝世禄《环碧斋尺牍》卷二《与游麻城朋孚》。

[53] 钱谦益《列朝诗集》闰三。

[54] 《焚书》卷二《与同友山》。

与学养，发现他心地的善良与人格的崇高美。因此，他在李贽身处危难之际，毫不忌讳，挺身相救，并延聘回家，朝夕请益，而有相见恨晚的遗憾。李贽也能知恩图报，在刘东星赴保定任巡抚时，赋诗赠之，以申谢忱。诗云："季心何意气，夜半犹开门。幸免穷途哭，能忘一饭恩。"[55]对于刘东星能仗义竭诚相救，使他免于穷途末路，表示感激不尽，毕生难忘。

万历二十四年（一五九六年），李贽七十四岁，本拟应刘东星邀请前往山西上党，临行之前，湖广按察使司签事史旌贤，扬言以"大坏风化"之名要将他赶出麻城，李贽听说后，决定面对现实，暂不离开。他在《与城老》的信中说："闻分巡之道欲以法治我，此治命，决不可违也。……宁受枉而死以奉治命，绝不敢侥幸苟且以逆治命，是的也。"[56]信中透露出李贽虽受冤枉，但仍谨守法令，无异给那些不合法的迫害行动一个无言的抗议。因为史旌贤是耿定向的门生，曾蒙师恩拔擢，是知这次行动又是假道学家对李贽的迫害。李贽非但不远走高飞，避难山西，反而留下来，以示坚决抗争到底的决心，其倔强性格，真是死生不渝。诚如他在信中所说："大抵七十之人，平生所经风浪多矣。平生所贵者无事，而所不避者多事，故宁义而饿，不肯苟饱，宁屈而死，不肯幸生。"其孤高绝俗的人格与坚强不屈的精神，说明了他是一个不畏强权，不怕压迫的大丈夫。

此时耿定理之子耿汝念，也函请李贽到黄安，贽也拟往，但他再三考虑，现在去未免有瓜田李下之嫌，怕人家误以为他是"专往黄安求解免也"。[57]所以也就暂时不去，他并于信中宣示"丈夫在世，当自尽理"，因为他自六、七岁丧母后，至今七十，都是单身度日，

---

[55] 《焚书》卷六《寓武昌郡寄真定刘晋川先生》。

[56] 续《焚书》卷一。

[57] 续《焚书》卷一《复耿克念》。

独立过时，虽然受到人佑或人助，但都是不求自来。他说："若要我求庇于人，虽死不为也。"自古以来大丈夫、好汉都是如此。

同时对于生死问题，他也提出个人的领悟。他说："盖人生总只有一个死，无两个死，但世人自迷耳。"以示自己不怕死，不畏势，不求人助的决心。李贽与封建旧势力搏斗，时时表现出坚忍果敢，至死不屈的大无畏精神。这种精神动力的泉源来自何处呢？盖他乃以正气自居，以打破封建枷锁为快，故特别厌恶贪鄙虚假的假道学。因此，他能发人所未发，能言人所不敢言而不得不言者，虽然因此而冒犯权贵，惹上是非，甚至赴汤蹈火，也在所不辞，其间所依恃就是一份天地间长存的正气之发扬。他曾自豪地说："盖自量心上无邪，身上无非，形上无垢，影上无尘，古称'不愧'、'不怍'，我实当之。以取灭亡之祸欤？"[58]这篇文字可以说是李贽以"正义"、"正兵"自居的战斗宣言。也正因为反躬自省，自认"无邪"、"无非"、"无垢"、"无尘"，可谓俯仰无愧之好汉；也是"富贵不能淫、贫贱不能移、威武不能屈"的大丈夫。因此他更充满自信地高举着正义之旗，坚信"正兵在我"，无懈可击，谁敢攻击他，必会自取灭亡。因此他对抗以耿定向为首的道学家之迫害时，始终能坚守信念，宁死不屈。他在《续焚书》卷一《与耿克念》的信中特别说明："如果要以法治来办我可以，如果要以此来吓我那是办不到的。盖有罪的人，坏法乱治，依照法律而诛杀他可也，我若求饶，也就不是李卓吾了。如果只是要吓跑我，这是把破坏法律的人移到他处去毒害别的地方。这是很不仁道的行为啊！"这段话正是李贽对自己无罪而被迫害的辩驳。盖他认为如果自己违法，虽被诛杀也没有遗憾，但若无罪而被侮辱，则是宁死不屈的。诚如他说："故我可杀不可去，我头可断而身不可辱。"是非的论，已很明白，这

---

[58] 续《焚书》卷一《与周友山》。

正是李贽坚守正义、法治的自我表白，也是给那些企图胁迫他，威吓他的不法之徒当头一棒。

万历二十四年（一五九六年）秋，刘东星遭父丧，派遣其子刘用相至麻城迎接李贽到江西坪上村。村中人口不到数十户，颇为岑寂。李贽幽居山村，由秋至春，将近一年，终日闭户读书，手则不停钞写，刘东星《书明灯道古录后》赞美他“虽新学小生，不能当其勤苦也”。而这时刘东星与子用相，侄子刘用健等人，也与李贽夜夜相对，请教《学》、《庸》等问题，最后整理成《明灯道古录》。

万历二十五年（一五九七年）春，李贽接受大同巡抚梅国桢的邀请，从坪上村转往大同作客。路过太原，面对晋阳古城，兴起思古之幽情，写下《晋阳怀古》诗：“水决汾河赵已分，孟谈潜出问三军。如何智伯破亡后，高赦无功独首论。”当年智伯帅韩、魏军攻赵，引汾水灌其城，赵国人心大乱。在内忧外患夹攻下，赵襄子乃夜使相国张孟谈私和于韩、魏，共同联合攻智伯，救了赵国。但是襄子行赏，独厚高赦，因为他在赵国危急，君臣皆懈怠时，“惟共（赦）不敢失臣礼”。[59]李贽为张孟谈抱屈，并对高赦无功而受禄，感到不齿。其关心国事，重视事功的心，由此可见，其中微言讽刺朝廷不能用人才，使贤者在位，能者在职。盖明代的边患至此时更加严重，东南有倭寇，北有鞑靼、瓦剌频频入侵，若不重用贤能的人，以安内攘外，建功立业，则边患何时可休？

李贽由太原继续北行，途中过雁门，写下两首诗：“尽道当关用一夫，昔人曾此扞匈奴。如今冒顿来稽颡，李牧如前不足都。”又云：“千金一剑未曾磨，陡上关来感慨多。关下人称真意气，关头人说白头何？”前首借李牧戍守雁门，一夫当关，万夫莫敌，使匈奴不敢来犯，来歌颂戚继光镇守西北边疆，屡挫俺答，使俺答被

---

[59] 《史记·赵世家》。

迫谈和，解除边患。后首则羡慕古人功业之不朽，而叹自己年华老去，遗憾不能为国立功。李贽跋山涉水，风尘仆仆的赶到大同，与梅国桢谈禅论道，饱览北国风光，生活极为惬意，此中并著兵学大作《孙子参同》一书。

万历二十五年（一五九七年）秋，李贽回到北京，寓居西山极乐寺。袁宏道闻讯赶来探视，李贽欣喜异常，赋诗说："世道由来未可孤，百年端的是吾徒。"并鼓励宏道力争功名，开创仕途。李贽在极乐寺虽只短短四、五个月，但又写了《净土诀》三卷，对于念佛的方法颇有开发。

万历二十六年，李贽在焦竑的奉迎下，抵达南京，这时方伯雨携家前来就学，李贽因与方伯雨日夜读《易》毫不间断，而马伯时也每天都去请教，常常讨论到夜半时分，由汪本钶记录，写成《易因》一书。取名"因"乃是"取其端而犹未尽也"。[60]而著此书的用意，是要引导人"窥自性之易，若只书上面研穷，非究意也"。（同上）后来李贽虽生病，仍然不忘刊此书，成为《九正易因》。

李贽在南京期间，除了作《易因》、《永庆问答》二书外，尚编有《老人行》、《睽车志选录》、《王龙溪先生文录》等书。且于南京最后一年，又刊其史学巨著——《藏书》。此书不论自史料的剪裁，人物的分类、批评、夹注、论赞皆有异乎传统的独特见解。诚如："不以孔子的是非为是非"、以秦始皇为"千古一帝"，说项羽是"千古英雄"，盛赞卓文君为婚姻自主等，皆能震聋发聩，一鸣惊人，在沉寂的封建暗夜掀起巨浪，影响至巨。是以李贽非常重视本书，把它当做"此吾精神心术所系，法家传爱之书"。

李贽重返南京，另有一件值得记载的事，是三次会见利玛窦，

---

[60] 《李温陵外纪》卷三《与方子及论易因》。

他对利玛窦的印象是“中极玲珑，外极朴实”，[61]在数十人群聚喧杂的场面中能酬对自得，真是一位不亢不卑，文质彬彬的人才。李贽与利玛窦相见后，当面送给他两把扇子，并题诗于上。对利玛窦的思想也大致肯定，命人将利玛窦的《交友论》抄写数份，寄给门生参阅。而《利玛窦传》对李贽也有评语：“他的许多同时代人，认为他是一位行为古怪，固执己见，粗暴无礼的人，可是，在耶稣会士们为获准在北京享居住权的各项谈判中，他却显得极为‘深谋远虑’，并富有经验。”[62]利玛窦对于一般人对李贽的看法——古怪、固执、粗暴无礼的异端形象，并不以为然，反而赞美他是一位有远见、阅历丰富的人。

万历二十八年（一六〇〇年），李贽随刘东星至山东济宁漕署，在此致力于《阳明道学钞》的编录。李贽在序中说：“今岁庚子元日余约方时化……暂缀《易》过吴明贡家，而明贡书屋有王先生全书，既已开卷，如何释手。”李贽在不惑之年为友人李逢阳、徐用检引导，初识王龙溪、阳明先生书。乃知得真人不死，与仙佛一样。于是崇信王学，景仰王阳明，现在吴明贡家看到《王阳明全书》，如获至宝，爱不释手。读完全书，发现王阳明足以继孔子之后，其学实由读《易》而来，实为有本之学也。因此，李贽在写完《易因》后，即令弟子汪本钶校抄《王阳明全集》，自己则专心抄写《王阳明先生年谱》，一直抄到来济宁才继续抄完。当二书出版时，李贽高兴地说：“此书之妙，千古不容言。”[63]李贽居济宁，不但完成上述二书，也继续改正《易因》，穷究圣心，甚至把夜夜读《易》，视为千古快事。汪本钶在《卓吾先师告文》中说他跟随李贽九年“见师

---

[61] 续《焚书》卷一《与友人书》。

[62] 美·乔纳森·斯彭斯著，王改华译《利玛窦传》页三二二，西安人民出版社，一九九一年八月。

[63] 续《焚书》卷一《与方伯雨》。

无一年不读《易》，无一月不读《易》，无一日无一刻不读《易》”。为了读《易》至于废寝忘食，必见三圣人之心才停止。李贽对《易经》专心研究，穷年不休，终于在万历三十年完成《九正易因》，这也是他一生最后一部作品。

李贽寓居济宁数月，于夏秋之间重返麻城，著述谈道，门人日多，名亦随之，无奈假道学者从中作梗，并与当地反梅国桢者共同勾结地方官吏，捏造“僧尼宣淫”的谤言，以便假“维持风化”之名，行“逐游僧、毁经寺”之实。此举不但摧毁龙湖，拆散芝佛院，更拟将李贽绳之以法。杨定见事前设法收留他，而后避居河南商城县黄蘗山中。友人马经纶曾入山会见李贽，读《易》四十日，自觉受益无穷，并说：“弟不至此，直虚过一生矣。”[64]难怪他一听李贽被逐，立即赶至黄蘗山中，随身护持。

万历三十年（一六〇二年），李贽寓居通州马经纶别墅，在病中一面修正《易因》，二月五日修正完成，命名《九正易因》。但此时病情也加重了，乃遗言付僧徒，希望死后以回教礼葬之。真是其生也反传统，死也异乎传统。闰二月廿二日，礼科都给事中张问答秉承首辅沈一贯的旨意，疏劾李贽，他说：“李贽壮岁为官，晚年削发，近又刻《藏书》、《焚书》、《卓吾大德》等书，流行海内，惑乱人心。尤可恨者，寄居麻城，肆行不简，与无良辈游于庵院，挟妓女，白昼同浴。勾引士人妻女，入庵讲法……”对李贽极尽污蔑、抹黑之能事。真是欲加之罪，何患无辞？马经纶乃义正辞严的写了《与当道书》，极力为李贽辩护。他认为：“夫使诚惑世而宣淫也，天道不容，国法不贷，即杀此七十五岁老翁以正一方之风化，此正豪杰非常作用，弟且为圣门护法庆矣，又何疑于驱逐乎？”信中马经纶层层辨析，言辞剀切，一针见血地揭穿假道学家叵测的机

---

[64] 《李温陵外纪》卷四《与当道书》。

心，公开指出“彼盖借宣淫之名，以丑诋其一乡显贵之族（指梅衡湘），又借逐僧毁寺之名，以实其宣淫之事”。马经纶毫无忌讳地指出此事是麻城士大夫相倾轧，主要在打击梅衡湘，因此，他挺身为李贽辩护并不是为他护短、遮丑，而是说明李贽被诬的真象。又说“评史与论学不同，《藏书》品论人物不过一史断耳。即有偏僻，何妨折衷，乃指以为异邪！”为李贽的异端辩诬，认为这只是个人对历史人物的看法不同而已，这些是可以共同商榷的，何必硬是指摘他为“异端”呢？况且被指为异端的伪学之禁，在宋已有朱熹，本朝也有王阳明，他们最后不都平反吗？而苏轼的文章，当时也有斥以为非的，甚至也有官府下令毁板，不准世人传习，而后“朱学大行，比于五经，而苏文之盛，至家户传诵”。[65]马氏视李贽为“百世以俟圣人不惑之人也”。所以自然难谐于世人，马经纶又从“素行”方面来为李贽辩诬，他在《与李麟野都谏转上萧司寇》说：“卓吾先生之素行何如也，宦游二十余年，一介不取，清标苦节，人所难堪，海内荐绅，谁不慕说。”马氏除了盛赞李贽，并反讽那些贪婪、好色、谄媚、自私的官吏，面对李贽，能不惭愧吗？

或因马经纶的申辩，使冤情日明，大金吾也难以具体的罪状定罪。袁中郎《李温陵传》记载：大金吾审问李贽说：“若何以妄著书？”李贽回答说：“罪人著书甚多，具在，于圣教有益无损。”其倔强性格与维护圣道的心，至死不易。这与他狱中诗《书能误人》：“可生可杀曾参氏，上若哀矜何敢死！但愿将书细细观，必然反复知其是。”前后相参照，更可知李贽著书立说之初衷，是想打破封建窠臼，开示沉溺在虚伪的俗套中而执迷不悟的鄙陋官员；点醒受封建钳制而昏迷、麻木的人心。期望封建统治者高抬贵手，给人民基本生活的需求，而人民也能恪守岗位，尽忠行义，使国家富强，

---

[65] 马经纶《李温陵外纪·与周砺斋司业》。

人民安乐，这就是李贽衷心的期待。只恨世人不能体会其用心，遂于尘世争扰中把问题复杂化，而终于使李贽被迫走上异端的不归路。这条路虽然一路风雨交加，坎坷难走，但是对李贽来讲可说是求仁得仁的明智抉择，又有何怨？他在临终的独白《不是好汉》诗说："志士不忘在沟壑，勇士不忘丧其元。我今不死更何待，愿早一命归黄泉。"可知他以志士、勇士自许，并已置生死于度外，甚至以死为解脱。所以他在狱中听到被刺发原籍的消息后，深感羞愧，他说："我年七十有六，死耳，何以归为？"三月十五日，李贽叫来侍者剃发，侍者离开时，便持刀自割喉头，两天都还没断气，侍者问："和尚痛否？"贽以指书其手曰："不痛。"又问曰："和尚何自割？"书曰："七十老翁何所求？"遂绝。[66]这种超脱死亡的悲情，是参透庄子"本无生"、"本无形"、"本无气"死生若一之理后，所呈现出内心的澄美世界，在回答侍者"不痛"、"七十老翁何所求"等辞语中，我们隐约看到一个忍辱负重的长者，已从人间的苦难中获得解脱，直趋《金刚经》"无我相、无人相、无众生相、无寿者相"，以及无嗔怒心的永恒之境。这与歌利王截肢以成就忍辱之道，正有同样崇高伟大的殉道精神。

---

⑯ 《珂雪斋集·李温陵传》。

二、李贽的思想

1. 李贽反孔吗?

明代建国后，朱元璋深感武将只是决胜负于两军之间，儒生则能通晓治平之术，因此特别重用儒生。为了表示尊儒，乃诏封孔子后裔，赋予他们种种优待。因为朱元璋能重用儒生，为后代立下规模，故有明一代“文教特盛，大臣以文学登用者，林立朝右”。[①] 可惜这一切只为了加强思想控制而已，朱元璋设国子学及科举取士，限定太学要以朱子为宗，令学者非四书五经不可读；非濂、洛、关、闽之学不必讲。科举也以四书五经为标准本。因此，儒学虽经大力提倡，孔子也备受尊崇，但最后却因儒士一心只为通过考试，取得功名利禄，攫取富贵。并不重视“博学”、“审问”、“慎思”、“明辨”、“笃行”等术德兼修的重要功夫，因而学植荒疏、虚伪矫情、自私自利、贪婪成风，完全丧失了孔子精神的本色。虽然明世宗嘉靖九年诏封孔子为“至圣先师”，给予最高的尊荣，但仍无法改善那些俗儒、陋儒对孔子的真正了解。李贽不忍见这些人假孔子之圣名，借宏扬孔孟之道，阴图一己之富贵，于是大肆批判，痛击假道学家。在至情义愤的激情下，打落了孔子被神化的光环，还给大家

① 《明史·儒林传·序论》。

一个真实的孔子。

其实，孔子的思想在孟子时已被神圣化。孟子说："予观于夫子，贤于尧舜远矣。""自有生民以来，未有孔子也。"把孔子推向神圣的殿堂。到了汉代，董仲舒罢黜百家，独尊儒术，并进一步把儒家思想落实为封建统治者控制人民思想的工具，使儒家兼具权威性，于是后人敢于批评孔子者也就更少了。其中虽有东汉王充《问孔》篇，不顾朝野上下盲目崇孔的风气，对孔子进行非难。唐代刘知几《史通》也有《疑古》、《惑经》的篇章，对圣人也起了怀疑。宋代自欧阳修著《易童子问》，疑传疑经风气，更弥漫两宋。明代王阳明有"夫学贵得之心，求之于心而非也，虽其言之出于孔子，不敢以为是也"。② 敢于向孔子的神圣地位挑战。以上各家，虽然反对世俗盲目崇信孔子，迷信儒家，但在封建威权的护法下，也仅能点到为止，不敢任意发挥。只有李贽敢宣称"咸以孔子的是非为是非，故未尝有是非耳"。③ 又于《焚书》卷一《答耿中丞》中说明天生一人有一人的用途，不待取给于孔子，就能自足。"若必待足于孔子，则千古以前无孔子，终不得为人乎？"可知李贽是从根——人的本性圆满自足处，来否定孔子的神圣权威。并因此而论定孔子也有时代的局限性，如果都以孔子的是非为标准，也就没有属于当代的是非标准，这就彻底否定了孔子的绝对权威。把孔子从神圣而不可测的神化境界中，还原到人间的本来面目。正因孔子也是人，所以具有人性、人欲，同样要穿衣、吃饭，李贽在《明灯道古录》中就极力阐明此理，并再三呼吁世人"勿高视一切圣人为也"。又于《赞刘谐》中直呼孔子为"仲尼兄"，讥讽道学家"天不生仲尼，万古如长夜"的浅陋。由是可知，李贽是中国历史上第一个彻底反对盲目崇拜孔子的人。

---

② 《王阳明全集》卷二《答罗整庵少宰书》。

③ 《藏书·世纪列传总目前论》。

虽然李贽反对盲从孔子，但他却没有全盘否定孔子，反而非常尊崇孔子，肯定他的道德与功业。李贽推崇孔子可说多方面的：

（一）圣德：李贽游曲阜，乘兴晋谒夫子庙，登杏坛，入林中，见桧柏参天，飞鸟不敢栖止。其中尤以刺草不生，棘木不长，更令他不禁惊叹地说："岂圣人之圣真能使草木皆香洁，鸟鹊不敢入林窠噪哉！至德在躬，山川效灵，鬼神自然呵护。"④ 对孔子圣德，歌颂不止。直谓山川效灵，神鸟共应，草木为之香洁，鬼神自然呵护。

有鉴于孔子之圣德大度量，福荫子孙，李贽乃谓："夫孔夫子去今二千余岁矣，孔氏子孙安坐而享孔圣人之泽……历周、秦、汉、唐、宋、元以至今日，其或继今者万亿劫可知也。盖大圣人之识见度量总若此矣，而又何羡于佛，于释迦乎？"李贽尊孔，爱屋及乌，认为子孙坐享孔子之泽，是情理所当然，而且可继续享受千万年，可见李贽心目中的孔子是一个有至圣之德的人。他于《藏书·德业儒臣·孟轲》中说："嗟呼！世无孔子，则古今天下真无是非。"又在《明灯道古录》说："吾以谓千古可以语至圣者，夫子也。"可为明证。

（二）不执定见：孟子称孔子为"圣之时者也"。即是美孔子能知通变，李贽对此也赞美有加，认为孔子善言性而不执着于一说，是为"万世之师也宜也"。⑤ 又谓孔子好古敏求，学而后知，其言行举止，能因时制宜，"分明是舜以下圣人之举措也。"

（三）超脱名利：名缰利索，人所难脱，但李贽在《续焚书·复李士龙》说：古今能够超然于名利之好，不与名利作对的人，释迦佛三大圣人。对于孔子能超脱名利，颇表佩服，故尊为"圣人"。《焚书·何心隐论》中称赞孔子是出类拔萃的人，首出庶物的人，"为鲁国之儒一人，为天下之儒一人，万世之儒一人也"。对于孔子

④ 《续焚书》卷四《释迦佛后》。

⑤ 《藏书·德业儒臣·孟轲》。

以天下为家，为天下谋利而不谋私利，极表尊崇。

（四）惜才：李贽在《寄答京友》中感叹人才之难得，而知才者更难得。但对孔子的知才、惜才，颇为钦佩。他说："孔子惜才矣，又知人之才矣，只可惜'不当其位'。"对孔子有才、惜才、知才，而不得其位深感惋惜。由上可知，李贽对孔子的真心礼赞，是至高无上的，难怪他在《藏书》中，将汉代的孔子十三、四孙孔霸、孔光与宋代程颐、张载、司马光、朱熹等大理学家编入《德业儒臣》的《儒臣传》中。又编《初潭集》时，也是谨守孔门四科，并以"德"为首。在《续焚书》卷四《题孔子像于芝佛院》中，除了肯定孔子为"大圣"外，并且从众在院内供奉孔子像。足见他幼时在父亲的栽培下所撒播的儒学种子，已成为他一生思想的大树。这与他一向主张三教归儒的思想是一致的。

李贽尊孔的思想，尚可由其他方面看出。有一次，李贽弟子汪可受探望他时，当时李贽"以儒帽裹僧头，迎揖如礼"，汪可受很惊讶地问道："何恭也？"李贽回答说："吾向读孔子书，实未心降，今观于《易》而始知不及也，敢不知礼。"⑥可见李贽对孔子的敬佩是心悦诚服的。这与马经纶为李贽辩护时说他"乐圣人之道，诠圣人之语"。⑦以及他在接受大金吾审问时自言其著作对圣教"有益无损"，可以相互印证。更可知李贽一生自幼习儒，长大后著书立说，无非为宏扬圣教而努力，其尊孔之心，昭昭可鉴。只因他的思想不拘于鄙陋的时代思潮，不容于虚伪的社会风气，不苟合于腐儒墨吏的自私贪婪。因此，为了追求个性的解放，个体的独立，李贽不得不奋力一搏，以自己的血泪，冲破坚厚密实的封建樊牢，也因此而得罪那些抱残守缺，故步自封的道学先生。最后假道学辩不过，压不住李贽，便用谣言中伤，政治恫吓，甚至夸大事实，罗织

⑥ 汪可受《卓吾老子墓碑》。

⑦ 《李温陵外纪·与当道书》。

罪行，给李贽乱扣帽子，逮捕入狱。而李贽从此也就背负“妖人”、“怪物”、“名教叛徒”的恶名。

度过了大清王朝的黑暗时期，一直到五四以来，在新民主、新科学，风起云涌；新思潮、新文化，汹涌澎湃，学术自由终于获得解放，李贽也因此得以卸下沉重的反封建之历史包袱，走入人群，接受掌声，成了进步的思想家。由周作人在《读〈初潭集〉》中，把李贽列为中国思想界的三贤之一，并且说：“三贤中唯李卓吾以思想得祸，其人似乎很激烈，实在不尽然。据我看去，他的思想倒是颇和平公正，只是世间历来的意见太歪曲了，所以反而显得奇异。”这也就是李贽获罪的真正原因。李贽是尊孔？抑是反孔？是孔子“护法”？或“异端”？“妖人”？或“贤人”？我想时间是公正的裁判！从周作人的评论中，我们喜知李贽已走出历史的云雾中，得见青天朗月，如果李贽地下有知，也将会心地微笑。

2. 李贽为何反“假道学”？

李贽文章中所批评的“道学家”，其实是指假道学，酸道学；所批判的“儒学”是指俗儒、迂儒、腐儒、陋儒等人。盖儒学在明代后期可谓形存而实亡，儒学的真传，也就是孔子的真精神——惟微的“道心”已荡然无存，而只有“人心惟危”的无限的扩张，致使人心浮靡，物欲横流，假人假事，充斥世间。然在举世皆“虚假”之中，独有觉醒者——李贽，因看不惯那些迂儒陋吏满口仁义道德，内心竞相争权夺利；也怜悯百姓在穷苦困顿的生活中，彷徨无助。因此生性好洁、耿介绝俗的他，为正本清源，乃针对社会危乱，人心伪诈的祸首——假道学家，大肆批判，猛烈攻击。希望能改造社会，净化人心，使民富国强，这就是李贽反假道学家的动机。前节讲到李贽非常尊孔，但他却反对盲目尊孔。而这些假道学家就是盲目尊孔的典型，因此李贽特别厌恶。事实上李贽反儒学与尊孔并没有矛盾，因为他认为这些道学家并不能真正继承孔子学说，而只是拿着孔子做招牌，作为谋取功名利禄之掩护而已。因此，李贽在《三教归儒》中说："自颜氏没，微言绝，圣学亡，则儒不传矣。"将韩愈《原道》中所主张的孟轲死后，道遂不传，更提早了二〇一年。李贽以颜渊的死，作为道的中绝点，可见他对"道"的肯定是在于"德"，因为在他看来，如果没有"德"性之知，则一切道理闻见都是假的，反而会障碍人们的真心。

因此，他认为后人学孔子，其实都未能知闻孔子"一以贯之"之道。大多数人都是盲从父师，因袭前说，学孔子，但却不知孔子精神之真谛。他在《焚书·与焦弱侯》说："更可笑者，一生学孔子，不知孔夫子道德之重，足以庇荫后人，乃谓孔林风水好，足以庇荫孔子，则孔子反不如孔林矣。"明白地点出迂儒的迷信无知。李贽修习儒学也有亲身的体验，他在《圣教小引》中说他自幼读圣教却不知圣教，尊敬孔子但不知孔子何以可尊？就像"矮子观场，随人说妍，和声而已"。可见一般人学孔子，要了解孔学真义，若不用心体会，并且躬行实践，可能一辈子也不了解。

李贽对于儒学的真正了解，也是在他五十岁以后，钻研佛学，又洞窥生死本原，乃复穷研《大学》、《中庸》，知其通贯，又昼夜不停地研究《易》学，最后，遂通晓孔子学说的精义。正因对孔子及儒学之彻悟，故他对庸愦顽懦、迂腐不化、虚伪好名、贪婪无用的道学家也恨之入骨，贬抑独深，说他们是"被服儒雅，行若狗彘之徒"。⑧ 毫无灵性可言。

李贽对假道学家提出尖酸刻薄的讥刺，自有其深刻的意义。综观李贽作品中，假道学之所以令人痛恨，其原因有五：

---

⑧ 《续焚书》卷一《三教归儒》。

（一）好名：李贽批评今之学者只好虚名，不务实学，他于《焚书·复焦弱侯》中说：“大抵今之学道者，官重于名，名又重于学。”假使学不足以得名，名不足以升官，就弃名如敝帚。完全违背了《礼记·学记》中所说“藏焉、修焉、习焉、游焉”的谦逊力学之精神。在这贪名求利风气下培养的士子，如何能成为德业兼修、文质彬彬、有为有守的真儒呢？李贽在《初潭集》卷二十《道学》一篇中即对好虚名的道学家提出一针见血的批判。他在此归纳出世上有三种人必讲道学：其一为好名者，二为无用者，三为欺天罔人者。可见好名、无用、虚伪是道学家令人鄙视的原因。正因道学家之好名不肯力学，为李贽所不齿，故他于《续焚书·与焦漪园太史》中又批评“儒者之学，全无头脑”、“终无透彻之日”，更何况“鄙儒无识，俗儒无实，迂儒未死而臭，名儒死节殉名者乎！最高之儒，名而已矣”。对于儒者好名，容易为名所牵累，往往一入名网，绝难逃脱，终致沉沦，分析可谓透彻。

（二）好利：孔子有言：“富贵可求也，虽执鞭之士，吾亦为之；如不可求，从吾所好。”又说：“贫而无怨难。”可见“一箪食，一瓢饮，居陋巷”的圣贤安贫乐道之生活，并非人人都能“不堪其忧，不改其乐”。诚然，李贽并不反对求利，并且把利当做是社会进步的动力，主张人人都有权求利，反对董仲舒“正其谊不谋其利，明其道不计其功”的迂远理想，他把“私”、“利”当做是人情，也是人类生活的基本需求。积极鼓励人们去追求，反对封建统治者“存天理，去人欲”式的压抑与剥削。

李贽反对道学家求利，是反对他们借道学之名，行夺利之实。因道学家常口是心非，口诵仁义，心慕富贵，身行不义。不像市井小贩之徒，想赚钱就做生意，心口如一，真实可爱。李贽于《三教归儒说》认为世上不讲道学而致富贵的人是有学有才，有为有守，所以不给他富贵也不行。他说：“夫唯无才无学，若不以讲圣人道学之名要之，则终身贫贱焉，耻矣。此所以必讲道学以为富贵之资也。”可见李贽痛恨道学，实因道学家是以讲道学作为谋富贵之手段，欺天罔人，实在可恶。这种假道学，名为学道，心实追求富贵，虽然变诈机巧花样百出，但都逃不过李贽的“法眼”。他于《焚书·又与焦弱侯》中，即将这些五花八门的道学面具一一拆穿，让这些善于伪装美化的道学先生，原形毕露。他分析出今日所谓的“圣人”与“山人”是一样的，只是有幸与不幸耳。幸而会做诗则自称“山人”；不幸而不会做诗则辞却山人，而以“圣人名”。会讲良知的，则称为圣人，不会讲良知的，则却谢圣人之名，而以“山人”称。这些人“展转反复，以欺世获利，名为山人而心同商贾，口谈道德而志在穿踰。”可见不管“山人”、“圣人”如何变化粉饰，但其“欺世获利”的本质是不变的，这就是道学家令人厌恶的地方——虚伪求利。

（三）无用：李贽认为食君之禄，自当公忠体国，勤勉事君，公而忘私，死而后已。这样才符合君臣大义，为有用之臣。他于《明灯道古录》说：“若既食君之禄，仕人之国，则……岂可嘿嘿以取容，而曰我欲为明哲乎！……彼道学者独窃此以自文，是贼道者也。”李贽再三强调臣事君以忠，不可用明哲保身来推诿责任，并讥讽道学家常不能辨此，是为无用之“贼道”。李贽于《焚书·因记往事》特别对这种“无用”的道学家之丑陋嘴脸刻画出来，认为这些人不但失去真性，也没有真本领。盖“平居无事，只解打恭作揖，终日匡坐，同于泥塑”。认为只要心静无杂念，便是大圣大贤人。而较为奸诈者则随俗附会，又掺入良知讲席以苟合时世，阴图高位。一旦国家有事，则“面面相觑”，吓得“绝无人色”。甚至互相推诿，以为能明哲保身。李贽感叹地说：“盖国家专用此等辈，故临时无人可用。”李贽生动传神的刻画出明末政治舞台上主角人物的身影，因为这一群人无才无德，窃居高位，一无用处。甚至张牙舞爪，残民自肥，致使明代深陷危乱之中，十足可恨。即使用世之才，抱怀绝异之资的儒者，想为国效命，但不能委曲以求用者，同样为李贽所不容，他说："此儒所以卒为天下后世非笑也。"⑨可见李贽对于无用之儒鄙之甚切。

（四）固执不通：李贽认为时有古今，地有南北，时移势殊，乃理之所必然。是以因袭守旧，复古倒退，抱残守缺，不知新变之儒，实为时代进步的绊脚石。李贽于《藏书·世纪列传总目后论》说："儒臣虽名为学，而实不知学，往往学步失故，……然而实不可以治天下国家，亦无怪其嗤笑也。"对儒者因袭故旧，不知守经达变，因时因地而制宜，以善治天下，甚感不齿。在李贽看来，即使是儒家的宗师——孔子，也不赞成因袭，他于《焚书·答耿中丞论道》说："孔子未尝教人之学孔子也。使孔子而教人以学孔子，何以颜渊问仁，而曰'为仁由己。'而不由人也欤哉！……由此观之，孔子亦何尝教人之学孔子也哉！"孔子答颜渊、仲弓、司马牛等弟子之问，因材施教，大叩大鸣，小叩小鸣，各适其情，并没有教人一味学他。"而学孔子者，务舍己而必以孔子为学，虽公亦必以为真可笑矣"。孔子不执一，不划地自限，所以能为"万世师表"；后代儒者拘泥孔子之说，不敢有所发明，卒为窥窥小儒，怎不令人遗憾！

（五）虚假不真：李贽生性刚直，为人实在，为文求真，对于言行不一，虚假造作的道学家，尤其痛恨。他在《复焦弱侯》中指出：世间有三等作怪人，致使世间不得太平。其中最令人喜欢的是：怕做官便舍官，喜讲学便讲学，不喜讲学便不肯讲学，因为这种人表里如一，所以身心俱泰，手足轻安，没有负担，真正是心安理得者。而最令李贽厌恶的是"本为富贵，而外矫词以为不愿，实

⑨《焚书·复周南士》。

欲托此以为崇身之梯，又兼采仁义之事以自盖，此其人身心俱劳，无足言者”。这种两头照顾，内心贪慕荣华富贵，外表又假仁假义以自盖的人，虚伪矫情，最无诚信。李贽在《初潭集》卷二十《少年》说：“近信之色，是为正色，岂道学所知！”即是对假道学言而无信的讽刺。李贽于《焚书·答耿司寇》中与耿司寇短兵相接，针锋相对的攻伐，李贽攻击耿的重点即在于耿的贪名好利，又好以仁义道德自掩，是标准的自私自利之徒。他说：“以此观之，所讲者未必公之所行，所行者又公之所不讲，其与言顾行，行顾言何异乎？”批评耿定向讲得太好听，做得又太少，这种虚假行为，令人痛恶。李贽除了痛恨道学先生的虚伪外，对其不真也颇厌恶。盖李贽为人贵一“真”字，若无真情，或虚与委蛇者，必为李贽识破而唾弃。这点由他待客之道可见，他见客人中有气味不相投者，则沉默不语，甚至闭户不见。若逢性相近者，则终日促膝长谈，妙语如珠，趣味横生，毫不厌倦。同样一人，为何前后判若两人？正因“真”与“不真”也。他在《初潭集》卷十七《豪客》中称美孙叔敖杀两头蛇为仁者真心之流露，并非为前途通达而杀，所以是“真达”、“真豪”。他并以这种“真”情，反讥道学先生之不真，而叹息地说：“噫！是岂易与讲道学者谈耶！”痛斥道学家之不真，极为深刻。这与《初潭集》卷十五《哀死》一节中所载：“以上皆哀死者，唯其痛之，是以哀之，……非道学礼教之哀作而致其情也。”同是对道学先生不真而发的批评。

由上可知，李贽痛恨道学家，主要是因道学家的虚伪不真，好名求利，固执不通，又一无用处。这种人充斥在当时的朝廷，也是政治成效不彰之首祸。反之，真实苦干，不争名夺利，而能通权达变的栋梁之才，正是李贽所激赏的，也是拯救当时危机四伏的大明江山亟需的人才。因此，李贽对于善于变通，笃实力行的真道学，非但不反对，而且敬佩万分。他于《初潭集》卷二十《会说》中称誉陈抟、邵雍为“实学、实行、实说”之士。又于《史纲评要》卷十二《东汉记》批评喜好臧否人物，而不为危言激论的郭泰为“大儒”。《藏书·德业儒臣》将通达不迂的荀子列为第一，为孟子作传时，也不掩其长，称“足以继孔圣之传无疑，其言性善亦甚是”。此外，李贽在《藏书》中为杨时作传时称他：“大才卓识，有用之道学也。”对于真道学的景仰有加，由此可见。

由此观之，李贽所痛恨的道学家，乃是虚伪无情的假道学家，对于有才识，能通达不迂的真道学还是相当崇敬的。他对假道学大张挞伐，旨在去伪存真，以避免世人以假乱真，混淆是非，危害天下。诚如张鼐所说：“卓吾疾末世为人之儒，假义理，设墙壁……总之，要人绝尽支蔓，直见本心，为臣死忠，为子死孝，朋友死交，武夫死战而已。”⑩可见李贽的本心是要破伪求真，各尽其职，以便救国治国。虽然他在破除积习难改，而根深蒂固的俗儒习性，似有过于激愤之处，但其本心是良善的，其以儒为本的思想仍崭然可见。只是这种救世济人的良善本心，是惟有“第一线”的人才能信爱之，一般只见肤相而不见骨肉的人是难以见其堂奥之美的。可惜世人误解其意，别有用心的人曲解其说，卒使李贽蒙受不白之冤，被诬为“儒教叛徒”，致使是非曲直不能分明，公理正义无法张扬，这不仅是李贽的不幸，更是世人的不智。

3. 民本思想

民本思想是李贽思想的重心，也是他的政治理想。这个思想的基础主要建立在圣凡不分，人人平等的思想上。他强烈的要求社会平等、个性自由、个性解放，打破封建制度对阶级的严格划分，企

---

⑩ 《续焚书·卷首·卓吾老子书述》。

图把人民从层层封建礼教之束缚中解救出来。此举对封建统治者产生极大的冲击，对后代反专制、反压迫、反传统，重视人民的生活福祉，以民为主之进步思想家影响十分深远。在提倡民本思想之前，李贽为了清除根深蒂固而深植人心的传统习见，因此首先提出圣凡平等、贵贱平等，以为民本思想之张目。这种思想是王艮、何心隐等左派王学的进一步发扬。李贽在《答周西岩书》说："天下无一人不生知，无一物不生知，亦无一刻不生知者……天下宁有人外之佛，佛外之人乎？"正说明从生知的观点而言，人人都是相同的，甚至推及牛马驴驼等禽兽之类，也未尝不如此。在他看来生知正如佛家所共认人人都具有的"佛性"。既然人人相同，所以"人人平等"也就有理可据了。"生知"之说，本是对《论语》及《中庸》对知分为三等，即生而知之，学而知之，困而学之之批驳，而提出"天下无一人不生知"的看法，强调天下人人皆生知之平等观而不重视知之等差，以免这种"知"的落差，被利用为封建阶段划分的理论依据。

以上是由人人所具有的"知"性来言人之平等，既然人人具有同样的"知"性，因此由道德上来说，圣人与凡人也是平等的。李贽《明灯道古录》说："德性之来，莫知其始，是吾心之故物也。……故圣人之意若曰：尔勿以尊德性之人为异人也。彼其所为，亦不过众人之所能为而已。"李贽把"德性"当做人之"生知"，企图以此打散圣人的光环，让圣人回复到人间世，与常人一样，并无异能，也无特别的德性。所以他又劝人说："勿以过高视圣人之为可也。尧舜与途人一，圣人与凡人一。"把人们心目中奉为具有至德的圣王——尧舜，看作与凡人一样。既然圣人无特异之德性，由此可推知，圣人也无异能，常人有所不能，圣人也是一样，但世人们常常只知道百姓与愚夫愚妇之不贤不能，而不知圣人也是有所不能的。李贽说："圣人所能者，夫妇之不肖可以与能，勿下视世间夫妇之为也，……勿高视一切圣人为也。”以圣也有“不能”来看圣人与凡人无异。这种圣人之能与愚夫愚妇之能皆平等之观点，也是由“生知”衍伸出来的。目的只为彻底拔除人们对圣人的迷信，而唤醒人们对“生知”的自觉。李贽在《老子解》中说：“侯王不知致一之道与庶人同等，故不免以贵自高。……人见其有贵有贱，有高有下，而不知其致之一也，何尝有所谓高下贵贱者哉？”也是同一论点。

李贽由“生知”的观点肯定人人平等，圣凡为一。在此，他又把圣凡为一的平等观进一步落实到富有政治色彩的贵贱身分上，盖他认为从平等“致一”的观点而言，侯王之贵是自以为贵，是因不知“致一”的道理，故有此错误的认知，庶人为贱也是政治制度之设定，并非生而为贱，其实侯王可言贱，庶民也可言贵，贵贱是后人所加，如果通晓“致一”的道理，也就会肯定“贵贱平等”，而不再有自贵、自贱之思想。由此看来侯王与庶民只是角色不同而已，人格是平等的，正如璞玉和玉石，虽面目不同，其本质实在是一样的、平等的。

李贽贵贱平等的理论，正是追求平等、自由之先声。他虽然未明白宣示反专制，重人民，以民为本。但从他指出“侯王以贵自高”的不是，以及“庶人也可以言贵”之主张，可知李贽追求民本思想之用心。盖基于人人平等的观点，人人皆有生存权、自由权。为政者虽不能参天地之化育，使人民生活安乐，常保康宁。但也不应该刻薄百姓，残民以逞，甚至草菅人命，视人民如土芥，剥夺人们的基本人权。而是要顺乎天、应乎人，适度的满足人民的基本生活需要，使百姓不虞匮乏，各遂其生。使人们了解“我与圣人天地万物本无有别也”。[11] 俾为追求独立人格，争取贵贱平等着下先鞭。

---

⑪ 《明灯道古录》。

李贽从人性论之哲学层次中否定了圣凡之分，论证了圣凡平等，圣凡既然平等，则万民之君王又岂能高高在上，不顾民意而专制独裁呢？为了进一步争取人民的基本生活需要，李贽不惜改变传统之“道”的内涵，把素来偏向于“形而上”的“道”，重视“存天理”、“去人欲”的封建政治哲学，从天上拉到人间来，为民服务。他说：“道之在人，犹水之在地。人之求道，犹之掘地而求水也。”⑫祛除了道的神秘性，落实到人身上，凸显“人”的重要性，说服统治者要注意照顾人民，以民为本。李贽在《明灯道古录》中也有同样的呼吁，他说：“道本不远于人，而远人以为道者，是故不可以语道。……可知人即道也，道即人也。”又说：“道不离人，人不离道。”把封建统治者心目中神圣的道与卑贱的人民，化合为一，视道为人，人即是道。为君王照顾人民，满足人民的自然需求，找到一个合理的诉求。

究竟要如何才能满足人民的自然需求？李贽提出两点：(1) 因民之性，让人民各遂其生。(2) 顺民之欲，满足人民的需求。因人之性在《庄子·马啼》即已提出：“彼民有常性，织而衣、耕而食，……素朴而民情得矣。”主张依民常性，不拂民情，同乎无欲，而归素朴。《秋水》篇也有：“牛马四足之谓天，落马首，穿牛鼻之谓人。”把依乎物性视为自然，有意之作为看做是人为。二者同样是强调因应本性，无为自然的重要。

李贽撷取庄子因民之性的精神，又从《易经》“乾元”的道理中找到人性各异的形上依据。他说：“一物各是一乾元，是性命之各正也，不可得而同也。”⑬是知人人各有独立的特性，这种因人而异的个性是不可“强而齐之”⑭的。李贽认为这就如人生的大道一

⑫ 《藏书》卷三二《德业儒臣前论》。

⑬ 《九正易因》卷上《乾为天》。

⑭ 《道古录·卷上》。

样，不只一条，每一个人都可以照自己的才质、好尚去走出自己的路，获得最好的发展。他说："夫道者，路也。不由一途；性者，心所生也，亦非止一种已也。"⑮ 因为人性各异，所以因其性而发展，是治理天下最好的抉择。圣人之治也不过如此而已。盖人各有志，人各有性，有的想出世，有的想入世；有的想隐退，有的想被重用，有的人个性刚，有的柔，有的认为可做，有的却认为不可，这些道理李贽在《明灯道古录》中已详加论述，他认为"固皆吾人不齐之物性"，但"圣人皆任之矣"。所以说"能尊德性，则圣人之能事毕矣"。他认为圣人之所以为圣人，就是在于圣人能因物之性，任物之情，故能无为而天下治。因为天地之大，万民之众，"物之不齐，又物之情也"。⑯ 因此圣人之治，主要在"尊德性"，即达到尊重人人生而具有的个性。其次是"任物情"满足人们的生理需求，与物质愿望。"任物情"与"尊德性"的联合，就是圣人之治，这种政治完全以民为本，才正是爱民如子的仁政。

为了使他的理想政治能彻底实现，他又提出"圣人亦有势利之心"，为争取人民合法的权益铺路，因为连圣人都有好富贵、势利之心，则一般人也有这种世俗所谓的"名利"之心，也就不是什么罪过了。李贽在《明灯道古录》说："夫圣人亦人耳，既不能高飞远举，弃人间世，则自不能不衣不食，绝粒衣草而自逃荒野也，故虽圣人不能无势利之心。……则知势利之心，亦吾人禀赋之自然矣。"从人类生活的自然需求来看，圣人实与凡人一样，同样有食、衣、住、行等自然之求，因此李贽推论出"势利之心"是人类禀赋中之自然，它与天理是同存的，不必为了"存天理"，就要"去人欲"。并且要进一步积极的肯定人有私心，追求私利。李贽在《藏书·德业儒臣后论》说："夫私者，人之心也，人必有私而后其心

⑮ 《焚书》卷三《论政》篇。

⑯ 《明灯道古录》。

乃见，若无私则无心矣。”李贽肯定私心的主要目的是要引出人的真心。因为他认为私心与前面说的“势利之心”都是“禀赋之自然”，就如种田的想秋天私有的丰收，就会耕种得更勤快，持家的人想到私人仓库的充实，就会更努力治家，这也是自然的道理。所以若说“无私”者，都是架空臆说，如画饼充饥一样不切实际，李贽接着说这是“观场之见，但令隔壁好听，不管脚踏虚实，无益于事，只乱聪耳，不足采也”。李贽把“私心”当成天赋之自然以后，求私利不但是理所当然的事，并且可说是社会进步的动力。因此他反对董仲舒“正其谊不谋其利”的说法。而主张有国者若能因“势”“利”导，顺性而用，则可各从所好，各骋所长，各尽其才，天下安定。他于《焚书·答耿中丞》说：“富贵利达所以厚吾天生之五官，其势然也。是故圣人顺之，顺之则安之矣。”李贽把情欲看成人的天性，圣人治理天下，只要顺从人民的欲望而治，使人人都能各适其位，无一人不中用，那么治理天下就很容易了。

李贽既然把人欲看作自然禀赋，赋予人欲正面的肯定。因此推及治民思想，首重爱民，他在《孙子参同·始计》说：“始计五事。一曰道，夫道莫先于得贤，莫要于爱民。”而爱民之首要即在“顺其性不拂其能”，⑰使人人能够独立自主，自我实现。为此，他反对传统儒家所提倡的“君子之治”，而代之以“至人之治”，因为他认为“君子之治、本诸身者也；至人之治，因乎人者也”。《论政》篇“本诸身”是以自己的是非标准治理人民，如礼乐刑法之设即是；“因乎人”是因乎人的情性而治之，是因势利导，无为而治的。李贽又进一步指出君子之治与至人之治的优劣，他认为君子之治不如至人之治，正因它违反自然生长的原则，昧于“大时不齐”的道理，故以一己之有无，指望天下不同于己者也要同于己，因此有礼乐刑

⑰ 《焚书》卷三《论政》篇。

法等教条律令之张罗，而基于“法令滋彰，盗贼益有”的政治经验，则民复多事。不若至人之治，使民无欲而自朴，这也是李贽以民为本的理想政治。

李贽为了让他的政治理想能获得实现，乃极力主张反对用封建礼教来束缚百姓。他批评为政者不知礼之真义，故不能使民格心归化，广收治效，而是“欲强天下使从己，驱天下使从礼，人自苦难而弗从，始不得不用刑以威之耳”。李贽认为用“政”与“刑”来治理天下，只能如《论语》所说：“民免而无耻”，这是一套俗吏的治法，不若用“德”、“礼”来治天下，更能让人民衷心服从。而这个“礼”并非对封建礼教之“礼”，而“本是一个千变万化活泼泼之理”。⑱这个“礼”是人性的自然规律，是从人性的自由、自然的发展为大前提，而反对外在的“止乎礼义”之礼，不赞成对人性的压制与扼杀。李贽在《焚书·读律肤说》说：“故自然发于情性，则自然止乎礼义，非性情之外复有礼义可止也。”强调人性的自然表现就是礼义，这种礼义根源于自然之性，才算是自然真道学，才能具有千变万化，活活泼泼的道理。用这种“礼”来治天下，才能使人人顺心，不待禁止而自然合理。这也是李贽“物各付物”的政治理想，何谓“物各付物”呢？李贽在《明灯道古录》中曾提出解释说：“只就其力之所能为……则千万其人者各得其千万人之心，千万其心者各遂其千万人之欲，是谓物各付物。”正说明理想的政治是顺从民心，因物本性，满足每个人的欲望，使万物并育而不相害，道并行而不相悖。

探讨李贽的民本思想，从“生知”的平等观点出发，经过了圣凡平等，因民之性，顺从民欲，肯定私心，反对君子之治，解除人民的束缚等一连串的主题探求中，我们对李贽民本思想的流变有了

⑱ 《明灯道古录》十五章。

深入的了解，当更能体会李贽反对封建、因民性、顺民欲，以民为本的政治理想之可贵。而这种思想的产生正显示出人们对于数千年来封建专制独裁政权的厌弃，也反映出当时市民阶层反对专制，追求自由、平等与个性解放的强烈动机。而李贽提出上述种种论点，都是为其民本思想之立论，披荆斩棘，破除千年封建坚厚冰层之冱寒，使他的民本思想能获得重视与推行。李贽这样的努力，不但确立其民本理论，也为黄宗羲“原君”思想奠下立论之基石。

以上层层探讨中，可以发现李贽是从四面八方来建立他的“民本思想”之理论架构。至于他这种思想的彻底落实，在他《答邓石阳》的信中有清楚的展示。他说：“穿衣吃饭，即是人伦物理；除却穿衣吃饭，无伦物矣。世间种种皆衣与饭类耳，故举衣与饭而世间种种自然在其中，非衣饭之外更有所谓种种绝与百姓不相同者也。”这段话可以说是李贽民本思想最具体的宣言，在这里，我们可以敏锐的嗅出：李贽的民本思想最重视的就是满足人民的自然需求，而这也是为人君王责无旁贷的天职。李贽说：“天之立君，所以为民”，明白地揭橥君王的职责，是生民养民，照顾人民。相形之下封建统治者千方百计，用尽酷法严刑来压榨人民，即是一大讽刺。因此，李贽评论历史人物，也常以“爱民”与否为评价的标准，诚如他对“长乐老”冯道与曹操的赞美，即是站在“民本”的论点出发的。

4. 平等思想

在民本思想一节中，我们已大略探讨过李贽圣凡平等、贵贱平等诸思想，得知李贽是一个讲平等讲得非常彻底的人。他的平等思想还有：民族平等、三教平等、诸子平等、男女平等等，在此特论他最具进步精神的男女平等观，以见其思想特性。诚如周作人说：

"我曾说看文人的思想不难，只需看他对妇女如何说法即可明了……李卓吾的思想好处颇不少，其最明了的亦可在文里看出来。"⑲ 是也。盖女子的地位在《易经·坤卦》象征阴柔之德的潜移默化下，复经孔子所说的"唯女子与小人难养也"。一语的催化作用，逐渐产生男尊女卑的传统思想，并积淀在民族的心灵结构中，成为一项牢不可破的传统观念。李贽生长在封建的黑暗时代——明代中叶，不忍见女子受到长期的压迫与卑视，毅然起来为提高女子地位而奔走呼号，并为此而付出惨痛的代价。比如他招收女弟子，即成为道学家污蔑他的有力理由。

李贽宣扬男女平等的思想，主要从四方面来发挥：(1) 学道，(2) 政治，(3) 爱情，(4) 才识。首先我们由学道方面来看，传统的观念总认为"女子无才便是德"，因此对于女子知识教育较不重视，而对女子的家教却极为严格，从宋、元间的《郑氏家规》，及明代杨继盛的家书中，对妇人女子的种种限制，可知女子想读书学道有很多外在条件的限制。加上佛教小乘教派认为成佛是特殊的人，需经特殊修行始得正果。而女身垢秽，又有五障，要女子即身成佛是不可得的。因此当时社会对女子的看法，总是认为妇人短见，是不宜学道的。李贽对这些说法不以为然，特别撰文大加驳斥，他在《答以女人学道为见短书》特别对短见、远见提出己见。他认为所谓短见者，就是不出闺阁之间，而远见是指能明察生命本源的人，短见的人只见到百年之内，或近到子孙，又近到自身而已。而远见的人，则能洞见形体之外，悟出生死之表，而见得无穷永恒的境界。短见的人只能道听涂说，听些市井小儿之语，而远见的人能知天命、畏大人之言，不敢侮辱圣言，更不会迷惑于流俗的爱憎，这是李贽对短见远见内涵的诠释。以此为标准来看男女的短见、远

⑲ 《知堂书话·读初潭集》。

见，才是真正有识见。李贽说：“余窃谓欲论见之长短者，当如此，不可只以妇人之见为见短也。”正是说明此理。又说：“故谓人有男女则可，谓见有男女岂可乎？谓见有长短可，谓男子之见尽长，女子之见尽短，又岂可乎？”一针见血地指出时人对女性的歧视。涤荡了人们心目中因袭已久的传统偏见，为饱受压抑的女性，吐出一口长久郁积在胸中的闷酸之气，并给那些歧视女人学道见短的男子一记狠狠的教训。盖李贽认为：“假如以女子之身，而有男子之见，乐闻正论而知俗语之不足，乐学出世而知道俗世之不足恋，则怕当代男子看了，也会羞愧流汗不敢出声的。”历史上一些杰出的女性，如与周公、召公并列的邑姜，又如以一圣女而正《二南》之风的文母等，都是令人景仰的女性。而当时的社会贤达也没有因他们是女性而排斥，可见修世间法讲究治国平天下的人，都不敢有性别歧视，更何况要求出世学道之人呢？庞公之妻庞婆，及其女灵照，同师马祖求出世道，最后都得道成仙，先后化去，这就是一个女子学道成功的典范。是知女子学道见短的偏见，正是男女不平等观念下的后遗症，而这种偏见的辨正在佛经《海龙王经》卷三中即有记载，龙王女宝锦离垢锦与大迦叶论辩“女身得成佛道？最终大迦叶不得不承认女身亦得成佛道”。[20]李贽在本文中对薛涛才学的肯定，对庞婆、灵照修道有成的赞叹，认为这些都是女中豪杰，对于提升女子地位实具有惊人的创见。

（二）政治方面：最显著的是他对武则天的正面肯定与赞扬。武则天当皇帝，饱受传统道学的非难，而被攻击最多的则是她的私生活，这种以私人生活的不检而抹杀她重用人才，安定天下的大德，在李贽看来并不客观。因此他认为武氏的丑行，也不过是那些拘守圣人名教的贤人制造出来的罪状，其实这些人的丑行也不见得比武

---

⑳ 释永明《佛教的女性观》第五章。

则天好到那里去。而武则天的政绩在李贽的《藏书》中也获得很高的评价："政由己出，明察善断，故当时英贤亦竞为之用"，[21]赞美她知人善任。又说她："胜高宗十倍，中宗万倍矣。"简直推崇地无以复加。甚至于《史纲评要》卷十九《中宗皇帝》中则更直呼她为"圣主"。又在《藏书》卷九《忍辱大臣·娄师德》中说有两次提到武后，每一次都在其下夹评为"圣后"。直见他对武后的敬仰，较之一般儒者对他的恶性批评，更可以看出他对女子高度肯定。而对武氏为人诟病的淫荡行为则认为"差为可原，何也？渠既自以为皇帝，则不甘心为女子矣"。[22]公然为武则天淘洗人们心中的"秽垢丑行"。因为从男女平等的观点而言，男皇帝可以有后宫佳丽三千人，而女皇帝养几个"男妃"又有什么值得大惊小怪的？由李贽把张易之、张昌宗两兄弟当做"武氏的两个妃子"，更反映出他对男女平等的积极诉求。

（三）爱情方面：李贽既然认为男女学道平等，并因而招收女弟子。政治上，也颇能站在男女平等的立场来评定武则天的成就。而在爱情上，李贽岂能让它成为男人的专利？传统的婚姻，大都是凭父母之命，媒妁之言，好的婚姻是不能缺少良媒的。因此当卓文君看到司马相如风度翩翩，一表人才；又听到他《凤求凰》撩人的弦音，便情不自禁的为之痴迷心醉，半夜跟他私奔了！成为千古以来道学家眼中伤风败俗的首要话题。但李贽独不以为然，他在《藏书》卷二十九《司马相如传》中认为：卓文君私奔是婚姻自主，追求爱情成功的案例。这就如《易经》上"同声相应，同气相求"、"同明相照，同类相招"；有如"云从龙，风从虎"一样地自然相应。因此卓文君奔司马相如，正如"归凤求凰"，是一种很自然神圣的佳话，绝不可任意诬蔑的。因为在李贽看来，假如当时卓文君如孟

㉑ 《藏书》卷六十三《唐太宗才人武氏》。

㉒ 《史纲评要》卷十九《唐纪》。

光一样，必定会去恳求父亲的首肯，但卓王孙这个气量狭小、见识浅陋的人，若卓文君请嫁司马相如，必不获准而空负良缘，因此李贽以为卓文君能早自抉择，忍小耻而成就终身大事，真是明智的抉择。

（四）才识方面：李贽又从才识方面来看男女平等。他在《初潭集·夫妇论》中对历史上一些杰出的女子，若无忌母、班婕妤、从巢者、孙翊妻、李新声、李侃妇、海曲吕母等，皆推崇有加，认为这些人"皆的的真男子也"。并反讽世上有多少男子是真男子呢？像张昌宗、张易之等以莲花之面，为人主所宠幸者，即非真男子啊！又于《初潭集·夫妇论二》列举出二十五位才智过人、识见绝异的妇女。如：善于识人的僖负羁之妻，擅守家业的巴寡妇清。为父报仇而自请受戮的赵娥，及善于应变为子谋划的陶侃母亲等，无不受到李贽无上的礼赞与崇敬，并长叹曰："是真男子！是真男子！"已而又叹曰："男子不如也！"可见李贽对于肯定女子才学之用心，对提高女子地位的努力是不遗余力的。此外，自古以来人们常把昏君误国、亡国的罪过推到女人身上，而不知客观的检讨导致国破家亡的真正原因，这对女子来讲也是很不公平的。李贽不忍女子含冤受诟，乃以卓杰的历史眼光，辨析帝王成败之因，为女子争取平等的待遇，诚如他在《初潭集·夫妇三》说："甚矣，声色之迷人也，破国亡家，丧身失志，伤风败俗无不由此，可不慎欤！……然汉武以雄才而拓地万余里，……又何尝不自声色中来也……吾以是观之，若使夏不妹喜，吴不西施，亦必立而败亡也。"把女子的地位从独自承当破国亡家的不平等待遇中解救出来。这与理学家周敦颐所说："家人离，必起于妇人。"㉓把家庭不和的责任完全推给妇人的见解相较，不仅公允合理，而且高明许多。李贽为了打破男

㉓《通书》第三十二。

女不平等的传统思想，不惜与千万人为敌，从历史中找出杰出女子的典范，站在男女平等的立场，为她们大翻历史的公案，洗雪历史的冤屈，重新给她们一个公正合理的定位。他也因此被诬指为“异端邪说”，并惨遭迫害。然而他对男女平等的主张，却慢慢解开了“男尊女卑”的死结，解救了无数的女子，成为后代女子教育之先锋。

三、李贽的文学思想

1. 提倡“童心说”

大凡一种新思想能破茧而出，风行天下，皆是吸收着肥厚丰美的时代养分，与潜藏在文化中的雄奇能动力量。李贽“童心说”的诞生也是如此。究观李贽“童心说”的产生背景，实在是对“真”的渴望和对“伪”的嫉恶。也就是反对明代专制政权，用程朱理学及八股取士，来限制文人才士，并用文字狱和严格的监控，来钳制天下士子。这种扼杀人性，禁锢人情的高压统治，使人们真心流失而生活在即将窒息的精神桎梏中。“童心说”即是在这种环境中诞生的，因此特别具有强烈的反封建道统精神，并对冲破复古模拟的风气有积极的作用。

就文学思潮而言，“童心说”又是为反模拟，重真情而生。盖明代文坛，前后七子为了反台阁体的雍容华贵，点缀升平，而提出“学不的古，苦心无益”[①]的文学理论。于是士子醉心于学习古人文法，模拟古人语气，袭用古人字句的拟古潮流中，终因只得古人皮毛，而痛失其精髓，故不免陈陈相因，千篇一律，流于肤廓浅陋。到了李贽时，这些“剿袭雷同，如赝鼎伪觚，徒取形式”[②]的作品，充斥社会。一般人抱定六经、《论语》、《孟子》奉如神明，一切是非均以此为标准。因此，在程朱理学的束缚与拟古文风的影响下，真心日渐泯没，“童心”也就荡然无存，只有假人、假事，充斥世间。李贽眼看人心陷溺，义理不彰，真理难明，因此提出“童心说”，希望打破道学家借以掩护的六经之迷信，解放心灵，追求个体自主，找回人人所本有而放失的“童心”。使社会上到处充满真人、真心、真事、真文，洋溢着纯朴真实的气息。“童心说”是李贽思想的核心，探析“童心说”的真义，可以发现“童心说”是李贽从道家、禅学、王学等各家思想中摄其精要，会以己意，酿造而成。以下乃试从老庄、禅学、王学三方面来探讨“童心说”思想的形成。

（一）根源老庄：“童心说”的取道根源应是采自道家哲学。《老子》说：“专气致柔，能无婴儿乎？”“如婴儿之未孩。”“复归于婴儿。”“含德之厚，比于赤子。”等等从各种观点描绘出婴儿的气专，精纯、德厚、真纯。这对李贽解释“童心”为“绝假纯真，最初一念之本心也。”提供了一份真纯朴实的哲思。而《庄子》则继承《老子》思想，并加以发扬光大。《庚桑楚》篇中说：“卫生之经……能儿子乎？”《秋水》篇说：“谨守而勿失，是谓反其真。”莫不点出“婴儿”、“童心”之“童真”思想在养生思想中的妙用。李贽的“童心说”乃采撷老、庄原始素朴的“童心”思想，抛弃道

① 李东阳《答周子书》。

② 袁中道《中郎先生全集序》。

家遗世而独立的忘世情怀，吸收禅宗任运变化的哲理，与王学“真己”、“良知”的思想而创造出的。

（二）借镜禅宗：李贽吸收禅宗任运变化、自然纯真的道理，使自己从痛苦的社会现实中解脱出来，并悟出自然人性论的主张。且能跳脱禅宗偏向静坐独思、抛弃世情，只求做个无忧虑的欢喜佛之诉求。试图以自己生命的豪情与壮志，去渡化众生，解救濒危的国家与苦难的人民。这点也是李贽“童心说”中所强调的“初心”，与较早的唐荆川“本色论”所强调的“初心”有不同的地方。因为唐荆川的“本色论”在吸收禅学的道理以后，已同化于佛理之中，呈现“不欲不为”的本心状态。而李贽的“童心”则着重“绝假纯真”之努力。二人所言之“初心”颇有相似之处，但在进入“初心”后，发展取向各有不同，唐荆川入于佛、禅乃陷入“空”中，因而走出人世，遁入空寂，连文章都不太想作。而李贽独能于悬崖撒手，“空”际转身，走入人群，迈向现实社会，企图从实际生活出发，为民请命，渡济生灵。

（三）体现王学：阳明《传习录·上》卷一论“心”说：“这心的本体，原只是个天理，原无非礼，这个便是汝之真己。”又《答陆原静书》论“良知”说：“良知即是未发之中，即是廓然大公，寂然不动之本体，人人所同具也。但不能不昏蔽于物欲，故须学以去其昏蔽，然于良知之本体，初不能有加损于毫末。”王阳明的“真己”，即是良知在人身上的完全呈现，而“良知”也是人人所具有的未发之中，寂然不动的本体，这种“本体”会受物欲的影响而昏蔽，故要靠“为学”的功夫以去蔽。但“学”对于“良知”是没有丝毫增损的，这也是李贽认为道理闻见，反成“童心”障碍之理源所在。

而这条理路的传承，应是透过李贽的老师——王襞的传递。王襞在《东崖语录》上说良知是“一毫不劳勉强扭捏”，他认为良知原无一物，原自现成就有，只要“顺明觉自然之应”，就能识得灵明的良知。总之，王襞之学，一切以“不犯手为妙”，[③] 诚如落花流水，鸟啼山峙，渴饮饥食，夏衣葛，冬穿裘，道就在一切自然之中完全呈现。这种讲求明觉自然，以求自知自能的思想，对李贽“绝假纯真”的“童心说”自有发明之功。

以上是对“童心说”之溯源。然而谛观李贽“童心说”之精义，实可包涵“本”、“真”、“破”、“时”、“私”、“迩言”诸关键词：

（一）本：李贽释“童心”为“绝假纯真，最初一念之本心也。”特别强调“本”字，是深入本体境界，注意人性与自然的契合，追求文章的本质美。诚如吴虞《明李卓吾别传》中所说：“卓吾之学为知本。”彭际清《李卓吾传》评“童心说”为“发明本心，剥肤见骨”。是知李贽“童心说”已深入本体，挖掘到创作的根源，这是李贽精深微妙的美学见解，也是文艺思想之核心。

（二）真：李贽用“真心”来解释“童心”，他说：“夫童心者，真心也。”似将二者对等看待。“真”这一字，虽然为我国文学作品的最高境界，但李贽的“真”却有特殊的“真朴纯净”之含义，是没有后天道理闻见的污染，而自然流露出的真实本心。这是李贽从精研老、庄哲学，编注老、庄著作中体悟出来，而注入“童心说”中的。

李贽也能了解老子“为道日损”的道理。因此他解释“童心”在长大后突然丧失的原因，是因为道理闻见从外而入居于心，使心不能虚而明，呈“真”象，他说：“盖方其始也，有闻见从耳目而入，而以为立于其内而童心失。”可知早期童心的失落是因闻见从耳目入主于心的缘故。而长大后“有道理从闻见而入，而以为主于其内而童心失”。这是长大后因道理横据胸中，而痛失“童心”。第

③ 《明儒学案·泰州学案》一。

三期童心的失落，是成年以后，道理闻见日多，所知所觉日广，又知道“美名之可好也”、“知不美之名之可丑也”。因此在为掩丑争美中，不知不觉童心又丧失了。

（三）私：指人之私心，李贽肯定“私心”，认为“私心”也是人类禀赋之自然。他在《明灯道古录》说：“势利之心亦吾人禀赋之自然。”又于《焚书·答邓明府》说：“趋利避害，人人同心。”承认人类的私心也是属于“初心”。盖唯有这种根源于自然之“私心”的真诚流露，才能看见“本心”。是知私心与本心是一体两面的。如果不让“私心”发出，而刻意节制压抑，则很容易生伪而蒙昧真心。因此，李贽肯定人的私心，并不是鼓励人人唯我，利己而已，主要是要在“私心”中见得本心。李贽说：“夫私者，人之心也，人必有私，而后其心乃见，若无私则无心矣。”④可知刻意打压私心，则人心易伪，而丧失本心。

（四）迩言：从李贽对“本心”的追求中，我们可看出“童心”与“迩言”也有密切的关系。换言之，“童心”说的内涵也有“迩言”的成分在。李贽《焚书·答邓明府》说：“然此好察迩言，原是要紧之事，何者？能好察则得此本心，然非实得本心者决必不能好察。”可见，李贽认为“本心”的追求是要在百姓的日用彝伦上去认识，去实践，舍此而空谈道理，违反自然本性，纵使闻见再深，也是有损童心，无法见得本来面目。李贽又说：“如好货，如好色，如勤学，……凡世间一切治生产等事，皆其所好而共习，共知而共言者，是真迩言也。”可见李贽好察“百姓日用之迩言”正显示出他重视下阶层，喜欢追求百姓生活中之“真实”。因为这种真实是包括自然情欲的满足，是“本心”的真实，自然的真实，而非唱高调，口号式的真实。是知“童心说”的“本心”是建立在“迩言”

④ 《藏书·德业儒臣后论》。

的基础上所构造出来的美学精品。

（五）破：李贽“童心说”具有“破”的意蕴，即要破除“道理闻见”等宿知。盖“童心说”的要旨在于“去伪求真”，主要矛头是针砭虚伪的道学家。“童心说”载：“夫既以闻见道理为心矣。则所言者皆闻见道理之言，非童心自出之言也。”李贽认为童心是心灵的本体，是本然存在而圆满自足的。此与理学所谓的“德性之知”同样强调天生俱足，不待增减的。因此，外在的“道理闻见”对于童心，是不能加减毫末的。是以李贽又说：“言虽工，于我何与？岂非以假人言假言，而事假事，文假文乎？盖其人既假，则无所不假矣。”此中“其人”即指李贽最痛恨的虚伪之化身——道学家。因此李贽特别指出要见“童心”、“本心”、“真心”就要破除道学家所言的“道理闻见”，甚至于对人人奉为金科玉律、千古不易的神圣宝典——六经、《论语》、《孟子》等书，也要“打破”；又对于各种创制体格的限制也要打破，否则就“断断乎其不可语于童心之言”，这是很明白的。

（六）时：在破除“闻见道理”的心灵之症瘕积聚以后，灵动清明的童心自然汩汩而出。因此在“童心说”的内涵中我们又可以看出其流动的“时”变性质。站在“时”变的观点来评论文章，则每个人的文章都有其特性，每个时代的文章，自有其时代精神。因此，时代在变，文章也随着变，各种文体的新陈代谢，乃理之常。并不能以“文体”的不同来评判文章的高下。李贽说：“苟童心常存，则道理不行，闻见不立，无时不文，无人不文，无一样创制体格文学而非文者。……不可以时势先后论也。”正说明“童心说”的时变性，同时也肯定了“人”在文章中的主体地位。

我们由“童心说”的内涵中可归纳出，李贽“童心说”是由哲学角度，深入本体之中，找出童心的根本——“最初一念之本心”。并借“本心”所含的自然欲求，如好好色，好美货等，来肯定人们追求日常生活，满足基本情欲的合理性。因此我们可以说：李贽“童心说”是由“虚”来证明百姓人伦日用的合理性；由“实”来呈现“虚”的真实意义。当然，由“童心说”所延伸出来的“自然情性”、“适性”、“发愤”等思想，也是李贽重要的文论，在此不再多谈。以下乃试从直观思维方式来察看“童心说”。

身为一个卓越的思想家，李贽也有极高明的逻辑思辨能力。观其“童心说”的逻辑思辨法，乃是从他敏锐的直觉意识中“直觉体悟”出来的。而非由层层推敲，慢斟细琢磨出，这也是李贽思维的重要特色。而这种直觉证悟的思维方式，是李贽乞灵于禅学中的“般若”而来的。盖禅悟中的“般若智”，就是讲“直观智”。李贽的个性峭直，待人接物，独行己志，即使教人学佛，也强调不矫情，而要“直心而动”，才能成“真佛”，可见他的思维方式是重直觉的。因为在他看来，唯有“直”才接近“真”，才接近“自然”，而达到最高的审美要求。反之，若不直，或稍有委曲，则必容易生伪，一旦涉“伪”，或有意为之，也就不真了。这也是李贽坚持“发愤”为文，“直抒胸中独见”的道理所在。是知李贽直觉表现方式，是一种当下直见，不待凝思，“不涉理路，不落言诠”的直觉感受。因为唯有这样才是最纯真，为“最初一念之本心”。

正因为“童心说”是内心直觉体悟出来的，所以这是一种由具有本体精神的哲学层次透出，来诠释文学；而非由文学理论、创作、审美规律等具体的探求中，逐步构筑出来的。因此它是有形上的灵动性，而不受社会事物，闻见义理的羁绊和束缚，对于破除宿见、宿闻等守旧的习性，特别具有扫荡廓清的作用力。而且借着这分“童心”精神的高扬，也很容易就跳出传统的樊篱中，创造出具有“惊天地、泣鬼神”的崇高感之作品。这种崇高精神也是李贽创作中所极力追求而引以为快的。李贽即靠着这分“童心说”的高扬，跳出古典美学“中和”性的制约，开创出一条崭新的崇高美学之大道，弥补中国美学的不足。

只是李贽“童心说”太过强调心的创生权威，以“是否从胸臆流出”作为文学作品评鉴的标准。无形中自然忽略了客观现实生活作为文艺创作活泉的重要性；截断了文学与文化传承、时代变迁的对应关系。因此在“心”体不能搜之无尽；或虽能如袁中道所说的“心灵无涯，搜之愈出”，但这种内转而偏向心灵的追求之作品，将因逐渐忽视反映社会生活的丰富内容，而失去了活泼真实的生命。所以“童心说”有其扫荡因袭模拟之歪风、荡涤僵化腐败的人心之强烈功能，也有解放心灵、凸显自我、争取自由独立的可贵精神。但一味高悬“童心”作为最高的审美标准，而弃绝人事、社会等文学生命的泉源文学；又未能从文学的理论、创作规律、艺术思维、形式、范畴等方面作有系统的探究。这或许是以“童心说”为主的晚明浪漫思潮，容易流于以平庸为高尚，以浅率为清真的原因。特别是在作者高昂的战斗意志减弱或消失后，批判的锋芒逐渐迟钝，更容易使人为回避现实的压力，走向消极遁世，追求心灵的抒发，沉醉在风烟山水、亭园美竹等闲情逸趣的赏玩中，而与客观的现实世界失去联系。这些后遗症在公安派的浅率与竟陵派的冷涩中，即明显地反映出来。但这并不是李贽“童心说”之弊，而是后人不解“童心说”的“时变”观点所致。因为不能新变，所以，也就难以代雄了。

2. 主张“自然为文”

由重视“真心”、“本心”延伸发展，李贽又提出“自然为文”的主张，这个“自然”并非是风格论上的自然，而是属于创作论上的自然。即要求为文要能因其性，发乎情之自然，写出“发愤”之作。也唯有如此才能创作出“化工”之文，否则若着意雕琢，虽再好的作品也只能算“画工”，不能算是自然之作。以下乃试从顺性、自然情性、发愤、化工等思想，探求李贽“自然为文”之真义。

（一）顺其心性：顺其性就是要顺乎本性的自然发展。李贽在《焚书·论政》说：“夫道者，路也，不止一途，性者，心之所生也，亦非止一种而已也。”把抽象的“性”，用具体易知的路来比喻，正要人们了解每个人都有不同性格和情感，这种性情的真诚流露而成的文章就是好文章。盖李贽反对以“条教之繁”、“刑法之施”（《论政》）来束缚百姓，使百姓不能顺性而发，自得其乐。因此他在《论政》篇中又指出最理想的政治是“顺其性不拂其能”，完全听由人性自然的发展。

（二）发于情性：从“顺其性”发展，李贽又提出“自然情性”的观点，来阐明他对文学创作的见解。《焚书·读律肤说》称：“拘于律则为律所制，是诗奴也，其失也卑，而音不和谐；不受律则不成律，是诗魔也，其失也亢，而五音相夺伦。不克谐则无色，相夺伦则无声。”李贽认为从格调及格律上来说，不管“受律”或“不受律”，往往顾此失彼，难以两全。这正是讲究人为技巧的限制啊！而究竟要如何才能解决此难题？李贽说：“盖声色之来，发于情性，由于自然，是可以牵合矫强而致乎？”是知不管音律或诗文之美，皆是情性的自然发挥而成的。绝非勉强牵合，或讲究技巧所能达成的。李贽又说：“故自然发于情性，则自然止乎礼义，非情性之外复有礼义可止也。惟矫强乃失之，故从自然为美耳，又非于情性之外复有所谓自然而然也。”可知李贽反对封建教条式的礼义，也否定“发乎情止乎礼”的儒家伦理观，因为他认为礼的精神本是鲜活的，他说：“世儒既不知礼为人心之所同然，本是一个千变万化活泼之理。”⑤又说：“礼者自齐，不得别有齐之，若好恶拂民之性，

⑤ 《明灯道古录》。

灾必逮乎身，况得而齐之邪！”因此，他认为情性的自然发扬即是礼义，并不是情性之外还有礼义限制。反之，若违反情性的礼义，则非真正的礼义，是会被人民唾弃而自取灾祸的。

基于自然情性的“自然”特性，李贽认为各种作品只要顺其特性，不要“矫强”，自然能呈现各种风格和情调，这就是美的最高境界——自然美。他认为性格清澈的人发出的音调自然宣畅，性格舒徐的人发出的音调自然疏缓，旷达者自然浩荡，雄迈者自然壮烈，沉郁者自然悲酸，古怪者自然奇绝——“有是格，就有是调。”这些都是情性的自然流露，是不能矫强而一律求之的。李贽虽然崇尚自然，但是他所讲的自然是无为的自然，若有意为自然，则“与矫强何异”？所以自然之道是不能有丝毫的造作在其间的。

（三）发愤为文：司马迁始倡“发愤著书”说，王褒、蔡邕更把“发愤”之情移到音乐上，提出“发愤作乐”说，韩愈也有“不平之鸣”的发愤之说，梅尧臣、欧阳修又有“穷而后工”之主张。这种蓄极积久，为情势所不能遏止而爆发出来的强烈情感，正是李贽所提倡的“发愤为文”。他于《藏书·史学儒臣》说：“言不出于吾心，词非由于不可遏，则无味矣……《史记》者，迁发愤之所为作也。”把史学巨著《史记》视为司马迁出自内心，蓄积至极，而不得不发的“发愤”之作。也正因《史记》是出自真心的发愤之作，才能耐人寻味，引人入胜，使人读之大发共鸣之心而欲罢不能。否则，若“不愤而作，譬如不寒而颤，不病而呻吟也，虽作何观乎？”这种不是出于“发愤”的作品，不但不值得看，纵然看了也是“无味”的。可见情感如波涛汹涌，思绪沸腾而不得不发的“发愤”之作，正是李贽自然为文最真切而热切的表现。有关这种蓄积胸中，迸发为文的创作过程，李贽在《焚书·杂说》中有极为深刻的描述，他说：“且夫世之真能文者，比其初皆非有意为文也。其胸中有如许无状可怪之事，其喉间有如许欲吐而不敢吐之物，其口头又时时有许多欲语而莫可所以告语之处，蓄极积久，势不能遏。一旦见景生情，触目兴叹，夺他人之酒杯，浇自己之垒块，诉心中不平，感数奇于千载。既已喷玉唾珠，昭回云汉，为章于天下，遂亦自负，发狂大叫，流涕恸哭，不能自止。”李贽认为真正的文章并不是像杜甫作诗那样，常常要“捻断数茎须”才能完成；也不是像陈师道那样要裹在棉被中拚命苦吟才能写出。而是情动于中，蓄积既久，在势不可遏时，即景兴会，触目兴叹，真情实感就像狂风暴雨自然流泄。甚至整个人融入其中，创作心灵进入颠狂的情态中，与禅定后歌哭笑骂，激动踊跃的美学境界极为接近。李贽这充满激情的“自然为文”之主张，正是吸纳“发愤”与“不平”的观点融会而成。此举不但打破了传统重视与儒家“中和”一脉相承的平淡美学观。并开创出一条纯任自然，自由表达出自己愤世嫉俗，激烈抗争及关怀社会的豪情壮志之美学大道。弥补了中国美学偏向温柔敦厚的“优美”，而缺乏“崇高美”的缺憾。美学家李泽厚在《华夏美学》中说：“西洋文艺自希腊以来所富有的悲剧精神，在中国艺术里却得不到充分的发挥，又往往被拒绝和闪躲，人性由剧烈的内心矛盾才能发掘的深度，往往被浓挚的和谐愿望所淹没。”李贽“不拒绝”、“不闪躲”直接写出内心剧烈的矛盾所产生的愤懑与不平，不但扩展文学作品的广度，也“发掘”了心灵的深度，对于中国文学理论的贡献具有开拓始创之功。

李贽在《焚书·伯夷传》提倡发怨怒，并在《复焦漪园》中说：“文要感时发已。”这也都是因发愤为文与自然论而发。这种由血泪和生命的豪情交织而成的文章，是令人不忍埋没的。是以李贽在《杂说》中又说：“宁使见者闻者切齿咬牙，欲杀欲割，而终不忍藏诸名山，投之水火。”李贽在《发愤说》中已因悲壮激越之情的发扬而走上悲壮崇高之路，这种崭新的美学道路之开创，正是李贽长期饱受封建礼教压抑而激发出来的，也是晚明经济繁荣，市民阶层兴起的时代美学思想之突变的象征。

（四）化工、画工：透过“童心说”的文学理念，李贽又为他的自然为文提出更具体的审美标准。于《焚书·杂说》中说：“《拜月》、《西厢》，化工也；《琵琶》，画工也。”透过《拜月》、《西厢》、《琵琶》的比较，具体地阐发作品贵在真实自得，由内心发出等纯真自然的美学思想。盖“画工”是人为的工巧，指形式的雕琢，技巧的追求，字句的精巧，这种刻意创作的作品，虽然能巧夺天工，直教人看了叹为观止。在李贽看来还是有待的，仍受限制而缺少无穷的逸韵。因此，再好也只能说是“画工”之作而已。这是《琵琶》不如《拜月》、《西厢》的地方。至于“化工”之妙，正如天生地长，盛开在大自然中的鲜艳花朵，人见人爱，但要找出它的美的所在，却是“了不可得”，只能从中领会，而莫名其妙，为什么呢？李贽说：“要知道造化无工，虽有神圣，亦不能识知化工之所在，而其谁能得之？”。因此，我们可知“画工”与“化工”虽然同极天地之工巧，但仍有高下之分。盖前者之巧为夺天地之工，而尚知有工；后者之巧，则已臻于不知天地之工的自然状态。是知“画工”与“化工”之区别在“自然”两字而已。德国美学家席勒说：“一个伟大的艺术家为我们再现对象（他的再现是完全客观的），平庸的艺术家为我们再现他自身（他的再现是主观的），低劣的艺术家为我们再现数据（再现由媒介的，自然本性和艺术家个性所局限的规定性。）”⑥而李贽的“画工”正是指作家“自身”及对“质料”的再现，只有“化工”才是完全客观地再现对象，而不知所表现的“对象”之天工。是知为文之妙实存乎“自然”耳。

李贽这种“自然为文”的主张落实到文学批评中则极力反对文字、句子、结构、法度等为文技巧的琢磨。他认为文章自然

⑥ 毛崇杰著《席勒的人本主义美学》，第四章，湖南人民出版社，一九八七年八月。

精采，并不是靠形式的雕琢与字句的锤炼所能得到。他于《杂说》中说："且吾闻之，追风逐电之足，决不在牝牡骊黄之间，声应气求之夫，决不在寻行数墨之士，风行水上之文，决不在一字一句之奇。"李贽自然发愤为文的观点正与苏轼文如行云流水，"常行于所当行，止于所不可不止"。⑦的散文创作论相合。也是苏轼在《江河唱和集》中所提倡的"不能不为之为工"，而不以"能学"为工的自然文论之发扬。因此李贽推崇苏轼文章为"天下五大部文章之一"，⑧除了说他"胸中绝无俗气，下笔不作寻常语"外，更是对他自然为文的肯定。可知他认为"化工"之文并不是以结构严密，对偶精工；遵守传统的道理，合乎法度，讲究首尾相应，虚实相生的古文技巧所能写成的。李贽在此不徒阐发"化工"之文，自然高妙，是不能用取巧而得的，也隐约透出他反对封建道统及拟古、复古的思想。

李贽"自然为文"的主张，正如他的"童心说"一样，是融贯道家、禅学及苏东坡等人的自然观，并注入强烈的时代精神所表现出来的文论，试观其自然文论与老庄、苏轼的"自然"，实各有特性，而以李贽的"自然"论最具有积极关怀人世的精神。老庄的自然之道，偏向追求遗世独立、逍遥自在的隐居生活，是属于遁世的自然。苏轼学习老庄自然的精神，来医治受伤的心灵，终于悟出超脱现实社会的应世之自然，表现出个人旷达豪放的胸怀。李贽撷取老庄自然之分子，发挥老庄对现实社会之怒吼——非圣反礼义；及庄子对"窃国者侯，窃钩者诛"的愤世豪情。采取与老庄和光同尘、含光混世不同的处世方法，不向恶劣的现实环境屈服而隐遁自己，不去学老子往"小国寡民"的"桃花源"式的理想国去钻，也不学庄子妄想化作大鹏飞向"无何有之乡"的逍遥世界。毅然面对现实，

⑦ 《答谢民师书》。

⑧ 周辉《金陵琐事》。

抛弃官位，勇敢坚强地向权威挑战，置个人富贵腾达、生命安危于度外，企图打破礼教与政治的束缚，追求个人的自由平等，使整个社会都能合乎自然之道。

3. 重视小说戏曲

李贽的“童心说”，主张从“时变”和“真”的观点来打破文体的限制，肯定各种体裁的作品都有其时代意义和不朽的价值。李贽提倡小说戏曲，把小说、戏曲抬高到与六经、《史记》等经典相当的地位，在当时已是高妙绝俗，而为破天荒的论见。盖长久以来，尊经宗道的文学观念，一直笼罩在人们心中。由于孔子肯定《诗》具有“兴、观、群、怨”的伦理教化功能，所以诗、文便顺理成章地成为中国文学史上之主流。至于小说，则因起源于“志怪”，专门记载一些道听涂说、稀奇古怪的事，故被视为荒诞不经，虚幻不实，有违孔子不语“怪、力、乱、神”的宝训。因此小说虽经长期发展，也只能在民间流传，难以登上大雅之堂。

因此，在明代以前的社会文化结构中，小说一直处于班固所说的“君子弗学，然亦弗灭”的矛盾心结中。正因为它虽是小道，但仍有可观之处；所以不会被禁除，但也因它“致远恐泥”，所以难获推广。长久以来在人们的深层意识结构中，始终存着轻视小说的心理。因此，小说的地位始终难以与诗文并列，即使偶有士大夫随兴创作，如韩愈写《毛颖传》等，马上就受张籍、裴度等人的责难，裴度更把他看成是“以文为戏”,⑨ 简直是乱开玩笑,有违名教精神，小说之不见容于正统文学，由此可知。

但是明代中叶以后，随着经济的发展，社会的繁荣，个性的解

---

⑨ 《全唐文·寄李翱书》。

放，市民阶层的兴起，人民生活方式的改变，以及社会文化结构的重新调整。致使人们对于文学的胃口随之改变，好恶也有不同，大家都迫不及待地想摆脱传统礼法的束缚，追求人性的自然舒展和欲望的满足。长久陷入拟古泥淖中的明代诗文，因逐渐与现实脱离，与人心隔离，因此，并不能满足人们的需求。在旧的文学作品无法提供人们心灵的需求时，真正能深入反映"人情"、"人性"、"人欲"的小说戏曲，也就乘时而起，由文学的边缘地带，向文学核心地区移动。最后终于在人民热切的需求声中，走上可以媲美正统文学的舞台，而大显身手。并借着小说戏曲能够深切反映社会人生的表现功能及艺术魅力，带动社会的审美风尚，由"雅"入俗，缔造小说文学的高峰。

在这一季小说的高峰盛会中，李贽虽然没有直接从事小说戏曲的创作，但他以个人的真才、胆识，及善于掌握时代脉动的心，在人们期待的心情下，与封建保守势力，殊死搏斗，成功地解开了传统社会蔑视小说、戏曲的无形枷锁。对于提高小说在文学史上的地位，意义非凡。李贽在《童心说》中对儒家奉为至尊的六经、《论语》、《孟子》大加贬抑，揭开了六经等名经巨典的神秘外衣。他认为六经被"神化"的原因，不是史官过分褒扬推崇，就是臣子过于赞美所造成。要不然就是迂阔的门人，懵懂的弟子，有头无尾，缺乏系统的记载师说。而后人便误为孔子所说，盲目崇拜，尊以为经。所以李贽说："六经、《语》、《孟》，乃道学之口实，假人之渊薮也。"不但痛斥虚假的道学家，也把六经的神圣地位贬到历史的最低点。李贽刻意批评六经等书，除了凸显出他反封建、反传统的精神外，也为他所极力推崇的小说戏曲争取正统的文学地位预占地步。他认为只要是出自"童心"的作品，不管哪一种"创制体格文字"都是好文章。"诗何必古选？文何必先秦？降而为六朝，变而为近体，又变而为传奇，变而为院本，为杂剧，为《西厢记》，为

《水浒传》，为今之举子业，皆古今至文。”突显文学本质“真”的共同特性，彻底打破人们对文体形式的差异执着，此举不啻正式宣告文学的正统性决定在“真”字，而不在体格。凡是合乎“真心”、“童心”、“本心”的作品，就是地道的文学，就是天下之至文，就该有正统的地位，反之，则是假文假事。无形中就质疑独尊六经，以诗词文学为主流的正统文学思想，而赋予小说、戏曲等平等的地位。李贽在《杂说》中的戏曲理论也有一些精辟的见解。诚如他批评《拜月》、《西厢》为自然奇妙的“化工”之作。而列《琵琶》为次等的“画工”之作即是。李贽对上述作品的深究精研，评论的新颖卓越，正可作为他重视小说、戏曲等俗文学的有力证据。

李贽的小说观除了在“首开小说评点风气”中所论“逼真”、“传神”等外，还散见于《焚书》中的书答、杂述、《藏书》、《史纲评要》及《初潭集》的评语中，主要以传神、卓识、注意小人物及小说人物的时空背景等着眼。王先霈在《中国文艺思想论丛》中介绍李贽的小说评论的三个重要观点，即：“要求作家有器识，要求小说人物的描写能传神，和注意人物与环境的关系。”诚为中肯之论。此外，李贽在《水浒传序》中说：“故有国者不可以不读，一读此传，则忠义不在《水浒》而皆在于君侧矣。贤宰相不可不读，一读此传，则忠义不在《水浒》，而皆在于朝廷矣……而皆为干城心腹也。”直把《水浒传》视为经世治国之宝典。又于《焚书·红拂》中批评《红拂记》：“关目好、曲好、白好、事好，……孰谓传奇不可以兴，不可以观，不可以群，不可以怨乎？”此言一出，可以说把小说、戏曲提升到与正统文学相等的地位。由此可知，重视小说、戏曲是李贽进步思想的重要理念，也是他了不起的见解。从他对小说、戏曲的评点中，更可以看出他对小说、戏曲重视的真心落实与实践。

4. 首开小说评点风气

评点是我国古代文学批评、文学欣赏的一种特殊形式，顾名思义，评为批评，点为圈点，即文学家、文论家按照自己的思想观点，好恶情感，对作品的形式、内容、技巧、结构、语言、人物塑造等方面，进行评注、圈点。依评点地方的不同，可分：在书眉上称眉批，在行间为夹批、夹评，在章回的结尾为总评。评点的功能除了可以点出作品的精采地方，激发作品的艺术感染力，使读者易于了解外；也可以抒发评点者的情怀，表现其卓越的观感，提高作品的艺术的地位。

以评点的方式作为批评、欣赏的方法，在李贽之前，早有人做过，如南宋吕祖谦评点《古文关键》、刘辰翁评点《世说新语》、《杜诗》、《荆公诗》、《苏诗》等即是。明代则有归有光以五色笔评点《史记》，茅坤、锺惺等也都有评点作品。可以说无不“批窾导窍，须眉毕露”。⑩ 颇能将作品的精神意蕴发挥若干。这种画龙点睛，以金针度人的评点艺术发源虽早，但真正有意识地肯定小说的地位与价值，对长篇小说有系统地进行评点的，应是始于李贽。李贽首开评点小说的风气，影响后代小说评点及理论甚巨。诚如欧阳代发所说：“李贽是中国小说的实际开创者，尽管袁本较容本后出，但李贽评点在前，比起以后的小说评点来，他的评点思想格调是最高的，这与李贽思想进步，富有创见相一致。”⑪ 只可惜李贽对小说评点的重大贡献，长久以来因钱希言、周亮工的几句话，而被质疑，实在令人深感遗憾。明人钱希言《戏瑕》卷三《赝籍》中曾说：“批点《水浒传》、《三国志》、《西游记》、《红拂》……并出叶

⑩ 廖燕《二十七松堂集》卷十一《评文说》。

⑪ 《古代文学理论研究》第十二辑。

（即叶昼）笔，何关于李？”以及清人周亮工在《书影》卷一中也说：“叶文通，名昼，无锡人，……当温陵《焚书》、《藏书》盛行时，坊间种种借温陵之名以行者如……《水浒传评》，皆出文通手。”把许多著名的评点著作如《水浒传》、《红拂记》等书，全部尽归为叶昼之手笔。事实上这种说法有商榷的余地。如果说其中有些是叶昼所评点，有些是李贽所评点，或较为中肯。依据有关记载李贽尝评点古书，并以批点古今的书籍为乐。诚如他《童心说》所说的是“夺他人之酒杯，浇自己之垒块”。这是李贽在著作中所记载的。《续焚书》卷一《与焦弱侯》说：“古今至人遗书抄写批点得甚多……《水浒》批点得甚快活人，《西厢》、《琵琶》涂抹改窜得更妙。”李贽在信中除了表达批点《水浒传》的快活及《西厢》、《琵琶》的美妙外，还说他也批点《孟子》一并送往请教。又查考《焚书》卷四中载录有关《玉合》、《拜月》、《红拂》之题词中也可作为李贽批点小说戏曲之左证。

袁中道《李温陵传》说：“他所读书皆钞写为善本，……下至稗官小说之奇，宋元名人之曲，雪藤丹笔，逐字仇校，肌襞理分，时出新意。”对于李贽以红笔在白纸上批点、仇校，深入剖析小说戏曲等原文的妙理所在，并时有发明之处。这也可作为李贽用心批点文章的旁证。诚然，李贽死后“而名益尊，道益广，书益传播”。⑫在供不应求的情况下，书商为了牟利，于是不择手段，大量伪造，致使“真书、赝书并传于天下”⑬袁中道还曾为此事愤恨不已。他于《珂雪斋集·答袁无涯》说：“近日书坊赝刻，……李龙湖书亦被人假托搀入，可恨！可恨！此当至吴中与兄一料理也。”是知李贽书被冒名伪造，真是严重到不得不处理的地步。但如果因李贽作品赝品多，真伪莫辨就全盘否定，则又欠公允，更有负李贽对评点

⑫ 杨定见《忠义水浒传序》。

⑬ 续《焚书》卷首《读卓吾老子书述》。

的努力。对李贽本人及记载他的评点事迹之友人、弟子，又当如何交代呢？所以李贽曾经评点小说戏曲是不容置疑的。而其评点作品中又以《水浒传》的评点最可相信。我们可由下列几方面来看李贽是否评点过《水浒》：

（1）李贽著述中论及《水浒传》者，如《焚书》卷三《忠义水浒传序》。

（2）李贽给友人信中提到此事：《续焚书》卷一《与焦弱侯》信中述他批点《水浒》、《西厢记》等。

（3）李贽的友人曾载此事：李贽与三袁兄弟算是亦师亦友。袁宏道《东西汉风俗通演义序》中记载李贽批点《水浒》使一个缄默十年的人，看了后拍案狂叫说："异哉！卓吾老子吾师乎？"又袁中道《游居柿录》记载"袁无涯来以新刻《卓吾批点水浒传》见遗"。并回忆他在万历二十年（一五九二年）李贽居武昌朱邸时，他前往拜访，看见李贽正命僧常志抄写此书，逐字批点。

（4）李贽的弟子尝载此事，杨定见在《水浒传》小引中说他游吴地时，碰到一个李贽狂的人，向他索求李贽的著作，他就把行囊中"卓吾先生所批定《忠义水浒传》及《杨升庵集》二书与具"。杨定见为李贽弟子，胡适在一九六一年元月十七日读李贽评点的《忠义水浒传全书》时曾作小记："这个一百廿回本《水浒传》是杨定见原刻本……定见是李卓吾的弟子。"

（5）评点思想特性与李贽相契合：袁无涯刻本的《水浒传》肯定水浒人物为"忠义"之士，因受不了大贤处下，不才处上，长期被欺压迫害，才上梁山造反的，故评点中崇忠直，斥恶官，这种贬官府、尊绿林的思想，在当时是大胆的"异端"，与李贽思想的"异端"特质相合。

由以上之辨证可知李贽批点《水浒传》应是可以肯定的，况且钱希言的《戏瑕》编于公元一六一三年，而袁无涯刻本是出版于一六一四年，所以钱氏所能看到的本子是容与堂本《水浒传》，这个本子在今天看来是假的。因此，他只能说明容本不是李贽批评，而不能否定李贽评点过《水浒传》。今存署名李贽评点的《水浒》有三：(1) 容与堂本《李卓吾先生批评水浒传》一百回本。⑭ (2) 袁无涯刻本《新镌李氏藏本忠义水浒全书》一百二十回本。⑮ (3) 芥子园刊本《李卓吾评忠义水浒传》一百回本。最后一种是大家公认的伪书，姑且不论。而容本与袁本的真伪之辨，应以袁本为真。⑯

大体而言，袁本的评点思想对宋江等水浒人物，完全赞同，而容本有赞美也有多次露骨的批评：如"假道学"、"真强盗也"。显示其基本思想观点与李贽不合。且袁本有杨定见在小引中交代本稿之来龙去脉而容本却无。故由各种因素综合鉴定，以袁无涯刻本为真，普遍获得各家采认。

李贽评点《水浒》的思想核心是"忠义说"，而其艺术理论又是以"童心说"为中心。综观他对小说评点的审美标准是：

（一）逼真："童心说"的本质在一"真"字，李贽评点《水浒》即特别强调人物真性至情的刻画，及对事物描写的逼真。他于十六回评："语与事俱逼真。"三十回："妙处只是个情事逼真。"足见"逼真"为李贽评《水浒》的基本美学标准。而由《焚书·三大士像议》说"世有真人然后知有真佛……唯真识真，唯真逼真，唯

⑭ 政治大学古典小说研究中心主编，天一出版社影印出版。

⑮ 中央研究院傅斯年图书馆藏。

⑯ 如戴望舒《袁刻水浒传之真伪》，见戴望舒、吴晓铃编《小说戏曲论集》一九五八年版。靳同文《李贽与水浒》，《历史研究》，一九七六年第六期。又欧阳代发《论李贽对水浒传》的评点，《古代文学理论研究》第十二辑，一九八七年十月。敏泽著《李贽》，上海古籍出版社，一九七八年九月，万卷楼图书有限公司发行，八十二年六月。陈谦豫《中国小说理论批评史》中《李卓吾对小说理论批评的贡献》一章中也表示袁本为真，华东师范大学，一九八九年十月。

真念真。”可知其“逼真”之源正是由“童心”发出的真人、真事、真佛等妙明真心的流露。

（二）传神：《周易·说卦》说“神也者，妙万物而为言者也。”把万物之妙形诸文字，是能传神者也。顾恺之更提出“以形写神”论。唐张九龄也有“夫形者神明之表而动用之应也”。强调意得形传，笔精形似。李贽于《焚书·诗画》说：“画不徒写形，正要形神在；诗不在画外，正写画中态。”主张形神并重，但他并不以形似为满足，努力追求气韵生动的传神美学观。化用到小说评点，则要求小说作品要借着人物形象的逼真描写，透出被描写人物的性情及精神。如三十八回写李逵初露面：“一个黑凛凛大汉上楼来。”李贽评：“只三字神形俱现。”把“黑凛凛”三字所表现出来的“色黑”、“声重”、“形粗”具像化、声情化，使文章生色不少。又二十四回中盛赞小说对武松、潘金莲描写得很传神，说：“将一个烈汉、一个呆子、一个淫妇写得十分肖像，真神手也。”借着对比手法，将小说人物传神写照。是知“传神”的审美观是李贽小说评点的灵魂。

（三）重趣味：古人论诗文之美，常以气、神、韵、味、境、逸等作为美学范畴。而李贽为因应时代的审美思潮，拈出“趣”来作为审美的标准，使传统偏向“韵外”、“味外”之美学思想，从抽象中导入人生，注重人生情趣的追求，使人生充满情趣。诚如李贽在第五回说：“奇趣迭出。”四十三回中说：“说得有趣。”七十四回有：“趣甚……”、“更趣”等。此外，李贽也注意到人物心理的刻画与形象的塑造，如第一回写洪太尉寻不着天师，身历大虫、大蛇之险恶后，怨骂道士的那段故事。李贽眉批：“初是心里想，次是口里怨，今口里骂，转变转增。”又第三回写史进投奔延安府，路过渭州时，李贽评说：“直接此数句，眼里、心里、口里，一时俱现，更无一毫帮衬牵缠了，真史迁之笔。”除了指出作者简练的文笔外，也点出作者着重心理的描绘。

（四）形象塑造：如第四回描写鲁智深到五台山下打铁店打禅杖戒刀，“那打铁的看见鲁智深腮边新剃，暴长短须……先有几分怕他”。李贽批道：“从打铁人眼里写出剃须发的鲁达真形来，是何等想笔。”可见李贽的评点也很重视巧妙地刻画人物形象。此外，李贽的评点也不忘牵合现实，以抒发己愤：如第二回写徽宗即位，即抬举高俅，先派他到边界，以立边功，不到半年便升到殿帅府太尉职事。李贽眉批说：“边功滥叙，私恩骤迁，千古同弊。”明言边功滥叙的时弊。

总之，李贽评点《水浒》不只重视逼真、传神、趣味，并注意到人物形象的塑造与心理的描绘、现实的反映等艺术精神与现实的结合，给予小说独立的艺术生命，与反映现实的肯定。虽然他在小说评点的艺术与后来的评点比较起来，还不是很有系统，也不见得精深，但他对于开创钩隐索玄、金针度人的评点之学，有功不可没的启发作用。

四、李贽的史学思想

1. 创发“六经皆史”说

一般人提到“六经皆史”说，总是先想到章学诚。诚然，章学诚于“六经皆史”说颇有阐发，然真正首开“六经皆史”之说者，却是李贽。考“六经皆史”说之渊源，可以说始于隋代王通，他在《文中子·王道》说：“予谓薛收曰……昔述史三焉：其述书也，帝王之制备矣，故索焉而皆获；……此三者同出于史而不可杂也，故圣人分焉。”王通认为经出于史，如《书经》以详帝王制度，《诗》以显兴衰之由，《春秋》以明邪正之道。这三者都是从不同角度来叙述当时的政治制度、社会生活及人心之善恶。其实都是可以当历史来看，而难以划分，是知在王通时已揭橥“六经皆史”的理念。

唐代学者陆龟蒙在《复友生论文书》中曾提出《书》是记言的史书，《春秋》则是记事的史书，“记言、记事参差前后，曰经曰史，未可定其体也”。① 说明经与史在体裁上是很难分别的。正如《春秋》与《书》虽名为经，但都同属记事与记言的史书。

元代学者郝经并进一步提出古代无经史之分，他认为孔子定六经，而经之名始立，但并没有经史之分别，六经原本是史而已。故“《易》即史之理也，《书》史之辞也，《诗》史之政也，《春秋》史之断也，《礼》、《乐》经纬于其间，何有于异哉”！② 六经之名始于《庄子·天运》。在孔子之时，六经并未冠以“经”字，“经”乃儒家弟子为尊孔子删定之功，故各加一“经”字，以示敬重，如《诗》加一经字成为《诗经》等。郝氏以为，六经本是先秦时代不同体裁的史书。经是说明事之理，史是记载理之事；经可说是史学的理论，史可说是经的事实依据。如果只治经而不治史，则只知理而不知事情的变化，只有治史而不治经，则只知事情的变化，而不能了解其中的道理。因此必须经史兼治，融合为一，才能知“兴废之由”，通天人之变。

明代王阳明绍承郝经等人的说法，并加以发扬光大，提出“五

① 《全唐文》卷八〇〇。

② 郝经《陵川集》卷十九《辨微论·经史》。

经皆史”之说。此由王阳明答弟子徐爱的问题可知。《传习录》卷一记载：徐爱问先儒论六经，独取《春秋》为史，而史以记事为要，或与五经事体，终或稍异。王阳明在问答中指出。经史实为一体之两面，盖以事情来说是史，以道而言即谓之经。而事即道，道即事，经史之难分，正犹事与道之不可分离。王阳明说：“《春秋》亦经，五经亦史，《易》是庖牺氏之史，《书》是尧舜以下史，《礼》、《乐》是三代史。其事同，其道同，安有所谓异？”对于经史为一，道事相同之理，阐发至明。王阳明又进一步说明五经是史的道理，他说：“五经亦只是史，史以明善恶，示训戒，善可为训者，特存其迹以示法。恶可为戒者，存其戒削其事，以杜奸。”他认为圣人作经，旨在劝人为善去恶，史的作用也是明善恶以为训戒。二者功能相同，所以说五经亦只是史而已。是知经、史之名虽异，而其事体及功用却是一样的。

王阳明点出“六经皆史”之内涵后，李贽继起，正式提出“六经皆史”之术语。他于《焚书·经史相为表里》中说：“经、史一物也。史而不经，则为秽史也，何以垂戒鉴乎？经而不史，则为说白话矣，何以彰事实乎？”传统史学以直书为最高史德，李贽以为治史不能没有正确的目的，故特别倡导经世之史。认为史书若没有经书明道教化的功能，则何以垂鉴于后世，以收教化之作用呢？经书若不以史事为基础，则立论无根据，又如何彰显事实呢？由此可知，经史是“同一物”的。因此，他又说：“故《春秋》一语，春秋一时之史也。《诗经》、《书经》，五帝三王以来之史也。而《易经》则又示人以经之所自出，史之所从来，学道屡迁，变易匪常，不可一定执也。故谓六经皆史可也。”李贽在阐论经史为一物的过程中，指出《春秋经》是记春秋一代的史事，《诗》、《书》二经，是记五帝三王以来的史事，与王阳明注释“五经亦史”的手法相似。但李贽除了特别强调经、史的作用外，更揭示《易经》早已向人们指出经、史的关系。尤其变易之理，自然微妙，学者千万不可以固执不变，而要能因时变化，即体会到不同时代有不同时代之经，不同时代有不同时代的史，经即是史，史即是经，经史是相互表里的。李贽在此透露出他顺应时变的历史观，也间接抨击理学家拘泥经典，株守程朱，虚伪空疏，脱离社会现实的学风，也为明清之际“经世致用”之学开下先河。因为他认为历史不停地演化，人们对经史的观念也不能太固执，否则“若执一定之说，持刊本、死本而欲印行以通天下后世，是执一也，执一便是害道”。③ 是知研究经典或史书，千万不能固执一定之说，而要能因时、因地之不同而会通其义，了解经、史相通的道理，才是善读经史的人。

明代灭亡后，“六经皆史”说并未中绝。清初有袁枚“古有史而无经”之论，认为今之经书皆古代史官所作。诚如《尚书》、《春秋》为今之经书，书中所记载的却是古代的史事。《诗》、《易》所载，亦皆先王之言；礼乐所存，皆先王所立之法。故若说经书皆史可也。《随园随笔》卷二十四说：“刘道原曰：历代史出于《春秋》。刘歆《七略》，王俭《七志》皆以《史》、《汉》附《春秋》而已，阮孝绪《七录》，才将经史分类，不知古有史而无经。《尚书》、《春秋》皆史也，……六经之名，始于庄子，解经之名，始于戴圣，考之六经，并无以经学作书名解者。”袁枚从目录学上经史之分合，来探讨前人对经史的观念。他认为古代只有史而没有经，是以汉代刘歆编《七略》，王俭编《七志》时只把《史记》、《汉书》附春秋类而已，并未另外分门别类，一直到了阮孝绪才别出心裁，将经史分类。袁枚却从汉人引《论语》、《孝经》皆称传而不称经的例证来论断古代只有史而没有经，力矫阮氏之非。“六经皆史”的观念，传至乾嘉之时，史学大师章学诚特加阐扬，充分发挥李贽“经史之

---

③ 《藏书》卷三二《孟轲》。

道，为道屡迁，变易匪常，不可以一定执也”之精神。赋予“六经皆史”说新的时代内涵，及理论价值，促使“六经皆史”说大为盛行，致使一般人提及“六经皆史”一词，皆以为是章学诚首提。殊不知这是章氏肯定李贽“六经皆史”之论，加以充实生辉，发扬光大。《文史通义·易教上》说：“六经皆史也，古人不著书，古人未尝离事而言理，六经皆先王之政典也。”王阳明以“事”、“道”来论经史为一体两面。李贽则明白的道出经的作用性在“垂戒鉴”，史的作用性在“彰事实”。而章学诚则从“事”、“理”以明经史之要旨，用字虽有不同，但他们对经史的作用在说理记事的看法，同出一辙。章学诚明确指出经出于史，并扩大史的范围，至于子集诸家，以为盈天地间之著作，皆是史学。其《文史通义·报孙渊如书》说：“六经特圣人取此六种之史以垂训者耳。子集诸家，其源皆出于史。”只是后人不明此理，所以妄加分别，而有经、史、子、集等四部分法。徒增人们的困惑，而模糊了经史记事言理之本来面目。

清末龚自珍有“尊史说”，龚氏以为一切文章皆可称为史。他在《古史钩沉论》中即将《诗经》之《风》谣视为“史所采于民，《雅》、《颂》则史所采于士大夫”。是知《诗》本是史也。孟子所谓：“王者之迹熄而《诗》亡，《诗》亡而后《春秋》作。”即说明这个道理。他又说：“史之外，无有语言焉，史之外无有文学焉，史之外无人伦品同焉。”把史的范围扩大到极致，认为离开了史料就没有语言、文字及人伦品目。换句话说，他认为不管用口耳传说的史料，或文字发明以后，用文字记载的文字史料，甚至于非语言文字的地面、地下史料，如宫廷、道路、各种人伦事物的名称都可以帮助我们了解人类在时间流中的活动情形，因此这些都是史。龚氏之论大大地提高了史的地位，把六经看做是“周史之宗子也”、“诸子者，周史之小宗也”。因为他认为各家的作品都有不同，但却都是人类真实活动的纪录，所以龚自珍可以说是将“六经皆史”发挥得淋漓尽致的人。

由上可知，在“六经皆史”的发展过程中，李贽除了居有首创之功外，并具有承先启后的关键地位。因此我们可以说“六经皆史”之说，发源于隋代王通，彰明于明代王守仁，创发于李贽，阐扬于清代袁枚，光大于章学诚，扬波于龚自珍。而此种议论实有违宗经征圣的传统思想，若非豪杰之士、卓荦之才，有谁敢与传统大唱反调，显扬其说。即如时代晚于李贽的章学诚，提出此说尚且诚惶诚恐，不敢多言，他在《报孙渊如书》说：“此种议论，知骇俗下耳目，故不敢多言。”而龚自珍“生当文网严密的时代，敢于从‘至圣’、‘显圣’头下摘去神圣的光环，还他以述作家的本来面目，确实有些惊世骇俗”。[④] 由此可推知李贽在文化思想钳制非常严苛的时代，胆敢反对时人盲目的尊崇孔子，最先提出“六经皆史”之说，岂是惊世骇俗所能形容？李贽被视为异端，良有以也。而其卓绝的史识与为理想而奋斗不懈的精神，身处风雨中仍然挺进，誓死不屈的人格，千秋之下，益加令人敬佩。

2. 揭橥“时变”的历史观

李贽论述“六经皆史”中，提出了重视时变的历史观。他告诉我们“为道屡迁，变易匪常”，切忌定执拘泥，否定了经学的永恒性与孔子的神圣性。李贽认为历史是不断变化发展的时间流，对于历史学家来说，掌握时变，因应新事物是最重要的。因为在不同的时空下，历史的评论标准也必须相对地加以变化，而不应拿着一把古尺来量度现今的事物，否则必定格格不入而与时代脱节，失去了历史的现实意义。

---

④ 黄保真等著《中国文学理论史》第七编，页二一。

李贽在《藏书·世纪列传总目前论》说："人之是非，初无定质，人之是非人也，亦无定论。"否定了一切的是非标准，而提出可以并育并行的多元是非观，对于打破封建思想的垄断，实具有积极意义。他又说："夫是非之争也，……。昨日是而今日非矣，今日非而后日又是矣。使孔子复生于今日，又不知作如何是非矣。"诚然，历史的流变如岁月迁移，昼夜更替，不断地在变化，而是非的标准又岂能永久不变？每一位圣贤，每一本作品皆有其时代意义，但也有其局部限制，所以过去的是非标准不一定符合今日的需要。李贽不以孔子的是非为是非，即是站在时变的历史观而发的。他认为大家"咸以孔子的是非为是非"，所以也就没有真正合于当代的是非标准，何故？因为孔子虽然在春秋时代自有他的学术成就与事功，但到了两千多年后的明代中叶，不论社会、文化、政治等都已有巨大的变化。所以如果完全以孔子的话作为是非的标准而不知变通，则容易流为僵化的教条，拿这些教条来作为历史的标准，势必失去历史的真实生命，而无法使后人从历史中获取宝贵的鉴戒作用，这样的历史教育，不就失去了意义吗？因此李贽提出因应时变的是非观，并在《藏书》的编纂中实践他的理论，他的《藏书》乃选择汉以来至金、元的君臣名士，撮取他们的行事，分类定品，"一切断以己意，不必合于儒者相沿之是非"。⑤ 颇具有革新进步的史学思想，而这种思想的产生也是时代的需求。

试观李贽所处的时代封建制度已渐趋没落，社会动荡不安，内忧加剧，外患日紧，不论主客观情势均显现出朱明政权岌岌可危，天崩地解，似已为时不远。在这重重的危机中，李贽深切地感觉到救国救民一定要经世致用，而不能皓首穷经，食古不化，徒然陶醉于古典的美梦中而任由现实环境的恶化。李贽求新求变，务实尚

⑤ 《藏书·梅国桢序》。

用的“时变”史学观，就是在这种环境中诞生。因此李贽史学巨著——《藏书》所流贯其间的救世、用贤、尚事功、富国、强国等精神即是因时代的需要而发，也是其时变历史观的具体展现。因为唯有身担治国大任的官吏，能够真切领悟到“时变”的道理，才能以自己的“新变”，领导全国人民走向革新精进的道路，使国家转危为安，化险为夷，开拓出平坦的履道。所以李贽在《藏书·世纪列传总目后论》中恳切地呼吁“受人家国之托者，慎无刻舟求剑，托名为儒，求治而反乱”。对于儒者治国迂腐而不能顺应时变之弊提出忠告。他认为儒者不知学的原因在于他们不知变通，而往往学步失故，践迹而不能造其域，故终为名臣所嗤笑。李贽在《焚书》卷五《晁错》中也说：“夫治国之术多矣。若谓人尽不知术数，必欲其皆就己之术数，则亦岂谓之知数哉？”盖汉文帝有汉文帝之术，汉高祖有汉高祖之术，甚至于六家九流，凡是能挟以成功的，都有其真实一定的术，“只有儒者不知，故不可以语治”。他认为治国的方策最上策的是“因其时，用其术，世无定时，我无定术”。这就是所谓“与时消息而已不劳”的上策。至于上上之策，则是“不见其时，不知其术，时在则术在，而术不能违时；术在则时在，而时亦不能违术”。这种上上的治术也只有管仲等能因祸为福，转败为功的人才能做到。可见治国的要诀，在于因时因地而制宜，不必先存定术，只要时在则术在，时术能密切相合，即算是善治的人。李贽在歌颂管仲之善体时变外，也不禁对儒者的固执不知变通提出批评，他于《焚书》卷一《复周南士》中说：“若乃切切焉以求用，又不能委曲以济其用，操一己之绳墨，持先王之规矩。”这就好像手持方枘而放入圆凿孔中，不但扞格不入，且有折断之虞。儒者不能顺应时变，委曲求用，而空负切切求用的本心。是对自己的损失，也是国家的不幸。

李贽一生痛恨迂儒、俗儒、腐儒等迂远不切实际的儒者，就是因为他们固执而不知变通。而他所激赏的法家人物，如吴起、李悝、申不害、商鞅等就是因为他们能务实求变，顺应时代的需求，提出强国、富国的对策。基于时变的历史观，李贽对时文也相当肯定，他在《焚书》卷二《时文后序》说“时文者，今时取士之文也，非古也，然以今视古，古固非今；由后观今，今复为古。故曰文章与时高下”。他认为古今是相对的，文章也随着时代不同而各有佳作，其精光都可流传后世。那些认为时文只可以取士，不能行远的人，“非但不知文，亦且不知时矣”。李贽透过时变的审美观点，洞悉文章的形式虽然代有不同，但其人伦物理，则千古相同，故推知文章深层结构中的情理也是千古相同，所不同的只是时代精神而已。由此观之，五言诗兴起，则四言诗为古，唐代近体诗的产生，而五言诗又成为古诗，古今随时异俗。因此他认为各种文体之变皆有其时代意义，不一定要局限于传统的文学观。李贽在文学上肯定小说、戏曲等俗文学，也正是依据时变的历史观察。在这个史观下，任何神圣的作品都可能褪色，任何不被重视而具有时代精神的好作品都可能发光。李贽在“童心说”中对于小说戏曲等俗文学的肯定，及视六经、《论语》、《孟子》为“道学之口实，假人之渊薮”，也都是在“时变”的审美观点下所发挥的议论。可见“时变”的历史观，是李贽进步思想的精神命脉。李贽的思想能具有鲜活的生命，卓异的光彩，正因有此。

张大可在他主编的《历史文献学》中说：“明代史论数量很多，仅专著即达数百部以上，超过宋、元总合。但大都平庸说教，惟后朝李贽、张溥两人的史评有新鲜气息，为明代史论名家。”他又特别赞美李贽编著的《焚书》、《藏书》、《史纲评要》等评点作品，尤其主张“史以经世，反对空谈义理，破除理学藩篱，不同凡响”。故特别选出李贽为明代史学的代表人物。分析李贽获得推崇的理由，主要在其时变的历史观，因为透过这个观点，可以发现李贽的史学著作不但“有新鲜气息”，而且“不同凡响”。

3. 树立史学“求真”精神的典范

史学的纯真精神，可以说是史学的灵魂。魏收著史被称为“秽史”，就因失其纯真的精神，文天祥《正气歌》笔下的“在齐太史简，在晋董狐笔”等十二组可歌可泣、惊天地泣鬼神的英雄烈士，所表现的，也是历史纯真的精神。而齐太史与董狐，春秋史笔，定天下之是非，存天地之真情，其不畏强权，不怕恶势力，宁死不屈的精神，正是史学精神的最佳表现。历史因有此种纯真精神而珍贵，也因失此精神而贱秽，中国史学亦因此而傲视寰宇。历史纯真的精神，也充分显示出中国史学家的侠骨丹心，成为天地元气之所寄，正义的泉源。杜维运在《史学方法论》中揭露，从黄宗羲、万斯同、全祖望三位“可以看出中国史学家所表现的精神，不畏惧现实的势力，不轻献新朝的颂辞，为失败的一朝存实录，为少数有奇节的人物传信史”。⑥他们视人间的荣华富贵为过眼烟云，视天地之纯真为永恒的生命，所以刀锯鼎镬，也甘之如饴，甚至求之不可得。他又说：“史学家有此种精神，应称之为史学上的纯真精神……人类整部历史的真实性与价值，也全靠这种纯真的精神来维系。历史最大的特性，亦即历史的最大价值所在，在于真。”他认为纯真是历史最大的特性，也是最大的价值所在，历史失真即不成历史，史学家为了存历史之真献出一切，这应该是史学上最珍贵的精神了。杜维运这段话本来是颂扬黄宗羲、万斯同、全祖望三位史学家所表现的纯真精神。从这三位史家的表现，也可以映照出李贽纯真的史学精神。盖他们重视史学，冒死保存历史之真的精神，与李贽的精神

---

⑥ 第十六章《史学上的纯真精神》，华世出版社，六十八年十月。

正是一脉相承，前后相贯。

李贽纯真的史学精神，实由其务实求真的理念出发，与其文学重视“童心”思想之反传统精神是一以贯之的。为了维护历史之真，李贽毅然点燃了生命的火炬，燃烧自己，照亮历史之路。虽然迭遭挫折，屡经横逆，但他不但不避多事，并且坚持“宁义而饿，不忍苟饱，宁屈而死，不肯幸生”。⑦积极发挥“勇者不惧”、“志士不忘在沟壑，勇士不忘丧其元”的大无畏精神，不畏强权，不忍苟且偷生，置死生于度外。他说：“历观从古大丈夫、好汉尽是如此，……可以知我之不畏死矣，可以知我之不怕人矣，可以知我之不靠势矣。”为了公理正义的彰扬，坚决地挑起历史的重担，自反而缩，则勇往直前，不怕人、不靠势、不畏死。这种不移、不淫、不屈的大丈夫精神，正是由他“自量心上无邪，身上无非，形上无垢，影上无尘”。⑧光明坦荡，真实无妄的胸怀而生。正因他仰不愧天，俯不怍人，是以堂堂之阵，正正之旗与俗世交战，故能有正兵法度森严的纪律，是以无懈可击。李贽以高洁的性情，倔强不屈的个性，与光明坦荡的心，来钻研历史，故对于历史人物的评鉴，往往能够秉笔直书，一反传统对历史人物的看法，重新评定历史人物，虽然或因为历史观点之异而难免有所偏颇，但其自成一家之言，以补正史之未备，对历史的贡献实非浅小。其中，尤以史学的纯真精神，最堪为后代著史者之楷模。

他在《续焚书》卷一《与焦弱侯》说中写出了他读史的乐趣。他说：“山中寂寞无侣，时时取史册披阅，得与其人会觌，亦自快乐。”把读史与古人会面当成是人生的乐事，并非有志于博学宏词科啊！李贽读历史是不以成败论英雄，而注意到天地间的真精神，往往寄托在失败者与少数人身上。所以他读史不但重视赫然有名，

⑦《焚书》卷一《与城老》。

⑧《焚书》卷一《与周友山》。

为后世传诵不已的“大圣人”，对于被后人视为遗臭万年，绝无足录的大坏蛋，也肯定他们的“精神巧思”，自有令人心羡的地方。可以说全面的观察历史的真相，真正做到“不以言举人，不以言废人”的客观原则，一切以贯彻历史纯真的精神为依归。因为在他看来，历史的真有时会被乌云所掩蔽，致使史官失察；或小人有意栽赃，污蔑圣贤。因此他觉得史学纯真精神的追求，当责无旁贷，舍我其谁？李贽又说：“说真正圣贤，不免被人细摘，或以浮名传颂，而其实索然，自古至今多少冤曲，谁与辨雪！”李贽为了保存天地之真，发扬正义的精神，誓为千百年来沉冤莫辨的历史人物洗雪耻辱，这正是史学纯真精神最自然深刻的表现。为了找出“浮名传颂，其实索然”的历史投机客；为了平反被人细摘的真正圣贤，他眼观四路，耳听八方，全力以赴，极力搜寻，庶明真相，“故读史时真如与百千万人作对敌”那种紧张刺激，痛快淋漓的成就感与痛快感，李贽形容为“殊有绝致”，这是无法轻易告知的。

李贽以求真务实的精神读史，故他读史正如与千百人作对。不论考证搜讨，辨证厘清，分析归纳，比较综合，无不全神贯注，努力从事。其目的在为古今多少冤曲的历史人物辨雪，虽或因史观之有异而蒙受非议诋毁，然其纯真的历史精神，岂容抹杀？冒着生命危险，以维护历史之真，堪为中国史学家之典范，所谓“读圣贤书，所学何事”、“风檐展书读，古道照颜色”。凄凉悲壮的历史情怀自然流露。或因李贽预知以己之是非，非人之所是，必遭反噬，故《藏书》之命名即寓“藏诸名山，以俟来者”之意，他在《焚书·答焦漪园》说：“惟此一种系百年是非，……而欲与知音者一谈，是以呈去。”正说明此书关系着千百年来是非的重新评定，其中蕴藏着惊世骇俗的独特创见，是以只能与知音一谈，不能公开发表。

李贽对《藏书》用功特深，且视本书为“真实可喜”[9]之作，正因它实维系着千百年的是非，也是李贽精神之所系。因为在封建专制的时代，学者往往不便指陈个人的政治观与对封建的不满，更不能直陈时弊。姑且不论李贽的历史著作是否能真正完美无缺的呈现历史的实，但为了传达个人的政治理念和良知建言，同时发抒己愤，居然不惜以生命为历史存真实，此种精神是绝对可以肯定的。

正因李贽不忍见历史之失态，把真英雄画作软脚虾，真风流名士画作俗士，所以决心为历史补苴罅漏，洗却冤情，清除浮名传世的历史人物，重现历史的真面貌。李贽在《答焦漪园》中又说明“今不敢谓此书诸传皆已妥当，但以其是非堪受前人出气而已，断然不宜使俗士见之……若论著则不可改易”。李贽抉幽阐微，出以己意，给予历史人物重新定位，并希望本书为法家流传援引的著作。他告诉友人焦竑说其书中差讹甚多，惟兄斟酌行之。然而论著部分为其历史纯真精神所托，这是可以确定的。

李贽这种为历史存真的使命感，正是中国史学精神的彰显，清代浙抚李本晟给黄宗羲的信说：“本朝系顺天应人之举，而桀犬之吠尧者不必讳。既将勒成信史，必应阐幽抉微，以定千古爰书。”这是李贽为“法家传爰之书”的著史理想，得李、黄诸贤的发挥，异口同声，同为历史传真作见证，中国史学纯真的精神，永远流贯在滔滔不绝的历史长河中。

李贽纯真的史学精神，影响后代颇大，从张岱、黄宗羲、万斯同、全祖望等人的史学精神思想中，可以窥见中国史学家纯真的精神，他们不畏权贵，不慕名利，一心一意为历史存真相，为节义之士传信史，为了正义真理，生死又何足挂齿？杜维运先生说：“历史不可能全真，历史的最值得珍贵，却在于极近于真，所以史学家

⑨ 《焚书》卷一《答焦漪园》。

最主要的任务，是在尽可能将以往曾经发生的事实的真，以及事实与事实间相互的真正关系揭露出来，古今中外史学家所兢兢业业，惨淡经营者在此。”杜氏之言，正是李贽毕生辛勤钻研史学的真实写照，其史学巨著亦因此而作，是知李贽对于史学纯真精神的发扬，可谓尽心又尽力矣。明白此理，则对蔡尚思将李贽与司马迁并列为中国两大模范史家，[⑩] 自是真知灼见之定论。

主要参考资料

一、专著

《李温陵传》，李贽撰，文史哲出版社，一九七一年八月。

《卓吾二书》（《初潭集》、《史纲评要》），李贽撰，河洛图书出版社印行，一九七六年三月。

《初潭集》，李贽撰，汉京文化事业有限公司，一九八二年十二月。

《明灯道古录》，李贽、刘东星同撰，广文书局，一九八二年十二月。

《续藏书》，李贽撰，台湾，学生书局，一九八六年二月。

《焚书》、《续焚书》，李贽撰，汉京文化事业有限公司，一九八六年五月。

《藏书》，李贽撰，台湾，学生书局，一九八六年六月。

《孙子参同》，李贽撰，（《中国兵书集成》第十二册）辽宁书社，

⑩ 《李贽思想体系——汉后一位反旧传统的伟大思想家》，搜录于《李贽研究》。

一九九〇年十二月。
《九正易因》，李贽撰，（《续四库全书》第九册）上海古籍出版社，一九九五年。
《忠义水浒传全书》，李卓吾评阅，中研院傅斯年图书馆藏袁无涯刻本。
《儒教叛徒李卓吾》，吴泽撰，仲言出版社，一九四九年三月。
《李卓吾思想评介》，福建省晋江地区文物管理委员会编，一九七五年五月。
《李贽研究参考资料》（一、二、三辑），厦门大学历史系编、福建人民出版社，一九七六年六月。
《李温陵外纪》，潘曾纮编，伟文图书公司，一九七七年九月。
《李贽评传》，张建业撰，福建人民出版社，一九八一年六月。
《李贽研究》，张建业、许在全主编，泉州市社会科学联合会编，一九八九年五月。
《李贽散文选注》，张凡编注，北京师范学院出版，一九九一年十二月。
《李卓吾的佛学与世学》，林其贤撰，文津出版社，一九九二年四月。
《李蛰传——中国第一思想犯》，鄢烈山、朱建国著，中国人民出版社，一九九二年八月。
《李卓吾生平及其思想研究》，陈清辉撰，文津出版社，一九九二年十月。
《李贽年谱考略》，林海权著，福建人民出版社，一九九二年十一月。
《李贽与晚明文学思想》，左东岭，天津人民出版社，一九九七年三月。

二、论文

叶国庆：《李贽先世考》，《历史研究》一九五八年第二期，页七九—八四。

邱汉生：《泰州学的杰出思想家李贽》，《历史研究》一九六四年第一期，页一一五—一三二。
庆思：《李贽的尊法反孔思想》，《文物月刊》一九七四年第五期，页二一—二七。
陈泗东：《李贽的家世、故居及其妻墓碑——介绍新发现的有关李贽的文物》，《文物月刊》一九七五年第一期，页三四—四三。
林其泉：《略谈李贽对儒家反动历史观的批判》，《厦门大学学报》一九七六年第二期，页四八—五七。
朱恩彬：《李贽的思想与容与堂一百回刻本水游传评点》，《古代文学理论研究》第九辑，页三〇九—三二二，一九八四年四月。
郭豫适：《李贽》，《中国历代著名文学家评传》，页三五五—三九〇，吕慧鹃、刘坡、卢达编，山东教育出版社，一九八五年二月。
张兵：《李贽的“童心说”与龚自珍的文学思想》，《古代文学理论研究》第十辑，页二三一—二四九，一九八五年二月。
周作人著、钟叔和编《读初潭集》，《知堂书话》，页六五六—六六〇，岳麓书社，一九八六年四月。
欧阳代发：《论李贽对水浒传的批点》，《古代文学理论研究》第十二辑，页三一九—三三四，一九八七年十一月。
陈谦豫：《李贽》，《中国古代文论家评传》（下册），牟世金主编，页六八七—七〇三，中州出版社，一九八八年八月。
王先霈：《李贽初潭集、藏书及书答杂述中的小说观评述》，《中国文艺思想史论丛》（三），页二〇四—二一四，编委会，北京大学出版社，一九八八年六月。
敏泽：《李贽及叶昼》，《中国美学思想史》，页六三三—六四八，齐鲁书社，一九八九年八月。
陈谦豫：《李卓吾对小说戏曲理论批评的贡献》，《中国小说理论批评史》，页五三—六八，华东师范大学，一九八九年十月。

马积高：《王学的分化与李卓吾的反理学思想及其对文学的影响》，《宋明理学与王学》，页一三四—二一三，湖南师范大学出版社，一九八九年十月。
嵇文甫：《李卓吾与王学左派》，《左派王学》，页五五—八四，国文天地杂志社，一九九〇年四月。
杨国荣：《从良知说到童心说——王学向异端思想的演变》，《王学通论——从王阳明到熊十力》，页一五三——七一，上海三联书店，一九九〇年十二月。
池胜昌：《试论李贽“不以孔子之是非为是非”的观念史的意义》，《师大历史学报》第十九期，页一九七—二一四，一九九一年六月。
夏写时：《论李卓吾的戏剧批评》，《古代文学理论研究》第四期，页二六五—二八三，上海古籍出版社，一九九一年十月。
陈洪：《李贽在小说本体观与功用观上的突破》，《中国小说理论史》，页六五—八六，安徽文艺出版社，一九九二年九月。
孙昌武：《从“童心”到“性灵”——兼论文坛“狂禅”之风的蜕变》，《中国文学研究》，一九九三年第一期，页四五—五三。
孙长军、杨德贵：《李贽、龚自珍童心思想的多向辨析》，《信阳师范学院学报》（哲学社会科学版），一九九三年第一期，页八三—九一。
敏泽：《李贽、叶昼关于水游传的评论和评点》，《中国文学理论批评史》（下），页九〇三—九一六，吉林教育出版社，一九九三年三月。
梁希哲、姜建明：《李贽与十六世纪前的中国社会》，《吉林大学社会科学学报》，一九九三年第五期，页五〇—五七。
周裕锴：《童心说与性灵说》，《中国禅宗与诗歌》，页二四〇—二五〇，丽文文化出版社，一九九四年七月。

陈鼓应、辛冠洁、葛晋荣主编《李贽的叛逆精神和人本主义》,《明清实学简史》,页一八三——九九,一九九四年九月。
蔡钟翔:《论李贽的“以自然之为美”》,《中国人民大学学报》,一九九四年第二期,页一〇〇——〇六。
蔡尚思:《我要为中国大思想家李贽呼冤——李贽的批孔堪称天下第一》,《首都师范大学学报》(社会科学版),一九九四年第五期。
李大华:《阳明后学的异端品格与道家风骨——从李贽的“童心说”说起》,《广东社会科学》,一九九四年第五期,页七六—八一。
王利器:《李卓吾评郭勋本忠义水浒传之发现》,《河北师院学报》(社会科学版),一九九四年第三期,页一〇三—二〇。
张新洲:《从红楼梦看李贽对曹雪芹的影响》,《首都师范大学学报》(社会科学版),一九九五年第一期,页七九—八五。
左东岭、杨雷:《禅宗思想与李贽的童心说》,《郑州大学学报》(哲学社会科学版),一九九五年第五期,页一〇——六。
许金如:《近代自然人性论美学的晨辉——评李贽的美学思想》,《扬州师院学报》(社会科学版),一九九五年第一期,页四一—四四。
吴圣昔:《李贽评本二探——西游记版本探秘之一》,《明清小说研究季刊》,一九九五年第二期,页二七——二六。
敏泽:《简论李贽的思想及其杰出的历史性贡献》,《暨南学报》(哲社版),一九九五年五月第三期,页四四—五一。
陈清辉:《李卓吾美学思想析论》,《“国立”侨生大学先修班学报》第四期,页四七———二,一九九六年七月。
陈清辉:《李贽“童心说”微旨初探》,《“国立”侨生大学先修班学报》第五期,页一二七——七一,一九七七年七月。

高攀龙

傅武光　著

目　录

一、高攀龙的生平及其成学的一番经历

身为中国的知识分子，天生要扮演悲剧英雄的角色，不论环境是多么的艰困，都必须负起经国济民的重任。大学上高悬明明德、亲民、止于至善的目标，就是要塑造出格致诚正、修齐治平、一以贯之的完人，以为国家的中坚。明朝末年，主持东林书院的高攀龙，就是在这种模式中塑造出来的典型人物。

1.

高攀龙，字存之，号景逸。常州无锡（江苏无锡）人。生于明世宗嘉靖四十一年（公元一五六二年），卒于熹宗天启六年（一六二六年）。享年六十五岁。

2.

景逸的祖父静成公（名材），是个孝廉，做过浙江的黄岩县令，政声很好。高家的家风，由他开始振兴起来。父亲继成公（名德征），生了七个儿子，景逸排行第二。静成公有个弟弟，叫静逸公（名较），没有儿子。当景逸还在襁褓中的时候，静成公就将他抱给静逸公做嗣子。

景逸从小就显露出异于常人的禀赋，五、六岁时，嗣母拿水果饼饵给他，他就懂得屈身拱手去接。有时叫他自己去拿，他也从来不会违命多取。诚实端重，有如成人。

3.

神宗万历八年，十九岁，为邑诸生。后二年，中乡试举人，极为内阁大学士沈鲤所赏识，才一见面，便以“天下士”相期许。

万历十四年，二十五岁，这是影响景逸一生学问路向最具关键性的一年。这时县令李复阳与顾宪成在黉宫讲学，他跑去听了之后，对于圣人之学，非常向往。于是开始揣摩门路。他想，圣人之所以成圣，一定有个下手处。可是好久好久都揣摩不出。

一天看朱子《大学章句》，看到“入道之要莫如敬”的话，就专心致力于收敛心神，装出一副笃恭庄敬的样子；可是这样一来，反而觉得昏气郁塞，好像被绳索绑住似的，浑身不自在。然而才一放松，却又散漫如故。为此，他颇感彷徨失望。

过了一段时间，他忽然想起程子所说：“心要在腔子里”的话，心里很高兴；可是又不知“腔子”是指什么？急切之间，又找不到注释，颇感迷惘。后来偶然在小学中看到解释说：“腔子犹身子耳。”一时兴奋得不得了。因为这样一解说，方才局促在方寸之间的心，顿时扩充到全身；不再有拘碍的感觉，所以整个人马上轻松快活起来。

这时，有个名叫罗懋忠（号止庵）的学者，来跟他讲论李见罗（材）的学说。李见罗的学说，以“修身为本”为主，跟景逸当时所信守的相合，因此更确定了他的自信，不再有所怀疑。

4.

万历十七年，景逸二十八岁，成进士。这年，嗣父过世，他在家守丧三年。万历二十年，三十一岁，到京师谒选，朝廷给他做行人司的行人，职责是奉使出外，传宣王命。这是景逸步入宦途的开始。

面对浮沉莫测的宦海，景逸曾经作一番深切的内省，他希望借此立下做人处事的原则，以为航向宦海的船舵。在他对自己的内心做过一番透视之后，他发现自己平生“耻心最重”，对于羞恶之事，最感痛心疾首。他自信，凭此羞恶之心，率性而行，便可以对得起天地，对得起自己。于是他这样对自己发誓：“吾于道，未有所见，但依吾独知而行，是非好恶，无所为而发者，天启之矣。”这一信念，不仅在他渺茫的宦海中，为自己树立光明的灯塔，尤其是在他内心产生一股沛然莫之能御的力量。顿时他的胸怀开阔了起来，也把自己提升了起来，慨然要以自己的双肩，担当这个宇宙。他信任自己的心，好像小孩子信赖自己的父母，好像教徒信仰上帝和耶稣。自此以后景逸不论莅朝居官，或退处林下，都能直道而行、见义必为，这不能不说是这一信念所放射出的力量。

5.

就在这一年，他写了生平第一封奏疏给神宗，表现出他过人的眼光。原来有个做四川提学佥事的张世则，反对程朱之学，自己写了一本《大学古本初义》，上疏给神宗，大意说：“读《大学》古本而有悟，知程朱误人之甚。朱熹之学，专务尚博，不能诚意，成宋一代之风俗，议论多而成功少，天下卒于萎靡而不振。”因此请求下令废止，并建议以他那本《大学古本初义》颁行于天下所有的学校。景逸知道了这件事，十分骇异，就写了一封《崇正学辟异说疏》，他认为“儒者说经，不能无异同，而是非不容有乖谬；是非谬则万事谬矣。夫自孟子没而孔子之学无传，千四百年而始有宋儒周、程、张、朱得其正传而绝学复续，孔子之道至程朱而阐明殆尽，学孔子而必由程朱，正如入室而必繇户”。疏上之后，神宗很赞同他的看法，认为“有关世教”，就没有听信张世则的建议。

6.

《大学》改本与古本的问题，在明代产生了很大的争论，到今天还是无法解决的疑难。所谓改本，指朱子所作的《大学章句》。所谓古本，指《礼记》中的《大学》篇。朱子认为《大学》有错简，又有脱简，于是调整了许多文句的次序，又补了《格致传》。故后人称之为改本。到了王阳明，提倡良知之说，与朱子分道扬镳，对《大学》的解释，与朱子歧异尤大，譬如“亲民”之亲，不当做新，格物之义并不是即物穷理。总之，他认为《大学》没有错简，更没有脱简，本来就是一篇完整的文章，为了别于朱子的改本，他称自己所尊信的为“古本”。

张世则著《大学古本初义》，很明显的是尊信阳明那一派的说法。就《大学》论《大学》，所谓改本与古本，到底谁是谁非，孰优孰劣，这本是见仁见智的问题，正所谓“儒者说经，不能无异同”。但是，因此而说程朱之学不能诚意，坏乱风俗，则很显然是一大诬罔，说重一些，简直是挟门户的私见，作人身的攻击，这就是所谓“是非乖谬”了。景逸对此事，并不指责张世则意见有异同，而是从事实真相论是非，这是出于公义，出于本心之不容已。这也是他“耻心最重”，因而见义勇为的表现。由此也可看出景逸此时就已坚定地尊信程朱之学了。

7.

行人司衙门里，有很多藏书，一有空闲，他就恣意阅读，对于朱子和薛敬轩（瑄）的著作，更是读得细心；凡是有会心处，便立即摘录。一天读到薛敬轩“一字不可轻与人，一言不可轻许人，一笑不可轻假人”的话，他内心又受到很大的震撼，从此，这几句话就深深地烙印在他的心田里，每动一念，每做一事，必求无愧于这几句话才安心。薛敬轩是明朝初年的大儒，为学完全宗仰朱子，取朱子“知其性之所有而完之”之话，而提出“复性”的主张。以为为学的目的在复其性，方法则是“敬”。他这种主张，对景逸的思想发生很大的影响。

8.

景逸是个善于自省的人，无论读什么书，都要引到心上深思一下，证验一下。经过一番用功勤读之后，有一天，他又忽然猛省道：“读书虽多，不甚得力者，尊德性工夫少也。”因此他想起朱子“半日读书，半日静坐”的话来。也开始尝试着空出半日的时间来静坐，以涵养德性。无论家居、出游，每天都不忘这项工夫；或者在水边的石上，或者在茂林修竹的凉荫下，随处都在实验。

有一次静坐久了，深思所谓“闲邪存诚”的精义，觉得自己此刻已经完全没有邪念，整个心都透体晶莹，毫无沾染，一片是诚，并不须向别处另觅一个“诚”。他忽然觉得精神奔放，畅快淋漓，好像长年伏枥的骏马，脱了缰绳，获得大自由、大自在。至此，经由静坐而得到的“尊德性”的效验，让他亲自体证到了，他益发尊信朱子的学说，益发坚信圣人可学而至。从此“半日读书，半日静坐”就成了他所依循的不二法门。也由于静坐，更使他习于内省；而每一内省，都使他很自然地跳上人生更高的层面。景逸一生品学之完粹，最最得力处，就在于他不住的内省。

9.

万历二十一年，景逸三十二岁，这一年内阁首辅王锡爵一口气排挤掉不肯党附自己的官员，达六十余人之多；景逸义愤填膺，又写了一封《君相同心惜才远佞疏》给神宗。疏中痛责王锡爵私心太重，又斥及他的党羽郑材和杨应宿，请神宗加以罢黜。王锡爵看了这封奏疏，大怒，请旨将景逸贬到广东揭阳去做添注典史的小官。

10.

被贬之后，景逸回到了自己的家乡，先前在朝的那股慷慨激昂的义愤，渐渐地随着岁月的迁流而平静下来，而摆在眼前的现实——下一步该走的路，却是远赴广东的揭阳！我为什么要到揭阳？为什么“忠而被谤”？所谓天道，是耶？非耶？景逸困惑了。望着南天的白云，他陷入无边无涯的沉思。这时他清楚地感觉到，有一股不平之气，慢慢地从心田里升起。他形容自己此刻的感受是“胸中理欲交战，殊不宁帖”！

11.

第二年的秋天，景逸启程赴揭阳上任。他绝大部分是沿水路南下；没有水路的地方，才舍舟陆行。他歇脚的第一站是杭州。在那里，他结识了一个名叫陆粹明（号古樵）的学者。他是广东新会人，为人清苦澹默，终日静坐，有时甚至经月闭户不出。他的老师是潮阳的萧自麓，萧自麓又师事罗念庵（洪先），且又宗仰陈白沙（献章），所以他们师弟所讲的是主静之学，这与景逸主张静坐，不谋而合。因此景逸也从陆古樵的学问上得到很多启示，尤其服膺他所说的“只要立大本，一日有一日之力，一月有一月之力。务要静有定力，令我制事，毋使事制我”的话，因此他更确信静坐对涵养德性之重要性。

在杭州，他们一块儿游览西湖的景色，谈论了好几天。有一天，陆古樵问景逸：“本体如何？”景逸一时茫然，不知如何作答，只随便引《中庸》“无声无臭”的几句话应付应付；但自己心里明白，那是强不知以为知，并非真有所见。他觉得好难过好难过。那晚，月明如洗，照得山川姘丽妩媚。大伙坐在六和塔畔，举杯邀月，酣畅无比，可是景逸始终快乐不起来，好像受了什么拘束；纵然勉强鼓起兴致，而心神总不附贴。夜深别去之后，他又作一番深切的内省：为什么今日面对良辰美景，知己劝酬，而我却如此纳闷？想了又想，猛然发现，自己虽然读了很多书，但还是“于道全未有见，身心总无受用”。一下子，他又把从前的种种工夫，种种受用，全部否定掉了。事实上，以他的好学，以他的工夫，怎可能“全未有见”？只是他进步了，他正不断地一步一步往人生较高的层面跳升；每跳升一层，便不满方才所停留的那一层。好像登山，登上山腰，回望山麓，自然会有一阵新奇的喜悦；可是仰望山顶，又不满于山腰。景逸就是这样一味的对现有的成就感到不满，所以不断地使他的生命，往上升华。

经过这次反省，他内心又产生一股莫可抗遏的力量，要求他自己非要在这次谪居的历练中，彻底变化气质，看清自己的本来面目不可，否则“此生真负此身矣”。于是在次日南行的舟中，继续依循朱子“半日读书，半日静坐”的途径，立下课程，每日不断地用功。在静坐时，胸中有不妥贴的地方，便拿程朱所指示的法门，诸如“诚敬”、“主静”、“观喜怒哀乐未发之中”、“默坐澄心体认天理”等，一一试行，无论饮食、作息，都念念不忘。入夜也不解衣；倦了就和衣而睡；睡醒又坐，再将前面各法反复实行。渐渐的，他有时可以感觉到，心气和平，毫无杂念，全副精神充塞于天地之间；只是不能维持很久。

12.

景逸离了杭州以后，溯钱塘江而上，至常山，然后陆行。经过武夷山时，特地去拜谒朱子祠，以及朱子的高足蔡九峰（沈）祠，因这里的武夷精舍，就是从前朱子讲学的地方。对于朱子，景逸慕臆已深，此时来到他讲学的故址，髣髴时光倒流了四百年，而与这一代巨儒相晤于一堂。景逸内心所激起的，何止是“高山仰止”之情呢？

在此游览一番后，又取道延平、清流，而于九月中旬到达汀州。这段路程，山重水复，风景奇绝。他形容这时的感受是：“溪声鸟韵，茂树修篁，种种悦心，而心不着境。”可见他读书、静坐的工夫，正是积日有功呢。

13.

过了汀州，走了一段路，到一家旅舍住下来。这家旅舍，有一个小楼，前门面对青山，后檐濒临深涧，景逸登上小楼，面对月光下清美的山川景色，怡然忘倦。他信手拿起二程的语录，静静的阅读。忽然有一段话，猛烈地触动他的灵知，而引起巨大的共鸣。那段话说："百官万务兵革百万之众；饮水曲肱，乐在其中。万变俱在人，其实无一事。"他重复地念着。念着，念着，他忽然颔首微笑，一边合上书本，一边自语："原来如此，实无一事也。"一刹那间，他觉得自己的心扩大到无边无际，晶晶莹莹，坦坦荡荡；没有一丝念头，没有一丝挂累。先前胸中的理欲之战，至此完全平息。所显现的是一片太虚；日月星辰、山河大地，乃至整个宇宙都包罗在其中，一时分辨不出是我在宇宙中，还是宇宙在我心中。那种轻松快活之感，就好像卸下百斤重担，憩息于绿荫之下，有一种莫可言喻的清凉。就这么电光一闪，景逸看清了自己的本来面目。

14.

程朱学派的理学家，都很鄙夷人家说："悟"，认为那是禅宗的玩艺儿。像朱子自己，就毫不客气地批评象山的那一套是"葱岭带来的"。景逸尊信朱子，对于"悟"字，本来也非常忌讳。可是经过这一晚的亲身证验，景逸倒觉得那是一桩极平常，而且极重要的一段过程了。从此以后，他讲学不再忌讳说"悟"，反而认为"学必须悟，悟后方知痛痒"，"从此方好下工夫"。这是他志学以来，最大的收获，最大的转变。

本来探求人生真义与宇宙本源，有很多的途径。大部分的人总是走了运用理智的那条路；可是运用理智的结果，往往只制造出一些难以调理的名言概念；在这些名言概念之间，又引出无穷的问题，又须劳驾理智再引出许多名言概念来解决。如此循环无端，问题越引越多，终使理智自身穷于应付；而离所要追求的人生真义，越来越远。今天科学之进步，文明之发达，就是运用理智的总成绩。它对人类衣食住行方面的基本需求上，可说圆满的达成了任务；但这也止于对人类之追求美善，构成一助缘，并未使人类都提撕向上，认识了人生的真义与宇宙的本源。相反的，只见物欲横流，人心陷溺，有不可自拔之势。可见理智并不是万能的。

其实，在生命现象的现实世界，与性理本体的理想世界之间，并没有中间物隔断；但要由现实世界化为理想世界，却需要一段工夫。这段工夫，需要理智的运用，但运用到某一阶段，必须放下理智，而以自己的身心去证验。若缺少了这段体验工夫，则又如前面所述，陷入名言概念的胶漆之中。朱子讲学最重“格物”，要人“因其已知之理而益穷之，以求至乎其极”，这是属于运用理智的工夫。可是朱子又说：“至于用力之久，而一旦豁然贯通焉，则众物之表里精粗无不到，而吾心之全体大用无不明矣。”要达到“豁然贯通”的境地，自然需要经过身体心验的过程，而所谓“豁然贯通”，其实就是“悟”了。景逸学本朱子，所不同的就在朱子忌讳言“悟”，而景逸不讳言“悟”。

15.

景逸经过这一“悟”，所看到的“本来面目”是什么样子呢？原来“性上一物无有”，不可执着，若执着于某一事某一物，就是性上有了沾染与牵累；如执着于名，执着于利，执着于福泽等，就是性上受到名利福泽等物的沾染与牵累；既受沾染与牵累，便不能快活自在。不幸的是，人类一降生于世上，就掉入得失、成败、祸福、荣辱、贫富、贵贱、利害、生死等等无常的泥淖中，要使性上没有丝毫沾染与牵累，简直是不可能。所以人人都需要费一番工夫把这些沾染与牵累除去，以呈露他的本来面目；这样才能获得大快活、大自在。当然，这番工夫是十分艰苦的，必须不断的磨练，不断的涵养。一旦火候够了，自然就能像莲花一样，出污泥而不染，应物而不着于物，也就是程子所说的“物来顺应，物去不留”。到此境地，则不论是统领“百官万物，兵革百万之众”，或是退处林下“饮水曲肱”，都没有在我心上留下一点痕迹。所以无往而不“乐在其中”。就好像浮云掠过太空，虽一时纷纷扰扰，变化莫测；但过后仍是虚净澄明，一物不留。所以景逸曾说：“人想到死去一物无有，万念自然撇脱；然不如悟到性上一物无有，万念自无系累也。”他后来所以能够把生死看得很开，从容的殉国，就是得力于此一悟，见性见得真，工夫下得密啊！

16.

景逸自七月下旬启程南下之后，经过两个多月的跋涉，终于在九月下旬抵达揭阳。

揭阳位于广东东南靠海的地方，它的东邻就是潮州了。景逸在揭阳，除了在官舍中教读儒童的本分工作外，一方面仍然保持在舟中时所订下的规程——读书、静坐；一方面出游访友，讲学论道。其中谈得最相投的要数潮阳的萧自麓了。他就是先前在杭州所邂逅的陆古樵的老师。自麓之学，出于陈白沙与罗念庵，以主敬为宗。与景逸主张静坐，是同一路数。这无形中又给景逸增加了一份信心，证明他以静坐为涵养德性的方法是很正确的。

17.

景逸在揭阳待了差不多三个月，就乞差回乡去。临行，萧自麓对他说：“公当潜养数年，不可发露。前辈皆默用一阵坚苦工夫，故得成就耳。”景逸深以为然。

行至漳州，遇到当时很有名的学者李见罗。他是江西丰城人，这时因获罪遣戍于此，年纪已经很大了。见罗之学，拈出“止修”

二字为宗旨，教人“知修身为本而止之”。他认为浩然一身，禀自天地。其明德善性，与天地万物相贯通，是一纯粹至善；也是齐家治国平天下的根本。所以止于至善，就是止于心性之善；要发明心性之善，就要修身；知修身，就是知本。他这种主张是针对王学末流所谓现成良知而发的，意在匡救空讲而无实修的弊病。景逸与他谈论数日，印象十分深刻，后来他曾回忆这段经历，并赞佩地说：“李见老揭修身为本，于学者甚有益，故游其门者，俱切实可观，其于明宗（案李见罗以“修身为本”为学之宗）之旨，盖未尝不心服也。”景逸一生主张格物穷理，修身实践，固然是遵循朱子的老路；但也可以说受了李见罗很大的影响。

别了李见罗，又经过把月的长途旅行，终于在第二年的二月初，回到了无锡。这次回乡，在景逸的生命历程上，具有很深的意义；因为，从此景逸开始过他悠悠二十七年的隐居生涯——这时他才三十四岁。

18.

次年，他的生父与生母，相继去世，遗嘱将财产均分为七份（景逸七兄弟），景逸因自己另有嗣产，不肯接受，便把他所分得的那一份，设置“义田”，以赡养亲族。

办完父母亲的丧事后，景逸在太湖边上，盖了一座小楼，打算在此遯迹终老。他给这座新居取名叫“可楼”，意思是“无所不可”。他在那儿，除了读书、静坐之外，常常带着几个小童徜徉于湖上，往往十天半月才回来。就这样，他在太湖三万六千顷的碧波上，送走了无数的夕阳和素月。

19.

可是，读中国书是愈读愈不能忘怀天下国家的。圣贤的教训，千言万语，就是要拨开你心上的云霾与沾染，呈露出那人饥己饥、人溺己溺的责任心来。所以，虽然景逸过着悠游无争的日子；但他的心是血热的，他无时无刻不关心着国家的大计与社会的风教。

万历三十二年，他已经四十三岁了，上距揭阳之行，正满十年。在这遯隐的十个年头中，常与学者往返论学，结交了很多志同道合的朋友。其中与他关系最密切的，自然是他的同乡顾泾阳（宪成）、顾泾凡（允成）兄弟了。论学既久，跟随他们的学生也多了起来。最后他们感觉不能没有一个固定的讲学之所了，于是他们共同捐资醵金，就在无锡重建了东林书院。

东林书院原是北宋末年杨龟山（时）的讲学之所，龟山是二程的高足弟子，为程门开了"道南"一脉；南宋的朱子，就是他的三传嫡系弟子，景逸与顾泾阳兄弟所以选在东林故址复修书院，一方面固然是为了纪念龟山，另一方面也表示了他们讲学的宗旨，是尊信程朱的。

他们每月邀集江、浙一带的士绅学者在东林会讲三日，由景逸与泾阳轮流主持。每次开讲，总有数百人参加，情况越来越热烈，越来越盛大。

景逸感于当时学者在科举制度下"自幼以干禄为学，先文艺而后德行，俗根入髓，非顷刻可拔"。所以他主讲东林书院，以"收摄精神，主静立极"为主，教学生一方面要"埋头读书，使义理浃洽，变易其俗肠俗骨"；一方面要"澄神默坐，使尘妄消散，坚凝其正心正气"。这种主张对那些醉心于功名利禄而迷失本源的俗儒来说，真是一剂对症的药石。其实，这也还是他平日所遵行的"半日读书，半日静坐”的老法。他由此法深得受用，所以也拿此法来教人家。而参与东林讲会的学者，经过这番磨洗锻炼之后，也都能躬行实践，有为有守。像后来做吏科给事中的魏大中、官居御史的李应升等，都顶天立地，大节凛然，令人肃然起敬。

20.

在师友朋群的议论切磋之中，景逸在品德学问上，也不断地提升了自己的境界，他曾自述这段进学的程序说：“丙午（四十五岁），方信得孟子性善之旨。此性无古无今，无圣无凡，天地人只是一个。丁未（四十六岁），方实信程子鸢飞鱼跃，与必有事焉之旨，谓之性者，色色天然，非由人力，鸢飞鱼跃，谁则使之。勿忘勿助，尤为学者戒勉；若真机流行，弥漫布护，亘古亘今，间不容息，于何而忘，于何而助。辛亥（五十岁），方实信大学知本之旨。壬子（五十一岁），方实信中庸之旨。此道绝非名言可形，程子名之曰天理，阳明名之曰良知，总不若中庸二字为尽。中者停停当当；庸者，平平常常；有一毫走作，便不停当；有一毫造作，便非平常。本体如是，工夫如是，天地圣人，不能究竟。况于吾人，岂有涯际。勤物敦伦，谨言敏行，兢兢业业，毙而后已云尔。”至此，景逸的学问功力，已达到与圣贤相契合的境界。孔子自述：“四十而不惑，五十而知天命。”景逸可算是亦步亦趋了。

21.

在景逸、泾阳诸君子的苦心培灌下，四方前来参与讲会的学者，越来越多，东林的名气也越来越大，终于引起了朝廷的注意。尤其高、顾诸君子所讲的学问是内圣外王一以贯之的大道；本于读书人不容已的责任心，他们讲学的终极目标，自然要归宿到家国大计与世道人心上。他们为全民建立一个理想，拿这个理想来衡评当时的政治；他们也建立一个人格的标准，拿这个标准来裁量当时的人物。他们俨然在广大的社会与学术界中，树立起一个楷模，代表正义，代表理想，成为读书人向慕的中心。渐渐的他们形成一股清流，产生强大的风力，使得朝廷中的正人君子，不论前辈、晚辈、大官、小官，都与他们声气相通。像大学士叶向高、朱国祯、刘一燝，吏部尚书孙鑨、周嘉谟、赵南星，礼部尚书孙慎行，兵部尚书孙承宗，左都御史邹元标，副都御史杨涟，佥都御史左光斗等，都是朝廷的大员，而都与东林有关系。

但是，东林声势壮大的结果，却招来小人的忌恨。到了熹宗天启年间，东林已成了魏忠贤的死敌，而被诬指为“东林党”。于是朝廷的议论，不管正与不正，只要是对阉党不利的，魏忠贤便指倡议的人，为东林党人。事实上，东林诸君子并没有一个有形的组织，他们只是“以文会友，以友辅仁”，志同道合，群而不党。魏忠贤既以私人之念，目东林为党，自然他所谓的党人，未必个个都是与东林有关系的。天启五年，魏忠贤矫旨颁布的“东林党人榜”，人数多达三百零九人，其中就有少数几位与东林毫无关系；只因个人恩怨而被列入这张“黑名单”中。

这三百零九人里，已有二十一人，生平不可考。其余二百八十八人，绝大部分是进士出身。根据近人李棪先生所著的《东林党籍考》及《东林登科录》所考订，则自明世宗嘉靖二十三年（一五四四年），至熹宗天启二年（一六二二年），会试（进士试）共二十二次（科），上举可考的二百八十八人中，有二百六十六人是分别出身于这二十二科进士榜的。也就是说，在那七十年间，每一科都有进士加入了东林的行列中。由此可见高、顾诸君子风力之大，影响之深了。在倡议修复东林书院之初，泾阳已经五十五岁，而景逸年仅四十有三。两人携手主持了八年，泾阳就去世了。此后领导东林的责任，就落到景逸的身上，直到他去世前一年（六十四岁）书院被毁为止。所以，首先倡议修复东林的虽是泾阳；而主持讲会较久，并集其大成的却是景逸。

22.

光宗即位（一六二〇年），下诏起用贬谪诸臣，于是起用景逸为光禄寺丞。这时，景逸已近六十岁了。数数日子，他已在太湖的湖滨，度过了二十七年的漫长岁月。虽说中国传统的读书人对出处进退讲的是“穷则独善其身，达则兼善天下”，可以屈，可以伸；但无论如何，“兼善”才是读书人的本色，而“独善”是情不得已。要达而兼善，还比较容易；穷而独善，就需要一番修养工夫，才能做到了。以屈原之贤，被放之后，还难免“颜色憔悴，形容枯槁”；以柳宗元之才，被贬之余，也难免“摧心伤骨，若受锋刃”。可知穷而无怨，实在是难。然而景逸在他长期的放逐生涯中，不仅是毫无怨言，而且还能“屈肱饮水，乐在其中”。更难能的是书院讲学，砥砺德操，蔚为风气，影响一代学风与政治。孔子说：“孝乎惟孝，友于兄弟，施于有政，是亦为政，奚其为为政。”景逸真可谓当之无愧了。其所以能如此，全得力于他的“静”功，他曾说：“大圣贤必有大精神，其主静只在寻常日用；学者神短气浮，须数十年静力，方得厚聚深培。”就是这套主静工夫，使他涵养更深粹，而且数十年如一日。这也真不负萧自麓所嘱：“公当潜养数年，不可发露”的宝贵赠言了。

23.

天启改元（一六二一年），景逸由光禄寺丞，升为光禄少卿。这年春天，不断南侵的清兵，连续攻陷了东北的沈阳与辽阳。朝野震恐，京师戒严。天启二年（一六二二年）正月，清兵又攻陷了关外的重镇广宁，且连下四十余城。于是，辽东之地尽失，清兵迫在关外，危及京师。明廷人心惶惶，不知所措。景逸看出辽东之败，败在事权不一，经略与巡抚不合。因上《破格用人疏》，谓“非常之时，岂当守寻常之格”，建议“特设一防御大臣，专理守战”，并推荐当时任礼部右侍郎的孙承宗担当这个重任。熹宗采纳了他的建议，就命孙承宗督师，“经略山海关及蓟辽、天津、登莱军务。”果然孙承宗不负众望，在短期内就收复了广宁及辽河以西的失地。并且在他在职的四年之间，边事平静，清兵不敢再犯。足见景逸不但对局势深有识见，且有知人之明。

24.

同年四月，景逸上疏追论三大案。所谓三大案，就是梃击案、红丸案和移宫案；都发生于神宗晚年。原来神宗有两个儿子。长子朱常洛，为王贵妃所生；次子朱常洵，为郑贵妃所生。郑贵妃十分自私，而偏受专房之宠。长子常洛被立为太子后，她很不甘心，时时想害死常洛，以便由他的儿子入继大统。于是在万历四十三年五月，有一名叫张差的汉子，手持木棍，闯进皇太子所住的慈庆宫，打伤守门的宦官李鉴，走近大殿廊檐，被捕。这就是所谓的“梃击案”。

万历四十八年七月，神宗病逝。八月一日，太子常洛即位，改元泰昌，是为光宗（原定改次年为泰昌元年，后因光宗在位仅仅二十九天，于是群臣议定，八月以后，改称泰昌元年，以为纪念。次年，原定为泰昌元年，改称为天启元年）。光宗即位到了第五天，便得了病。宦官崔文升拿药给他吃，吃了反而更糟，一天一夜要大便三、四十次。病到八月二十九日，情况危急，鸿胪寺丞李可灼献上一颗红丸。他吃了获得暂时的安睡。黄昏时睡醒了，再吃一颗。睡到半夜，便去世。这就是所谓的“红丸”案。

光宗生前宠幸“李选侍”，按规矩光宗既死，李选侍应该搬出乾清宫，让新任的皇帝住；可是她没有搬。新即位的熹宗，仍旧住在慈庆宫。后经大学士刘一燝、吏部尚书周嘉谟、兵科都给事中杨琏与御史左光斗合力催促，李选侍不得已才搬出乾清宫。这就是所谓的“移宫”案。

景逸认为梃击一案，郑贵妃的弟弟郑国泰是主凶。郑国泰虽已经病死；但他的儿子郑养性，却仍留在京师，恐有异谋，应“将郑养性一家，发回原籍”。又认为红丸案的崔文升，是郑贵妃腹心。他进泻药，是“明以药弑”，函应“明正典刑”。此外，景逸又主张杀李如祯，因他勾结叛将李永芳，又“交关郑氏，计陷名将，杀百万军民，失地千里”。疏上之后，郑养性被勒令回籍，其他则不见下文。

不久，景逸由光禄少卿，改为太常少卿。再上《恭陈圣明务学之要疏》，又追究三大案，抨击去位不久的大学士方从哲，他说：“从哲之罪，非止红丸；其最大者，乃在交结郑国泰。国泰父子所以谋先帝者不一：始以张差之梃，继以美姝之进，终于文升之药；而从哲力左右之，培植其为郑氏者，锄击其不为郑氏者。一时若狂，知有郑氏而已；此贼臣也。讨贼则为陛下之孝，而说者乃曰为先帝隐讳则为孝，此大乱之道也。”当时方从哲虽已去位，可是他的门生党羽在朝廷上仍有势力；摘取疏中“不孝”诸语，激怒熹宗，传旨“高攀龙诬朕不孝”，将加重谴，赖首辅叶向高援救，乃罚俸一年。

不久，又改大理少卿。这时左都御史邹元标，由于在京师创办了“首善书院”，聚徒讲学，被三个党附魏忠贤的给事中连疏攻讦，辞职回乡。景逸因为也参加过首善书院的讲会，乃自请与邹元标同罢，结果得旨慰留。没多久，又晋升为太仆卿。

25.

景逸是本着一腔报国的热忱与高远的理想踏入仕途的；可是纪纲的废弛，小人的肆无忌惮，太使他寒心了。回想从前退居林下，讲学论道的悠游日子，他不禁感叹的说道：“宦情秋露，学境春风。”他想，与其在宦海浮沉而不能实现自己的抱负，还不如传道授业，以厚培元气，默移世运。于是在天启三年（六十二岁）的春天，他又讨个差事还乡去了。归途寂寥，写了一本《周易孔义》。从前在东林与钱启新讲《易经》，就想把讲义写定成书的；但没有如愿，至此乃得完成。回到无锡后，又在东林书院主持讲会。

26.

乡居数月，朝廷又起用景逸为刑部右侍郎。景逸力辞，不允。这时魏忠贤已大权在握；倾陷正人，无所不为。于是大学士叶向高、吏部尚书赵南星、吏科都给事中魏大中沆瀣一气，共同对付魏忠贤，但仍然无奈他何。

天启四年，景逸六十三岁，六月，左副都御史杨琏弹劾魏忠贤二十四大罪，被严旨切责。稍后，又被削职为民。八月，拜景逸为左都御史。这是都察院的最高长官，与六部尚书并列为“七卿”；

而当时的吏部尚书赵南星正是景逸的座师。景逸认为“师生不可分掌部院”，上疏恳辞，不允。

对于政治，景逸向有两大主张，第一，在兴利方面，最重抡才。因为人才为政治之本。第二，在除弊方面，首在惩贪。因为贪官是百姓之蠹。现在做了左都御史，惩贪更是他分内之事。在他上任不久，就办了一件大快人心的案子。就是重惩巨奸崔呈秀。崔呈秀是进士出身的一名御史，却贪狠卑劣，甘居下流，他“巡按淮阳”时，作威作福，贪赃枉法。强盗被捕的，“每名得贿三千金则放”；不肖官吏应弹劾的，“多以贿免”；不应推荐的“多以贿荐”。行踪所到，“透支至一万四千两，各县赔补，不胜其苦”，“淮阳士民，无不谓：自来巡方御史，未尝有如呈秀之贪污者”。景逸把这些罪状一一揭发出来，送交吏部议处。吏部尚书奏请将崔充军，得旨：“革职候勘。”崔赶紧跑去看魏忠贤，拜魏忠贤为义父。至此魏崔二奸，视赵南星与高景逸为眼中钉，不拔掉不快。

同年（天启四年）十月，赵南星奏请以太常卿谢应祥补山西巡抚。魏忠贤的另一走狗大学士魏广微，叫御史陈九畴参他一本，说吏科都给事中魏大中是谢应祥的门生。魏大中替谢向吏部文选郎夏嘉遇运动，所以谢才被赵南星奏荐为山西巡抚，可见魏、夏二人徇私，应当罢斥。二人上疏答辩，陈九畴再疏攻讦。于是交下吏部与都察院核议。赵南星与高景逸都说：“大中、嘉遇无私，九畴妄言不可听。”魏忠贤大怒，矫旨罢黜魏、夏二人，并黜九畴。又责赵南星与高景逸等朋谋结党。于是赵南星引罪求去，魏忠贤又矫旨切责，放归。次日，景逸也引罪辞职而去。总计景逸做左都御史，只有两个月。

27.

天启五年三月，魏忠贤借汪文言的案子，逮前副都御史杨琏、佥都御史左光斗、吏科都给事中魏大中、御史袁化中、太仆少卿周朝瑞、陕西按察副使顾大章等六人。他们的共同罪名是受过熊廷弼的贿赂。经过几个月的屈打追赃，六人相继惨死于狱中。魏忠贤觉得还不够，又要栽赃给景逸，幸赖锦衣卫吴孟明“以百口保”，才免被逮。

这时的魏忠贤，早已是大权在握，势倾朝野了。他之所以能如此，主要得力于三个自甘堕落的进士，即崔呈秀、魏广微和顾秉谦。崔呈秀更是小人之尤。魏忠贤在他还没来投奔以前，还不敢太放肆；有了他作干儿子，就肆无忌惮了。崔投靠魏忠贤之后，不但“毋庸候勘”，反而从此平步青云，直做到兵部尚书，兼左都御史，并获太子太傅的加官。他做了几本名册，献给魏忠贤，一本叫《同志录》，录的是所谓东林党人；一本叫《天鉴录》，录的是反对东林党的人。魏忠贤就凭这两本名册来黜陟百官。于是无耻之徒，都向崔呈秀“暮夜乞怜”，以致“其门如市”。而朝廷也就“善类为之一空”了。魏广微则做一本《缙绅便览》，把正人列为邪党，把邪党列为正人。也献给魏忠贤作为黜陟人才的参考。顾秉谦则替魏忠贤主编《三朝要典》，颠倒三大案的是非，极尽诋毁东林之能事。其中论“移宫”一案，竟说：“杨琏等内结王安，故重选侍之罪，以张翊戴之功。”遂以杨琏为“移宫”一案的罪首，而想将他开棺戮尸。于是南京御史游凤翔上疏攻讦景逸，硬说他挟私排挤，也是移宫案中的罪魁。因此景逸被削籍为民。这是天启五年夏秋间的事。接着，在同年八月魏忠贤又矫旨毁天下书院。东林遂成瓦砾之区。

28.

景逸自辞官归里后，屏迹湖滨，读《易》自遣，又过他从前那段优游的日子。几十年的学力与静功，早已使他脱然无累。虽穷居林下，也过得十分开心；所谓富贵利达，荣辱生死，只如太空浮云；任他千变万化，也不着痕迹。景逸的心，此时就像广大的太空，清明虚净，任他多少浮云掠过，总无挂搭系累。当削籍的消息传来时，景逸若无其事欣然说道：“非此，异日无以见诸公于地下。”的确，生死都看开了，功名又算什么呢？

可怜那些附膻逐臭、陷入权欲深渊的小人，还不断地制造罪恶。虽然景逸已罢官削籍，崔呈秀仍然私忿未消，必欲杀之而后已。又与魏忠贤合谋，借“提督苏杭织造”太监李实之名，诬劾前应天巡抚周起元及景逸等，共七人，说：“周起元为巡抚时吞没帑金十余万，日与高攀龙等往来讲学。”另外五人是吏部员外郎周顺昌、谕德缪昌期、御史李应升、周宗建、黄尊素，他们的罪名是与周起元朋分赃款。于是魏忠贤又矫旨遣“缇骑”四出逮捕。

天启六年三月，家住吴江的周宗建与常熟的缪昌期，相继被逮。景逸获悉了这个消息，预料自己也必不能免，但他还是从容如常，不露一丝声色。

到了三月十六日那天，景逸一早就到道南祠，作文一篇祭告杨龟山。回来后，跟几位好友在后园赏花，谈笑自若。就在此时，忽然又传来缇骑出现的消息，景逸说：“果然料得不错。”那晚，祖孙父子相聚，小酌一番，景逸还是像平常一样蔼然可亲。对于家事，也没作什么吩咐，只说：“吾有赡田二百亩，售之，可当缇骑费，俟天明，肃然就道耳。儿辈各归寝，吾亦安枕矣。”到了半夜，又再度传来缇骑的消息。景逸起身，问清楚后，步入书斋，取纸写了几行字，装入封袋，封好；放在一个小箱子里。然后转到夫人那儿谈了一会儿。又把两个孙子唤醒，叫到自己寝室，告诉他们说：“吾此行，未卜归期，叮咛汝者只四字曰‘无贻祖羞’而已。”说完，从小箱里取出刚才那个封装，放在几案上，吩咐道：“以此付官旗，勿先启视。”两孙退出后，寝室门就关上了。起初家人以为他已上床就寝；可是过了好久都没听到一丝声响，家人才觉得不对劲；推开寝门一看，人去床空，灯影孤寂。到处去找，也没找到，乃赶紧拆开几案上的封袋来看，原来是封遗表。上写：

臣虽削夺，旧系大臣。大臣受辱则辱国。故北向叩头，从屈平之遗则。君恩未报，结愿来生。臣攀龙垂绝书。乞使者特此报皇上。

又有一封别友人书云：

仆得从李元礼、范孟博游矣。一生学问，到此亦得少力。心如太虚，本无生死，何幻质之足恋乎！

诸子读了，惊骇万分。赶紧从旁门奔到池边；可是已经来不及了！一代大儒、一代忠臣就在他六十五岁之年，视死如归地步屈原之后，付出了他的一切。时间是三月十七日凌晨。

第二天魏忠贤所派的缇骑，便到了无锡。景逸能在缇骑到达之前从容殉国，免于被辱，也真可算是“至诚前知”了。如今虽然时隔三百五十年，可是读了那封可歌可泣的遗表，仍教人追悼于无已。

二、高景逸所处的时代

北宋兴起的新儒学——所谓理学，发展到南宋，便形成朱、陆两大派平分江汉的局面。此后朱、陆之争愈演愈烈。直到近世，都没有宁息。所以元、明两朝的学术思想，可以说完全是宋学的延续。说得直捷一点，就是朱、陆二派的延续。

由于元仁宗皇庆二年（一三一三年）诏取朱子《四书集注》为考试的标准，所以朱学始终受到学子普遍的重视；但为了利禄而重视朱学，这对朱学并没有什么帮助。真正研究朱学而有成就的人，也并不是受了科第的引诱才研究。而主张陆学的人更是公然与朝廷的功令相反对，思想的种子并不因政令的笼罩而断其生机。这是中国学术思想所以能不断新生的道理。所以尽管朱学变成了官学；陆学仍然足与分庭抗礼。

明代初期，朱学占了上风，像吴康斋（与弼）、胡敬斋（居仁）、薛敬轩诸儒，都是朱学的后劲。到了中叶，王阳明起来，遥接象山的薪火，以万丈的光芒，照亮了半个天边，举世仰为泰山北斗。当时虽有罗整庵（钦顺）、吕泾野（柟），为朱学之重镇；但相形之下，也显得黯淡无光了。此后，王门弟子遍布天下，阳明虽殁，而声势益张。于是整个学界，只知有陆、王，不知有程、朱，这是明代中晚期（嘉靖中叶至万历中叶的七十年间）的情形。

阳明之学，所以能风靡天下，是由于良知之说精义入神，而又简易直捷。在阳明个人，也确然是孤诣独造，而有其真知灼见，所以能笃信力行，树立风标。但阳明之良知，是从居夷处困、百死千难中磨洗出来的；他的弟子们“既非先生百年一出之人豪，又非先生万死一生之学力”，自然对良知的体认，绝没有像他这样真切，这样深刻。所以到了弟子们的身上，“往往掠其便以济其私，人人自谓得孔子真面目，而不知愈失其真精神”。于是那从百死千难中体验出来的良知，就变成“现成良知”了。

王学之风行天下，主要得力于泰州（王艮）与龙溪（王畿），因为他们到处讲学，把良知之说平民化；但也由于他们二人而渐失王学的真传，因为他们都是讲“现成良知”“不学不虑”的人。龙溪力主“四无”之说，认为“心意知物”都是“无善无恶”。泰州则主“不学不虑”，不着“致”字工夫。尤其是泰州一派，从徐波石（樾），而颜山农（钧），而何心隐（本名梁汝元）、而李卓吾（贽），愈来愈放纵，至于破坏名教，蔑视伦常。即以李卓吾为例，他曾说：“酒色财气，不碍菩提路，”实在不像个读书人了。当时礼科给事中张问达上疏劾他“与无良辈游庵院，挟妓女白昼同浴，勾引士人妻女入庵讲法，至有携衾枕而宿者，一境如狂”。可见其妄诞之一斑了。李卓吾曾受业于王艮的儿子王襞，又私淑王艮的三传弟子罗近溪（汝芳）。何心隐则是王艮的三传弟子，都是王学的嫡传，而也都改变了王学的面目。何心隐卒时，景逸十八岁；李卓吾卒时，景逸四十一岁。可见他们与景逸是先后同时的。

此外，与景逸同时的，还有胡庐山（直），他明白承认佛教“三界唯心”的见解。还有耿天台（定向），认为“良知现现成成”，梨洲说他“于佛学，半信半不信”。还有管东溟（志道），步龙溪之后，倡统一三教之说（王畿作《三教堂记》，早有融合三教之论）。

总之，景逸所处的时代，是一个王学末流百弊丛生的时代。纯正的儒学，因任心废学而流为狂禅；驯至正学不明，世风日下。景逸对他自己所处的时代，了解得很清楚，他说："今其弊略见矣，始也扫闻见以明心耳，究且任心而废学。于是乎诗书礼乐轻而士鲜实悟。始也扫善恶以空念耳，究且任空而废行。于是乎明节忠义轻而士鲜实修。"景逸看出，导致这种学风的关键，在于"扫闻见以明心"与"扫善恶以空念"，前者是批评阳明"致知不在格物"；后者是批评"无善无恶心之体"之说，就因"不本于格物"，所以遂认明德为"无善无恶"，这是阳明立教不慎所致的。要救此弊，针对前者，则要"格物"；针对后者，则要"明善"。他认为性是绝对至善，要明此至善之性，则要从格物入手。因为"由格物而入者，其学实；不由格物而入者，其学虚"，而"毕竟实病易消，虚病难补"。这些见解，都是朱子的那一路。景逸早年就喜读朱子之书，也景仰学宗朱子的薛敬轩，后来看出王学的种种流弊，更坚信只有朱学才能救此弊病。所以他和顾泾阳在东林讲学，一以朱子为宗，做了由王返朱的先锋。

三、学术思想

景逸为学，一以儒家为宗，深湛纯粹，而涵盖甚广，兹撮其大要，分就复性、格物、静坐、实践、修与悟五端加以论述。复性一端，是其为学目的；格物以下，则是为学方法。

1. 复性

（一）

复性一词，在唐李翱之作《复性书》首先提出，明初薛敬轩也拈“复性”为宗旨，但薛之倡复性说，是根据朱子《大学章句·序》“知其性之所有而全之”以及“治而教之，以复其性”等语而来。景逸于宋代大儒最重朱子，于明代大儒最重薛敬轩，所以他也倡复性之说，以为学问之宗旨。

他说：

圣人之学，复其性而已。（《高子遗书》［下简称《遗书》］卷九《尊闻录序》）

又说：

学问起头要知性，中间要复性，了手要尽性，只一性而已。（《遗书》卷八下《与许涵淳书》）

其他类此言语，在遗书中俯拾皆是，可见景逸对性的重视。

（二）

其实这是一个谈论了两千年的老问题，到底性是什么？性是善是恶？见仁见智，人各为说。但是景逸认为性是一切学问的根本，“本立而道生”，所以非要把性的问题弄清楚，从而在性上立大根定大本不可。而他对这个问题，也确有真知孤诣，而建立起百世不惑的学说。

他处理这个问题，分三个层次，就是“起头要知性，中间要复性，了手要尽性”。

知性，是要了解性的本来面目是怎样。复性，是要恢复性的本来面目。尽性，则是要充分发挥性的作用。知性的目的在复性；复性的工夫做到极致，则尽性之功，已在其中。所以景逸特拈复性二字作为为学的宗旨。

（三）

先说知性。

究竟性的本来面目，是怎样的呢？他说：

夫性，善而已矣。（《遗书》卷九《曹真予先生仰节堂集序》）

这还是根据孟子而来的传统说法，但孟子道性善，其立论根据还嫌粗略。景逸则另找较为细密而有系统的理论根据来解释。他的根据是：

征之孔子，所成之性，即所继之善也。（《遗书》卷九《方本庵先生性善绎》）

这是指《易经·系辞传》而言，易传原文说：

一阴一阳之谓道，继之者善也，成之者性也。

这是由宇宙界讲到人生界，由天道推证人性，并且说明两者之间的关系。此外，景逸也常引《中庸》之言以作论证；《中庸》首章云：

天命之谓性，率性之谓道。

这也是从先天的基础上，给性善说立下理论根据的。正可与易传之言相发明。

原来中国人认为，整个宇宙，是一个有机体。天地万物之生生不息，就是生机流行的现象，此生机就是宇宙的本源，称之为道。所谓“一阴一阳之谓道”，是说道是由一阴一阳和谐的运动变化而呈见。所谓“继之者善”，是说能继此和谐的运动变化而不息，使其永永呈见，不断地起创生作用，便是善。

那么，假如只有孤阴或孤阳，便不能起变化；或阴阳虽具而不和谐，也不能起创生作用，也就无以见“道”，生机就要停息，宇宙就要断灭，如此就是不善了。

可知宇宙万象虽复杂，而其本源是谐和而统一的，宇宙万象之生生不息，和谐运行，就是所继之善，所以景逸说：

善即生生之易也。(《遗书》卷八上《答冯少墟书》)

降到人生界来说，人为万物之一，如能继此和谐之道与万物和谐相处，与同类相亲相爱，便是善。若互相争斗，残及物类，便是违背天道，便是不善。

究竟人类的想望，是要和谐相处，相亲相爱呢？还是互相斗争残害呢？张横渠说：“民吾同胞，物吾与也。”王阳明说：“大人者，以天地万物为一体者也；其视天下犹一家，中国犹一人焉。”大凡中国的圣哲，都有民胞物与的伟大怀抱，而期于“与天地合其德，与日月合其明，与鬼神合其吉凶”。他们认为只有人类才有此德性，也只有人类才能自觉其有此德性，而情不容已地要发扬此德性。

此性实禀自于天，故曰："天命之谓性。"天就是道，也就是创生万物的生机。此生机在个体形成时，便内具于人类而为其性，此性能继一阴一阳之道而起创生作用，这就是善。故曰："继之者善也。"此性充分发挥，便是道的再现，故曰："率性之谓道。"

可见是先有生生不息之善，然后有内具于个体之性，故景逸说：

善即生生之易也。有善而后有性；学者不明善，故不知性也。(《遗书》卷八上《答冯少墟书》)

既然性自善出，当然性也就是善了。所以景逸很肯定地说：

夫性，善而已矣！以其为人之本色，无纤毫欠缺，无纤毫污染，而谓之善也。(《遗书》卷九《曹真予先生仰节堂集序》)

又说：

人性万物皆备，原不落空；人性本无一物，不容执着。(《遗书》卷八上《答吕剑潭书》)

由于性禀自于天，具备了创造道德的生机，所以说"万物皆备"、"无纤毫欠缺"；但性又无形体、无声臭，所以说"本无一物"、"无纤毫污染"。因此景逸常说："性上不容一物"、"性上一物无有。"有，便是私欲，而非本色。他称此无纤毫欠缺、无纤毫污染之性为天地之性。这是根据张横渠说的。

但，性是形体既成以后始有之名。它既内具于形体，便堕入气质之中，成为“气质之性”，而非“天地之性”了。因为性是不能单独存在的；它必须借气质来呈现。而气又有清浊厚薄之不同，所以透过气质而表现出来的气质之性，也有种种不同的品类，除了极少数聪明睿智、先知先觉的圣人能表现出天地之性的本来面目之外，以下的人都走了样，有了偏差。因为在气质所构成的形体中，有嗜欲、有好恶。于是贫富、贵贱、成败、得失、祸福、荣辱、利害、生死种种问题由此发生；种种计较，由此引起。每一样计较都像一条麻绳，将天地之性紧紧绑住，那气质越是薄浊的，越是被它绑得紧。于是原来“无纤毫欠缺”的，现在失去了它主宰的地位；原来“无纤毫污染”的，现在被熏染得乌烟瘴气，因而完全失去了它的本来面目。所以，所谓天地之性，只存在于“人生而静以上”（即先天）；至有生以后，则天地之性就变为气质之性了。了解了这一层，就知道一个人品德不好，是受气质拘蔽的结果，而不是本性不善。故景逸说：

明乎气质之性，而后知天下有自幼不善者，气质而非性也。（《遗书》卷三《气质说》）

气质不好是可以改变的，改变得彻底，则气质之性即为天地之性。改变之道，则在于学；学主于明善，“一明善，随他不好气质，当下点铁成金”。（同上）故曰：“学以变化气质为主”，“天地之性非学不复”。（同上）

（四）

由此便牵连到第二个层次，即“复性”的工夫了。

既然性是绝对至善，“无纤毫欠缺，无纤毫污染”；则有所欠缺，或有所污染，便非性的本来面目，而是受气质拘蔽的缘故。景逸说：

吾性本来清净无物，不可自生缠扰；吾性本来完全具足，不可自疑亏欠；吾性本来荡平正直，不可自作迂曲；吾性本来广大无垠，不可自为局促；吾性本来光明照朗，不可自为迷昧；吾性本来易简直截，不可自增造作。(《遗书》卷一《语》)

所谓缠扰、亏欠、迂曲、局促、迷昧、造作，都是被富贵利达、祸福生死等种种计较捆缚所致，而这种种计较，又都起于气质的嗜欲与好恶，非天地之性所原有；所谓“性上一物无有”，即是说性上原无富贵利达，也无祸福生死。既非性上所原有，便是私欲，所以“不容执着”。一执着就汲汲营营自生缠扰，自为迷昧。这样就是“惹事”。究其本原，都是私欲作祟。

复性正是要去除私欲，“不要惹事”。所以景逸说：

学也者，去其欲以复其性也，必有事以复于无事也。(《遗书》卷九《东林会约序》)

对天地之性来说，私欲是有生以后添出来的，复性正是要把添出来的一件一件地减去，直到减无可减为止；他说：

人生而静时，胸中何曾有一物来。其营营扰扰者，皆有知识以后，日添出来，非其本然也。既是添来，今宜减去，减之又减，以至于减无可减，方始是性，方始是善。(《遗书》卷三《为善说》)

就像剥笋，富贵利达与祸福生死等等计较，好比一片片的笋壳；天地之性好比笋心；笋壳剥尽，笋心便裸露出来，私欲除尽，天地之性才呈露无隐。所以说：“无欲便是性。”

这个地方用“增减”来说明善性与气质的关系。很容易引起误会，以为善性与气质是完全对立的两物；其实不是。善性借气质而表现，没有气质，善性就无由呈露。反之，没有善性，气质便没有创生作用。所以说：“天地之道，为物不二，故性即是气，气即成质。”(《遗书》卷三《气质说》) 也就是说性与气质，原是一体，原是一物。

如此说来，由气质而来的好恶，本来也是为表现其善性而设，不一定是坏。孔子说：“唯仁者能好人，能恶人。”可见只有仁者的好恶，才能公正无偏。一般人则因气质薄劣之故，常会放失本心，失去主宰，而致好恶偏颇。偏颇便是私欲。所以去私欲的根本工夫，只在端正好恶。每生一念，便要问：“我这好恶，还从吾君吾民上起念否？还只在自家意见上异同、躯壳上通碍起念否？”(《遗书》卷三《好恶说》) 假如是前者，则是公义；假如是后者，便是私欲。是公义，则断然行之，是私欲，则断然去之。

能够这样想，就是一种内省工夫。就在想的当时，放失的本心，便已收回，而恢复其主宰的地位，产生创造道德的作用。所以反省的本身，就是收放心的过程。放心一收，自然公私分明，好恶端正。所以说：“只此念，已向仁路上来，不患其不能好恶矣。”(《遗书》卷三《好恶说》)

不断地内省，不断地收放心，气质便逐渐地澄明。澄明到极点，天地之性便完全呈露。到此境界，不仅气质是善，就是好恶也是本色，正如孔子所说的“从心所欲，不踰矩”了。所以景逸很重视收放心的工夫，他说：

何以复性也？孟子曰：“尽其心者，知其性也。学问之道无他，求其放心而已矣。”是所繇以复之之道也。(《遗书》卷九《尊闻录序》)

可见复性之道，虽在变化气质，正其好恶；而尤其根本的，还是在“收放心”的工夫上。

（五）

放心收回了。在本心的主宰下，好恶正了。一件件的私欲剥落了。天地之性呈露了。但，复性的工夫并不是到此就尽了。这只是一个端绪。因为性是有创生作用的，要让它不断地创造道德，才算真正复了它的本来面目。

所以此后还要尽性。

景逸对他所体认的至善之性，常拿“本无一物”、“不容一物”、“其实无一事”诸语来说明。所以教人“不要惹事”，必须“有事以复于无事”。这也很容易引起误会，以为性与事物，势不两立，必须脱离事物，才能复性尽性。其实正好相反。

性借气质而显，而气质引生事物，故性亦必透过事物而表现。脱理事物，性无由见。所以性要在事物上复，更要从事物上尽。景逸之所谓“不容一物”、“不要惹事”只是说应付事物，而不累于事物。若应事而被事所累，便不是出于本心之自然，而是有所安排，有所造作，有所执着。这样就是“惹事”。换句话说，就是私欲作祟，好恶失正。因为“凡天理，自然通畅和乐；有不通畅处，皆私欲也”。（《遗书》卷八上《与吴子往》）假如应付事物，本心做得主宰，好恶出于至公，则无论“百官万物”、“兵革百万之众”如何纷至沓来，也都无累于心。因为那是出于本心自然地流露，不涉安排，不假造作，无所执着。虽然“有事”，也好像“无事”一般。这就是程子所说的“物来顺应，物去不留”。景逸也说：“循理便无事。”（《遗书》卷八上《致泾阳书》）

由此可知，尽性必须在“应事”上尽。而其关键则尤在于如何使“有事”以复于“无事”。究极言之，其工夫只在克除私欲；私欲去尽之日，便是天地之性完全呈露之时。而所谓克除私欲，则只在应事时，自审其好恶之机，务令出于公义而已；出于公义即是循理而行，是本心的自然流露。至此境界，便是天地之性已复。但此项工夫却不能即此而停止。稍有怠忽，则私欲又起。所以复性之后，要长保此性之光明澄澈。等到工夫纯熟，天理流行，则物来顺应，无所执着；万事万物，只如鸢飞鱼跃，花落鸟啼。莫非天则之自然。而所谓富贵利达、祸福生死，也只如浮云之掠过太虚，虽纷扰万变，仍不碍其虚净澄明。如此方是尽性。

（六）

景逸之提倡复性说，固然是上接朱子之正传，而另一面则亦可谓针对王学而发。

阳明之学，以良知为宗。而晚年讲学，每提四句为教法，即“无善无恶心之体。有善有恶意之动。知善知恶是良知。为善去恶是格物”。此即所谓“四句教”，亦即“四有”之说。门人钱绪山（德洪）以为这是师门教法的定本，不可更易。而另一门人王龙溪则以为未达极致。他说：“体用显微，只见一机。心、意、知、物只是一事。若悟得心是无善无恶之心，意即是无善无恶之意，知即无善无恶之知，物即无善无恶之物。”此即所谓“四无”之说。

景逸对“无善无恶心之体”一语，极其不满。他认为“心体即性”，性是绝对至善，不能说“无善无恶”。既然说“无善无恶”，则此所谓善，显然不是“性善”之善，而是指“念”，所谓“无善无恶”即等于说“无善念无恶念”罢了。他说：

阳明先生所为善，非性善之善也；何也？彼谓有善有恶者意之动，则是以善属之意也。其所谓善，第曰善念云而已。所谓无善，第曰无念云而已。吾以善为性，彼以善为念。吾以善自人生而静以上，被以善自五性感动而后也。故曰非吾所谓性善之善也。（《遗书》卷九《方本庵先生性善绎》）

这样解释“无善无恶”之说，的确是一语道破的！本来阳明之意，即认为善之起，在吾性感动之后，不认善在人生而静以上。他曾说：“心无体，以天地万物感应之是非为体。”又说：“良知只是个是非之心；是非只是好恶。只好恶就尽了是非；只是非就尽了万事万变。”这明明是从本心好恶上指点出良知；从好恶才分了是非；从是非再定了善恶。良知，是先天的；人间的善恶，则是后起的。所以阳明说：“无善无恶者，理之静；有善有恶者，气之动。不动于气，即无善无恶；是谓至善。”又说：“至善者，心之本体，动而后有不善也。”人在有生以后，心体受了感动，因而由好恶而分了是非，由是非而定了善恶。而在人生而静以上，则心体未受感动，好恶未形，所以无所谓不善，既无所谓不善，则亦无法相对地反显出所谓善。如此说来，说心体是“无善无恶”似无不可；说它是“至善无恶”也很恰当。所以阳明在答吴悟斋的信上径说：“至善无恶者，心之体也，有善有恶者意之动也。”可见他说“无善无恶心之体”和“无善无恶者理之静”以及“至善无恶者心之体”三句话，实在是道理一贯的。

景逸则认为，性禀自天，“所成之性，即所继之善”，虽在先天也属纯粹至善，绝不能说是“无善”。惟其是纯粹至善，所以人伦庶物之善，即是性。若如四句教所言，心体无善无恶，善是后起之念，则人伦庶物是善而非性。他说：

善者，性也。无善是无性也。吾以善为性，彼以善为外也。吾以性为即人伦即庶物；彼以人伦庶物是善而非性也。是歧体用、歧

本末、歧内外、歧精粗、歧心迹而二之也。圣人之道一以贯之。(《遗书》卷九《许敬庵先生语要序》)

此外“以善为外”、“歧体用、歧本末、歧内外、歧精粗、歧心迹而二之”攻击王学，无异是以禅学视之，这对阳明本身来说，未免指责太过；而对王学末流来说，正是深中肯綮；因为景逸当时的王学学者，确已因高唱无善无恶之说而流入于禅了。

阳明的本意，是从心上之好恶指点良知，由好善而分是非；由是非而定善恶。人生而静以上，好恶未形，无所谓恶，自亦无所谓善，故不妨说心体为“无善无恶”。而说“无善无恶”，同时亦表示心体为一超越善恶对待之上之涵义。也就是表示一超越之绝对至善义。所以也不妨说是“至善无恶”。此与景逸所主张的性纯粹至善说，原是可以会通的。景逸之所以龈龈力辩，深致其不满，主要是指责阳明立教不慎，以致贻误后学。他说：

如曰止于至善，有何名相倚着之可言，至矣！极矣！今必曰无善无恶，又须下转语曰无善无恶乃所以为至善也。明者自可会通；然而以之明心性者十之一，以之灭行检者十之九矣！(《遗书》卷八《致泾阳书》)

阳明立教，本也因人而异，有所谓接上根的教法与接中根以下的教法。四句教里第二句“有善有恶意之动”以下，即是为中根以下的人说法。因中根以下的人“自有知识以来，已为习俗所染”，所以要他“在良知上实用为善去恶工夫”，以免“悬空想个本体，一切事为，俱不着实”。至于接上根的人，则谓良知只是个好恶，只要如实的好恶，则所好就是善，所恶便是恶，更不要再多一个好“善”恶“恶”之意，也就是所谓即本体便是工夫，不容再有工夫。阳明怕人家先寻一个“善”放在自己心上，然后“着意去好善恶恶”，所以才定要说“无善无恶心之体”。

可是，无论如何分别立教，“无善无恶”一语总是容易引起误会。顾泾阳说得好：“既曰无善无恶，又曰为善去恶。学者执其上一语，不得不忽其下一语也。何者？心之体无善无恶，则凡所谓善与恶，皆非吾之所固有矣。心之体无善无恶，吾亦无善无恶耳。”到了“吾亦无善无恶”的地步，必然是猖狂妄行，走入狂禅那条路上去了。这些事实，为景逸所亲见，聪慧如李卓吾都不能免，可见“明者”也难得会通，何况其他的人呢？所谓“以之明心性者十之一，以之灭行检者十之九”，确是一针见血之论。

（七）

景逸鉴于“无善无恶”之说，流弊如此之大，因而使他特别重视“教”；他说：

立教不可不慎。读《论语》，便见圣人小心。其周物之知，曲成之仁，正在于此。故附会失真者，其真自在；快意下语者，语即流祸。（《遗书》卷八下《答方本庵书》）

又说：

圣人知不学之害小，而学术之害尤大。不学之害害其身；而学术之害害万世。（《遗书》卷九《重刻诸儒语要序》）

在景逸心目中，“无善”之说，就属“快意下语”，因而造成“学术之害”，这是指他立教失当而言，所以他说：

无善之说，不足以乱性，而足以随机数。(《遗书》卷九《方本庵先生性善绎》)

孔子最重教，他说："我学不厌，教不倦。"《论语》中记诸弟子问仁，孔子只告诉他们行仁之方，而从不正面解释仁之本体，如颜渊问仁，答曰克己复礼；请益，则曰非礼勿视，勿听，勿言，勿动。所以孔子之教，亘古无弊。景逸之特重朱子，也重在其立教之无弊。至阳明，则立教不出百年即流弊丛生。可见与孔子、朱子大不相同，所以景逸给他一个总评，说：

姚江天挺豪杰，妙悟良知，一破泥文之蔽，其功甚伟。岂可不谓孔子之学；然而非孔子之教也。今其弊略见矣。始也扫闻见以明心耳，究且任心而废学。于是乎诗书礼乐轻而士鲜实悟。始也扫善恶以空念耳，究且任空而废行。于是乎名节忠义轻而士鲜实修。盖至于以四无教者弊，而后知以四教（案：即文行忠信）教者，圣人忧患后世之远也。(《遗书》卷九《崇文会语序》)

这段话历数"无善无恶"之说因"快意下语"所造成的"学术之害"，真可说是搔着了痒处。虽然阳明自身足称立德、立功、立言三不朽，但从"教"的立场来看，上述那些弊端的造成，阳明是不能辞其咎的。景逸说他不可谓非孔子之学，然而非孔子之教，真是恰当极了。

（八）

在景逸当时，王学末梢已与禅学合流。景逸一方面以性善说辨阳明的四句教；另一方面，复以性善说辨儒佛之异同。

一般人对儒佛之异同，有一个很普遍的看法，以为是本体相同，而工夫有异。像与景逸同时的管东溟（志道）就认为"毘卢性海，本共一家；而三教圣人，原无二性。分吾儒，分二氏，总是妄生分别”。因此要统一三教，归于一宗。景逸认为这是非常严重的错误；他说：

说者曰儒释体同而用异，是大不然。道本无体，体本无朕，只就用处见之。由其用处如是，所以如其本体如是。试看儒佛用处何如，便可默识其体。(《遗书》卷八上《与管东溟书》)

体与用是相资相待的。有此体，方有此用；由此用，可以识此体。既然承认儒佛之用有异，则儒佛之体必不可能相同，这是很简单的推理。而实际上，儒佛之异，确然是本体根源上有异，所以才导致工夫之不同；那么所谓本体之异，异在何处呢？景逸说：

圣学所以与佛学异者，只一性字。(《遗书》卷八上《答区罗阳太常书》)

儒家讲性，佛家也讲性；但是两家所讲，相似而实不同。他说：

微细体勘，儒释源头相似而实非。佛氏浑论空体，真仿佛太极，而实非圣人之太极。(《遗书》卷八上《与管东溟书》)

浑论空体，形空佛性；太极则指儒家之性（在宇宙界谓之太极，在人生界谓之性)。儒家讲性”，常拿“无声无臭”、“寂然不动”来形容，即如景逸自己也常说：“性上本无一物”。佛家讲性，也讲“寂静”，讲“空”，讲“本来无一物”。大凡可以用来形容佛性的词语，也可以用来形容儒家之性。如所谓“浑论空体”不就跟“无声无臭”、“性上本无一物”的意思一样吗？乍看之下，貌皆相似，使人皂白莫辨。一般人因此就认为“儒佛体同而用异”了。其实，在本质上有绝大的不同。

儒家之性，直由“生生之易”透来，能继“一阴一阳”之道，而不断的起创生作用，所以是绝对至善。

佛家，则以空为性，万法皆由因缘而成。缘备则生，缘离则灭，所以诸行无常，诸法无我。诸行诸法无自体，无自性，惟以空为性。所谓佛性，其本身就是一个空；且连一个空的念头都不容着，而要把它空掉，所以叫“空空”。总之，佛家讲的是“缘起性空”。

既然是“空”，当然是是非不生，善恶双泯，而形成名副其实的“无善无恶”。其所谓善，只是“念”，也是由因缘会合而生的；所以景逸说：

> 佛氏所谓善，念中善事也；与吾圣人言善，绝不相干。(《遗书》卷八上《答泾阳书》)

圣人言善，即是性，是能创造道德的实体。佛家以善为念，则只是一个虚见，一个光景。光景只是乍现的幻象，不是创生的实体，所以着不上工夫，纵施工夫，也将如捕风捉影，一切落空。因为佛家本来就无所谓体用关系的。从所谓因缘生万法，法无自性，以空为性，就可知“缘生”即“空”；“空”不能起“缘生”之用。所以也就不能说“空”是“缘生”之体，“缘生”是“空”之用。换言之，“空”与“缘生”，不是体用关系。虽然后来发展出来的“如来藏自性清净心”（又称真常心）与儒家之性本质形态都非常相似；但仍不能说此真常心为一创生的实体，能创生“缘起”之大用。体用原是儒家义。“空”或“真常心”既与“缘生”拉不上体用关系，显见其所谓体，不是儒家之体；其所谓用，不是儒家之用。所以景逸说：

不做工夫，皆假本体也。(《遗书》卷八下《答薛用章书》)

又说：

用处一差，即是本体不彻；而所谓见者，乃虚见也，虚见之谓光景也。(《遗书》卷八上《答耿庭怀书》)

佛家既无体用之关系，从儒家的观点看来，自然无处着其工夫，所以说“用处差”、“不做工夫”。而佛家之所谓“体”又不能像儒家一样可以从“用”处来认取。所以说它是假本体，是光景。此从体用之关系来辨儒佛本源之不同，确是拔本塞源之论。

又由于佛氏以空为性，是非善恶，皆扫而空之，所以不能扶植伦常，纪纲世界。景逸说：

释氏之道，始于止，妙于空。其空之妙，即空字更不容着，故至于灭而伦理，弃而事物，绝而思虑。其初虽须发之微，觉为烦恼，亦削去之。(《遗书》卷八上《答刘直洲书》)

又说：

佛氏最忌分别是非，如何纪纲得世界。(《遗书》卷一《语》)

佛家一心向往寂灭，不能“义以方外”，所以不能开物成务。此则诚如陆象山所说：“佛氏虽尽未来际，普渡之，皆主于出世。”与儒家之以是非善恶撑持乾坤、经世济民的精神，亦属本质上极重大之差别。虽然佛家也讲“作用是性”，谓运水搬柴，都是神通妙用；但那并不表示佛家对伦常庶物的重视。反之，他正是要借眼前的事物，来指点出缘起性空的道理。所谓“作用”，指事而言，耳听目见，知觉运动都是事。不管什么事，都是因缘而起。而缘起之事，皆当体即空。故所谓作用是性，意思只是说：作用之事，当体即是空性。只在眼前，不是隔得很远；如此罢了。此是从本质上辨儒佛入世与出世之不同。

至于儒家之性，则是创生的实体，能不断地创造道德；一方面敬以直内，一方面义以方外。前者所以成己，后者所以成物，其根源则全在于是非明白。所谓“知是必行，知非必去，因物之是而是之，因物之非而非之，我不与也”。意即率性而行，莫不是天则之自然。而视听持行、人伦庶物，无非是性，无非是善。乃至于山峙川流、鸢飞鱼跃，莫不是此性之一体而化。亦莫不是至善之全体呈露。

此即表示体用一源，显微无间，明体足以达用，循用足以明体。而明体之方，则在于格物穷理。因为理散在万物，亦在吾心，故心即是理，但“未穷之心不可为理；未穷之理，不可为心”，(《遗书》卷八上《答刘念台书》)“不穷其理，物是外物；物穷其理，理即是心”。(《遗书》卷一《语》)所以儒家非常看重格物工夫。而佛家则否，景逸因此又以格物与不格物、穷理与不穷理来辨儒佛之异；他说：

致知不在格物，故虚灵之用，多为情识，而非天则之自然，去至善远矣。故致知在格物一语，而儒禅判矣。(《遗书》卷八上《答王仪寰书》)

又说：

从穷理入者，即虚是理；虚灵知觉便是仁义礼智。不从穷理入者，即气是虚；仁义礼智只是虚灵知觉。(《遗书》卷八上《复钱渐庵书》)

又说：

圣人之学，所以异于释氏者，穷理而已。穷理则性为圣人之性；不穷理则性为释氏之性。性岂有二哉，所从入之端殊也。(《遗书》卷八上《答冯少墟书》)

儒家之性实，佛家之性虚。惟其实，故可以凭格物穷理之工夫而致其知。惟其虚，故安不上格物穷理之工夫，故曰："由格物而入者，其学实；其明也，即心即性。不由格物而入者，其学虚；其明也，是心非性。"(《遗书》卷八下《答方本庵书》) 此则从工夫上辨儒佛虚实之异。

此外景逸还有一段话说：

佛氏因果之说，即吾儒感应之理。圣人以天理如是，一循其自然之理，所以为义。佛氏以因果如是，慑人以果报之说，所以为利。其端之殊，在杪忽间耳。(《遗书》卷九《重刻感应篇序》)

佛家讲因缘生万法，由是而有因果之说，谓有善因乃有善果。故佛家劝人行善，为的是得善果，此是有所为而为，出之于安排，所以是私，是利。儒家讲感应"一善感则善应随之，一不善感则不善应随之，自感自应也。自感自应，所以为天也"。(《遗书》卷三《知天说》) 自感自应只是天机流行，不假安排。其行善，乃善性之自然流露。所以是公，是义。此则又以立教之动机辨儒佛义利之别。

2. 格物

（一）

格物一词，原为《大学》八条目中，最基本的一目，程伊川（颐）素重《大学》，遂视格物为治学的下手工夫。他教人有重要的十个字说："涵养须用敬，进学在致知。"致知则在格物。此后，朱子完全把这两种工夫承袭了下来，成为他学术系统的主干。景逸尊信程、朱，也认为"学必由格物而入"，（《遗书》卷一《语》）因此对格物的工夫，看得特别重要。虽然他只是将程朱之说加以引申；但是针对王学流弊来说，却具有一番深意。

（二）

格，是"至"的意思。格物，就是"穷究到天理极至处，即至善也"。（《遗书》卷八下《答方本庵书》）说得直捷一点，格物就是穷理。不过，理是抽象的；物是具体的。讲穷理，未免蹈空而不落实，所以先儒多讲格物。

所谓穷至事物之理，是谁去穷呢？那自然是用我们的心去穷。在此则产生一个先决问题，就是心与理的关系问题。

姚江学派主张"心即理"。朱子则认为，心不即是理，心中之性才是理；故曰"性即理也"。因为朱子以心属之气，以性属之理。性在心中，犹理在气中。从本源上说，由天地大自然而产生人类，是人类与天地大自然共一理，故"在心之理，在物之理；一也。天下无性外之物，无心外之理。犹之器受日光，在彼在此，日则一也"。（《遗书》卷三《阳明说辨》）所谓无心外之理，就是说，没有与人心不同之理。这点朱子本来就确认无疑的，朱子说：“反本还源，心与理一。”（《朱子文续集·答江隐君书》）可是由于朱子理气二分，心性二分的分析解说，反而使后人误会他析心与理为二。这点误会，景逸知道得最清楚，他说：

朱子谓人之所以为学，心与理而已。学者心默识此心之灵，而端庄静一以存之，此圣学之全也。论者以为分心与理为二；不知学者病痛，皆缘分心与理为二。朱子正欲一之，反谓其二之。惑之不可解久矣。（《遗书》卷一《语》）

所以从本源上说，“心即理”、“心与理一”是完全正确的。但，理气是滚在一起而不可分的，气清则理显，气浊则理暗。心既属气，性既属理，自然心明则性显，心昏则性暗。惟心明性显，才可谓之心即理；若心昏性暗，则心不即是理。所以同是一心，朱子还要分个道心与人心；道心是天理，人心是私欲。道心才可谓之心即理，人心则心不即是理。道心与人心之别，正如天地之性与气质之性之别。

由于禀赋不齐，心昏之人占了绝大多数，所以呈现的多是人心，多是私欲。但人心可凭修养工夫使它变成道心，私欲亦可使它变成天理。故景逸说：“人心明即是天理。”（《遗书》卷一《语》）那么要如何“明”法呢，如何变人心为道心，变私欲为天理呢？那就要靠格物的工夫了。所以朱子说：“格物所以明此心。”（《朱子语类》）景逸也说：“格物亦别无说，只是分别得天理人欲界分，清楚透彻。”（《遗书》卷八上《与逯确斋书》）

（三）

今再进一步问：为什么格物足以明心呢？前面说过，从本源上讲，人心与天地万物共一理，故可云心与理一。心之不明，是由于气禀之累，而于天地万物之理有所不明。若对天地万物之理无所不明，则吾心之全体大用亦无不明。格物的工夫，正是要穷至天地万物之理之极至处。穷得一理，即剥去吾心之一层障蔽；穷得越多，吾心即随之而越明。等到“用力之久，而一旦豁然贯通焉，则众物之表里精粗无不到，而吾心之全体大用，无不明矣。”这就是物格知至的境界。

到此境界，便是真正的心与理一，而吾心即是天理。在此以前，一草一木，都是与我对立的个体，万象而万殊。在此之后，万象一理而不见其殊。一草一木与我思我行皆是一体生机之流行；山峙川流，与鸢飞鱼跃，莫非天则之自然。故景逸说：

一草一木是格物事；鸢飞鱼跃是物格事。（《遗书》卷八上《答顾泾阳书》）

又说：

格物是随物察则；物格则一以贯之。（《遗书》卷九《王仪寰先生格物说小序》）

又说：

穷理者，格物也；知本者，物格也。穷理，一本而万殊；知本，万殊而一本。（《遗书》卷一《语》）

又说：

物格知至，实见得天人一，古今一，圣凡一，内外一。（《遗书》卷一《语》）

这是格物的极功；不如此，不足谓善学。

若无格物之工夫，或格物而不至极处，则不能通达事物之理；理有未达，则知有不至。而“知有不至，即其不至之处，恶必藏焉，以为自欺之主”。（《遗书》卷一《语》，引朱子语）譬如一张桌子，须是四隅皆看得清楚才行。若有一隅没看清楚，那么就在那一隅上藏污纳垢，吾心也不能知；吾心不能知，便是吾心对此处有了障蔽，处理起来便不能合情合理。也就是说，在障蔽处，不免会有私欲之夹杂。此正朱子所谓“正念方萌而私意遂起”。（同上）所以景逸说：

不见天理之至，便有人欲之混。（《遗书》卷三《大学首章广义》）

又说：

圣学正脉，只以穷理为先；不穷理，便有破绽。（《遗书》卷五《会语》）

所谓破绽，正是指私欲萌动而言。如此则心不即是理。可见在本源上是“心即理”，在究竟处还是“心即理”，中间一段则需要格物工夫；缺此工夫，则心不即是理，也就是未到究竟处。

（四）

景逸所以如此强调格物之重要，主要针对王学而发，所谓“不穷理”、“不见天理之至”，正是抨击王学之流弊。

王学讲“心即理”，是从本源上说，也可说是从究竟处说，是

"高明"的一路，而非"沉潜"的一路。虽说："良知只是个是非之心，只是非就尽了万事万变。"（阳明语）极易知，极易行；但良知之"知是知非，知善知恶"，只是知得一个大原则，知得粗的，知得显的，而未能知之尽。譬如见父当孝，见兄当悌，是良知；但如何做方是孝，如何做方是悌，这里面还有许多曲折。就拿孝来说，孝莫如曾子；曾子之孝，大杖则逃，小杖则受。可知讲孝也要分个逃与受。逃有当逃之理，受有当受之理，此理非格物不能知。既不知，则不免当逃而受，当受而逃。如此则反为不孝。所以说："格物不至极处，多以毫厘之差，或千里之谬。"（《遗书》卷一《语》）大抵简单的事物，可以凭良知独断，至于较为复杂的事物，则尽有许多细节需要理会，然后才足以尽良知之能事。

格物则正是要知得精，知到里面去，也就是朱子所谓"众物之表里精粗无不到"，这样就使众物无处遁形，恶端无处潜隐。所以在"众物之表里精粗无不到"的同时，即是"吾心之全体大用无不明"了。

王学则只信良知，认为吾心之良知已具万理，不须更向外物寻理；认向外物寻理是"徇外"，是"舍本逐末"。景逸则批评他说：

> 今人说着物，便以为外物。不知不穷其理，物是外物；物穷其理，理即是心。（《遗书》卷一《语》）

理即是心，心即是理，这是一点儿都不错的；但这是穷理的结果。不穷理，则心是心，理是理，不能融贯为一。所以景逸说：

> 理者心也，穷之者亦心也；但未穷之心，不可谓理；未穷之理，不可谓心。（《遗书》卷八上《复念台书》）

王学只讲“心即理”，而不要穷理工夫，遂以物为外物，自然要走上“任心废学”的末路了。

（五）

穷理，是以吾心去穷物理，原是内外双绾，通而为一的；但在“豁然贯通”以前，毕竟“物”还是在“外”，而与我有隔，所以在格物时容易迷失目标，往而不返，而流于真正的“徇外”。为免此病，景逸又有“知本”之说。

所谓知本，就是“知修身为本”。《大学》八条目，自格物至正心，都是修身工夫；齐家至平天下，则是修身的扩充。所以《大学》上说：“自天子以至于庶人，壹是皆以修身为本。”也就是说，一切工夫，一切学问，都要以修身为归宿；否则便是“徇外”，便是“舍本逐末”，而失其价值。

身又有“本”，就是心；心即理，故理也是“本”。因此一切工夫，一切学问，当内本之人心，外本之天理。而天理人心，实一非二。穷理乃所以明心；明心乃所以修身。故穷理当以修身为本。景逸说：

大学所重在知本，若不知修身为本，格尽天下之物，也没相干。（《遗书》卷五《会语》）

又说：

格物之功非一，其要归于知本，如修身为本而本之，天下无余事矣。（《遗书》卷八上《与泾阳论知本》）

既以修身为本，则一切工夫，一切学问，都要有益于进德。故所致之知，主要在德性之知，而非闻见之知。他说：

格物穷理，皆所以致其良知，而非徒夸多斗靡，为闻见之知矣。何者？道理一不向身体贴，便非知本，便非致知也。(《遗书》卷八上《与泾阳论知本》)

又说：

或疑程朱致知为闻见之知；不知穷至物理，理者天理也。天理非良知而何？(《遗书》卷二《语》)

致其良知、穷至天理，都足以明心，故属德性之知。但“理不专在一处求，这里也是，那里也是”。(《遗书》卷八上《答顾泾阳先生论格物》)所以一草一木都不能遗；而格一草一木，正是要格至一草一木之“所以然”之理，亦即天理；而不是仅止于质量等等的形构之理。他说：

庭前草不除，便是这意思。如观鸡雏、观盆鱼，皆是。(同上)

此举三事，都是程明道（颢）的故事。明道书窗前，有茂草覆砌，有人劝他芟除，明道说：“不可，欲常见造物生意。”他又在盆里养几条小鱼，时时观看。人问其故，他说：“欲观万物自得意。”他又曾对人说：“观鸡雏可以观仁。”

可知格草木便是要格到“造物生意”，这才是极处，至善处。格其他之物亦然。如格小鱼，便要格到“万物自得之意”；格小鸡，便要格到天心之“仁”。

不论是“造物生意”，或是“万物自得之意”，或是“仁”，都是生生不息的真机，都是一纯粹至善。此纯粹至善之真机在人类便是性。人类与草、木、鱼、鸡等万物，只不过是此至善真机所演出的各种方式。所以看清了万物的本来面目，也就知道了自己的本来面目，这叫“知本”。此种知，与进德有本质上的直接关系，所以是德性之知。

若格草木而止格到呼吸作用、光合作用、导管、筛管、表皮、真皮诸理；格小鱼、小鸡而止格到消化系统、排泄系统、肌肉、血液、鳞甲、羽毛诸理，则属质与量等关系的形构之理；此与人类千差万别。致知于此，只见与人类有异有隔，而无可会通。故知，此不是极尽处，不是至善处，不是“本”，仅止于“闻”，止于“见”而已，对于进德，并没有本质上的直接关系，所以是闻见之知。若专在此上用功，而不知另有归宿，便是“不知本”，便是所谓“夸多斗靡”了。其实在格至“所以然之理”的同时，“形构之理”当也可以连带而知之；只因容易令人在此迷途不返，故先儒讲格物，主要在教人致其德性之知，这是先儒立教的一番苦心。

但闻见之知，绝不能说它不重要。虽然它对进德没有本质上的直接关系，却有间接关系。假如说，德性之知是进德的必要条件，则闻见之知便是充要条件；没有闻见之知，德性绝不能圆满。就以前举曾子之孝来说，见父当孝是良知。良知自然是德性之知。而曾子之孝，大杖逃，小杖受，所以为孝之极致。而曾子之分别逃与受，先须知道大杖足以伤人，甚至足以致死，所以才逃。小杖不足以伤人所以才受。而知杖之大小轻重，及其后果，是属闻见之知。若并此而不知，势必大杖不知逃，陷父于不义，反为不孝。可见闻见之知不可缺。

其实，孔子早就说过“多闻阙疑，多见阙殆”（《论语·为政》）的话，劝人“多闻，择其善者而从之，多见而识之”。（《论语·述而》）

《易经·大畜卦象传》也说："君子以多识前言往行，以畜其德。"可见孔子对闻见之知本来就很重视的。不过，就从这几句话看来，孔子之重闻见之知，还是从"择某善"、"畜其德"上起见。若不归本于"善"和"德"，便没有什么可取了。换句话说，闻见之知是中性的，无所谓善，无所谓恶。因此在闻见之知上，还须有一个更高的主宰，来主导闻见之知的去向，判定它的价值。不像德性之知，本身就是自律自主的、纯粹至善的。所以比起忠恕之道的德性之知来，孔子又不得不说闻见之知是"知之次"（《论语·述而》）了。甚至在另外一个场合，孔子还当着子贡的面，否认他自己是"多学而识之者"，而断然说："予一以贯之。"（《论语·卫灵公》）

这一分辨，极关重要。景逸对此，也体会得最深刻；他说：

圣人不任闻见，不废闻见。不任、不废之间，天下之至妙存焉。舜闻一善言，见一善行，若决江河，沛然莫之能御也。非闻见乎？而闻见云乎哉？（《遗书》卷三《阳明说辨》）

孔子之否认自己为"多学而识之者"，是乃不任闻见；其劝人"多闻多见"，则是不废闻见。舜之"闻一善言，见一善行"，是不废闻见；其闻见之后，"若决江河，沛然莫之能御"，又是不任闻见。不任与不废之间，有一个重要的枢机。

根据前引景逸论格物的话，所谓"格物穷理，皆所以致其良知，而非徒夸多斗靡为闻见之知"。这并不就表示景逸反对闻见之知。事实上，他很重视。他曾说："闻见狭而心亦狭；非细事也。"他所反对的，只是在闻见之知上"夸多斗靡"而无所归宿罢了。景逸当时，信守王学的人，"致知不在格物"，是连带闻见之知而废之；而奔竞于科举的人，则又"夸多斗靡"，唯闻见是任。各走极端，过犹不及。故景逸对此二者，都施以针砭。

那么如何才能使闻见之知产生价值，而免流于“夸多斗靡”、“舍本逐末”呢？所谓“不任不废之间”的枢机，毕竟将如何把握呢？景逸说，这靠“反身”。

所谓“反身”，就是格物致知之同时，收其放心，以为一身之主。使所穷之理、所致之知，都体贴到身心上来；景逸说：

天理与心灵，又岂有两物。妙在体贴两字耳。(《遗书》卷八上《答罗匡湖给谏书》)

又说：

体贴得上身来，虽是圣贤之言行，即我之言行矣。(《遗书》卷五《会语》)

既经体贴，则在心的整合统一下，闻见之知便纳入德性之知的体系中，而成为其架构的一部分，于是两者得以相辅相成，而使德性之修养，臻于完满之境。景逸说：

人生不向道理上去，总是虚生；道理不向身心上去，总是虚语。(《遗书》卷八上《复陈敬伯书》)

又说：

今乃见此理充周于吾前，活活泼泼地，真不可须臾离也，妙在反躬而已矣。学不切已，精神都向末上去，终日问辨，以为无不在道；而与道背驰矣。(《遗书》卷八上《与李见罗书》)

所谓“不向身心上去”、“学不切己”，就是不能反躬，因此“终日论辨”也就沦为“夸多斗靡”了。孔子弟子中精通六艺的，要推子游、子夏。可是孔子称好学，必推颜渊，此中有甚深之意义。景逸说：

颜子用志不分，只在情性上学。不在情性上学，圣人不谓之学。身通六艺之人，岂不各有所好；圣人不谓之好学。（《遗书》卷五《会语》）

所谓“用志不分，只在情性上学”，就是收其放心，为一身之主；也就是“反身”了。颜子绝非不通六艺之学，只是一反身，六艺之学便融入他的身心，布乎四体，形乎动静。其所呈露于外的，只是一完美的人格；所谓六艺之学，反觉隐遁莫见。正如肥料、水分为根茎所摄取而开出灿烂的花朵。我们只看到它的花朵，却看不到原先的养料与水分。孔子之赞颜渊好学，正在于颜渊之能反身。能反身，就能一以贯之了。所以景逸说：

才知反求诸身，是真能格物者也。（《遗书》卷一《语》）

景逸论格物，本也仅就程、朱之说加以引申，但引申到以反身说格物，便脱出程、朱的范围了。其别异程、朱者在此，其精彩处，也正在此。

（六）

从以上所述，可见景逸论格物，实有超越前人的地方，也可见他对格物的工夫是如何的重视。但景逸教人格物，则落实在读书上，从读书着手。所以他总是教人说：“半日读书，半日静坐”，或说：

“读书、静坐不可偏废”。因为书是往圣先贤智慧经验的累积，也是前人格物穷理的总成果，“昧者以之明，疑者以之决；怯者以之勇，躁者以之和。正如跛者之杖，盲者之相，病者之药”。（《遗书》卷三《示学者》）所以读书无异是“享现成”；他说：

古人何故最重读书？书是古人所经历，欲后人享现成。（《遗书》卷三《示学者》）

的确，书本上所记载的，大都是已验而有效的结论，可以作为修己治人的依据，而减少我们暗中摸索的艰苦；而且也唯有以古人的终点做我们的起点，才能继续扩大格物致知的范围。所以古来圣贤没有不重读书的。可是景逸当时，情况却有不同；他说：

自姚江（阳明）因俗学流弊，看差了紫阳（朱子）穷理，立论偏重，遂使学者谓读书为徇外。文士不穷探经史；布衣只道听涂说。空疏杜撰，一无实学。经济不本于经术；实修不得其实据。（《遗书》卷三《示学者》）

本来朱子立教，是主敬与穷理并重的，后学渐失其真，缺了主敬工夫，于是穷理也就流为夸多斗靡了。这一点，景逸也承认，他说：“朱子一派，有本体不彻者，多是缺主敬之功。”（《遗书》卷二《札记》）阳明看出此流弊，乃倡“心即理”之说来矫治它，认为良知已具万理，更不须向外穷理。可是这样立说，流弊更大，遂使学者废书不读，谈空说妙。真可说是“矫枉过正”了。景逸之重视格物，正是要矫阳明立教之偏；其教人读书，主要也在匡救王学“任心废学”的流弊。

景逸论格物，主张反身；其教人读书亦然。他说：

学者读书，需要句句反到自己身上来看。一面思索体认，一面反躬实践；这才是读书。(《遗书》卷三《读书法示揭阳诸友》)

书是圣贤言行的纪录；读书的目的，就在向圣贤学习做人的方法，而“不是教人专学作文字，求取富贵”。(同上) 所以要达此目的，端在“句句反到自己身上来”。能如此，则“虽是圣贤之言行，即我之言行矣”，否则就沦于“夸多斗靡为闻见之知”了。

3. 静坐

(一)

格物、读书是明善见性的落实工夫。而能否明善见性，其关键则系于能否反身。反身，其实就是收放心的工夫；收放心就是“居敬”工夫。这种工夫在静中实验，最易见效。所以景逸于格物、读书外，又常教人静坐。他说：

学者静坐是入门要诀。读书、静坐不可偏废。(《遗书》卷五《会语》)

又说：

吾辈每日用工，当以半日静坐，半日读书。静坐以思所读之书；读书以考所思之要。(《遗书》卷八上《与逯确斋书》)

读书乃所以穷理；静坐乃所以居敬。没有敬的工夫，穷理便沦为“徇外”；但，不穷其理，则不识本体，而有妄念；妄念杂生，便是不敬。所以景逸说：“居敬穷理，只是一事。”（《遗书》卷一《语》）换句话说，读书静坐只是一事。

（二）

静坐之说，也远有所承，所谓“半日读书，半日静坐”，就是朱子教人的方法。在朱子以前，周濂溪就说：“圣人定之以中正仁义而主静，立人极焉。”这是理学家中主静之学的鼻祖。其后，大程子也说：“性静者，可以为学。”又说：“静后见万物皆有春意。”小程子则见人静坐，便叹其善学。到了二程高弟杨龟山，便力倡“反身”之说，教人“以身体之，以心验之，从容默会于幽闲静一之中，超然自得于书言象意之表”。龟山一传为罗豫章，专以“静坐中看喜怒哀乐未发作何气象”为学。再传得李延平，则“危坐终日，以验夫喜怒哀乐未发之前气象为何如，而求其所谓中者”。他告诉人家：“学问之道，不在多言；但默坐澄心，体认天理。”李延平就是朱子的老师。景逸最重朱子，也重龟山。前述以“反身”说格物，即受龟山之影响。其主张静坐，便是祖述龟山门下一系列的师承学说。此外，明代中叶的陈白沙，也以主静为学，谓“静中养出端倪，方有商量处”。其后学萧自麓、陆古樵都与景逸有来往，故其受白沙影响，亦至显然。此层在第一节部分“生平及成学经过”中，已有说明。

（三）

静坐是最落实、最易行的工夫；而所以要静坐的道理，则有几层曲折。景逸认为，由静坐可以收到见性的效果；他说：

静中观喜怒哀乐未发气象，正令于心无所著时，默然识其体，

此见性之捷法也。(《遗书》卷八上《答耿庭怀书》)

又说：

龟山门下相传“静坐中观喜怒哀乐未发前作何气象”，是静中见性之法。(《遗书》卷一《语》)

静所以能够见性，是由于静中能“敬”。敬是见性、复性、尽性的总关键。他说：

性以敬知，性以敬复，性以敬尽，只一敬而已。读书，穷此者也；静坐，体此者也；会友，明此者也。(《遗书》卷八下《与许涵淳书》)

又说：

千圣万贤，只一敬字做成。(《遗书》卷一《语》)

所谓敬，简单地说，就是“心无一事”、“心无所著”。这种境界，对一般人来说，只有靠静坐才能达到。因为一般人神短气浮，需要靠静坐才能收摄浮荡精神。他说：

圣学全不靠静；但各人禀赋不同。若精神短弱，决要静中培壅丰硕。收拾来，便是良知；散漫去，都成妄想。(《遗书》卷八上《答吴安节书》)

又说：

静坐，收摄浮荡精神。静处收摄宁定，则事至物来，方能审择是非，不迷所向。(《遗书》卷八上《与揭阳诸生书》)

又说：

惟静可以收拾精神，填补学问。(《遗书》卷八下《答王聚洲书》)

收拾浮荡精神的结果，是妄念减少。(《遗书》卷五《会语》)有云：

彦文问曰："夫子静中光景何如？"曰："念头颇少。"

等到浮荡精神收拾净尽，便至于心无妄念。心无妄念，便是"胸中廓然无事而静"。(《遗书》卷一《语》)也就是私欲去尽，而天理显见。所以景逸说：

静则理显，不静则理昧。故静即理也。(《遗书》卷八下《与华润庵书》)

又说：

惟天理至静。(《遗书》卷一《语》)

所谓"静则理显"与前引所谓"收拾来便是良知"是一样的意思。天理、良知既显，吾心便有主宰。"主宰定，更无物可夺得"。(《遗书》卷五《会语》)无物可夺，便是至静。静坐而至此地步，就

是真正的见性。所以景逸说："静以见性，见性至静。"（同上）

（四）

静坐而达于见性，这是静坐的极功。但对内圣外王的一贯之道来说，这只是起点，而不是终点。因为，静坐的目的，是要在静中养出"端倪"，然后在动时使用的。景逸说：

主静之学，要在慎动。（《遗书》卷一《语》）

又说：

动时工夫要在静时做；静时工夫要在动时用。（《遗书》卷五《会语》）

又说：

学者不过借静坐之中认此无动无静之体云尔。静中得力，方是动中真得力；动中得力，方是静中真得力。（《遗书》卷三《静坐说》）

静坐正是做的动时所用的工夫，"动时差了，必是静时差"。因此必须做到"静如是，动亦如是"，才真正有其意义。

由是可知，主张静坐，并不是一味向内而忽略世务；而是为康济斯民所做的最基础、最重要的准备工夫。

4. 实践

（一）

中国学问的精神，在于“明体达用”。汉唐儒多讲名物制度，可谓较偏重在“用”上；宋明儒多讲心性修养，可谓较偏重在“体”上。但体用是相资相待的，很难加以划分，所以不能说汉唐儒有用而无体，宋明儒有体而无用。

由于宋明儒在心性上多讲了一些，一般人遂讥宋明儒为迂腐而不达世务，这是绝大的诬罔。其实，宋明儒所以看重心性修养，只是认为体用是显微无间的，若体有不明，则用处必差。心性不明，必致“生心害政”。所以宋明儒之讲心性修养，正是求经济大用之美满。像朱子做南康军太守，陆象山做荆门军太守都政绩斐然；王阳明且敉平大乱，卓树军功，都足以证明宋明儒是明体达用的。

（二）

景逸重静坐，主要的还是偏重在“明体”上；但景逸也跟其他的宋明儒一样，“明体”所以求其“达用”。静坐，正是为的“要在动时用”。所以他说：

> 学问通不得百姓日用，不是学问。（《遗书》卷五《会语》）

通不得百姓日用，是由于不能实践。不能实践，便是有体而无用；既无“用”，则所谓“体”，也非儒家的真体了。所以景逸说：

> 学问必须躬行实践，方有益。如某人见地最好，与之言亦相入；

但考之躬行，便内外不合。是以知虚见无益。(《遗书》卷五《会语》)

能实践，就是内（体）外（用）合一。若只是“见地最好”而不能实践，则是内外分而为二，体用两不相干。那么所谓“见地”只是“虚见”而已，入于释氏去了。如此自然通不得百姓日用。所以他说：

学问不贵空谈，而贵实行也。(同上)

又说：

讲学者，讲其所行者也；不行，则是讲而已矣；非学也。(《遗书》卷一《语》)

可见只讲格物、静坐是不够的，还必须躬行实践。直通到百姓日用上去，才算体用圆融，德行完满。不然格物、静坐都落了空。

(三)

景逸如此重实践，跟他重“教”的用意是一致的。他深深感到，不在实践处立教，容易产生谈玄说妙而蔑弃人伦庶物的流弊。而他亲眼所见的王学末流，正是这种情形。所以景逸极力揭举孔子与朱子教人的方法，以破当世王学末流的迷妄。他说：

圣门言仁，只是说行处多；如视听言动，恭宽信敏惠五者，行于天下，俱是说行。只如此体贴，便是为仁之道。(《遗书》卷五《会语》)

又说：

夫子言仁，曰恭宽信敏惠，可见仁都在事上；离事无仁。（同上）

《论语·颜渊》记颜渊问仁，孔子答说："克己复礼为仁。"再问其详，孔子便说："非礼勿视，非礼勿听，非礼勿言，非礼勿动。"又《阳货》篇记子张问仁，孔子答说："能行五者于天下，为仁矣。"子张再问那五者？孔子说："恭宽信敏惠。"孔子答弟子问仁，从来没有从正面用训诂的方式来解释仁的意义，也没有直接说明仁的内涵，而都是从行仁的方法上来指点，像"视听言动"、"恭宽信敏惠"，都是教人实地去实践。也就是说孔子立教不从本体上去做抽象的说明，而只是从工夫上教人做具体的实践。因为"道不可须臾离"，伦常庶物，无不是道。只从伦常庶物上实践，便可以见道；下学人事，可以上达天理。从工夫上可以通到本体。若只在本体上、仁上、道上、天理上做抽象的说明，则没有下手工夫，无法真正认识什么是仁，什么是道，什么是天理。比如一座楼阁，若不设个楼梯，则虽有雕梁画栋之美，也无法登上去亲览其胜。那么所谓楼阁胜概，只不过是想象中一光景而已。

最能体会孔子这种精神而审慎立教的，要推朱子；景逸说：

朱夫子之言，俱是用上说，使人可知可行。（《遗书》卷五《会语》）

朱子之学，"尊德性"与"道问学"两者齐头并进，没有倚轻倚重之别。在尊德性方面，教人居敬涵养；在道问学方面，教人格物致知。使学者有着手用力之处，所以没什么流弊。景逸之崇重朱子，正在这个地方。

到阳明出来，以“无善无恶”为教，由于没有实地下工夫处，所以后学多空谈而无实行；未及百年，即流入于禅。与孔子、朱子两相比较，显然“非孔子之教”。其相异之处，正在于孔子、朱子重实践，而阳明之学则高明而无梯级可登。

景逸有鉴于此，所以特别重教；由重教而重实践；由重实践而重工夫。他说：

窃以为，于今之时，不患本体不明；惟患工夫不密。不患理一处不合；惟患分殊处有差。心做处十分酸涩；得处方能十分通透。(《遗书》卷八上《复钱渐庵书》)

又说：

尝妄意以为，今日之学，宁守先儒之说，拘拘为寻行数墨，而不敢谈玄说妙，自限于不知之妄作；宁禀前哲之矩，硁硁为乡党自好，而不敢谈圆说通，自陷于无忌惮之中庸。积之之久，倘习心变革，德性坚凝，自当恍然知大道之果不离日用常行，而步步蹈实地；与对塔说相轮者远矣。(《遗书》卷八上《答叶台山书》)

这两段话，一则说“于今之时”，一则说“今日之学”，显然他是针对王学末流而发的。其中“谈玄说妙”与“谈圆说通”两句，正说中了王学末流的要害。要救此弊，首要“工夫密”，要“做处十分酸涩”，要“步步蹈实地”；总之，要能实践。我们由这些大声疾呼的话语，也可知景逸忧患天下后世之深了。

5. 悟修并重

（一）

程朱学派的学者，讲“居敬”，讲“穷理”，而十分忌讳言“悟”；一言悟，便斥之为禅。景逸却不同，他非常重悟，谓“学必须悟，悟后方知痛痒”。(《遗书》卷八上《与罗匡湖书》）又谓“不悟不足以为学”。(《遗书》卷一《语》）因为他一生学问的成就，最大得力处，即在揭阳之行汀州旅舍中之一悟。那一悟，使他看清了自己的本来面目，同时也了解了该从什么地方下手做工夫。有了这一次的亲身证验，他对为学工夫的看法，发生了一百八十度的转变。以往，他也“深鄙学者张皇说悟”，而此后却“只看作平常”，认为那是为学必经的重要过程，“从此方好下工夫”。景逸本是十分宗仰朱子的；但在这一点上，却言朱子之所不敢言。

（二）

不过，景逸言悟，不是专门以悟为学，尽弃其他工夫。而是要与“修”配合，悟修并重。前面所述“静坐”工夫，目的即在求“悟”，而“格物”与“实践”，则是“修”的工夫。又前面论性，谓首须知性，然后继以复性、尽性。知性之重要关键，即在于悟。复性与尽性则是修。

当然，见性的基本工夫是靠格物；格物是“修”。但格物而要格到“实见得天人一、古今一、圣凡一、内外一”，格到“一以贯之”，必要经过一悟境。在未达此境之前，对于天地万物，只见其殊相，而与我有隔。此即所谓“不穷其理，物是外物”。一旦豁然贯通，则见得天人一、内外一。此即所谓“物穷其理，理即是心”。

见得“物是外物”，是“迷”；见得“理即是心”，是“悟”。迷、悟之间，只是一念之隔；迷、悟之关键，只系于此一念之破与不破。景逸说：

迷悟一关，圣凡千里；其要在一念之破不破耳。(《遗书》卷八上《与罗匡湖书》)

破即是悟；不破则是迷。而此念之破，只是刹那间事，像闪电；电光一闪，即透体通明，其间没有先后次序可言。他说：

人心一片太虚，是广运处。此体一显即显，无渐次可待。彻此为明心。(《遗书》卷八上《复钱渐庵书》)

又说：

此念忽破，则真心豁然显现，方知前者之为妄。(《遗书》卷八上《答罗匡湖书》)

可知此念不破，一生皆迷，所以学必须悟。

（三）

悟，不是语言文字上的知解活动，而是本心性体与天心仁体的直接感通。但要达此一境，却须靠语言文字上的知解活动来构成一助缘，也就是先须格物致知。等到“用力之久”，助缘已成，自然会有“豁然贯通”之一日。豁然贯通，就是物格知至，也就是悟了。所以悟非格物不为功。景逸说：

学者以知至为悟；不悟不足以为学。故格物为要。(《遗书》卷一《语》)

格物致知是“修”，物格知至是“悟”。不施格物之功，不足以言悟；格物而不至于悟，则只是“徇外”。所以“悟”与“修”必须并重。他说：

悟修二者，并无轻重。即如仁义礼智四字，言仁智处皆是悟；言礼义处皆是修。悟则四字皆是修；修则四字皆是悟。真是半觔八两。(《遗书》卷五《会语》)

又说：

修而不悟者，徇末而迷本；悟而不彻者，认物以为则。(《遗书》卷九《冯少墟先生集序》)

又说：

不真修，非真悟也。不悟之修，止是妆饰；不修之悟，止是见解。二者皆圣人所谓文而已。(《遗书》卷八上《答萧康侯书》)

悟之一境，只有靠真修才能到；也只有由真修而来之悟，才是真正的见性。所见之性才是真正的至善之性。若不由真修而言悟，则只是“摄心而乍见心境之开朗，或专气而乍得气机之宣畅”，其所见之性，只是“精诚之妙用”，故遂“认物以为则”；谓运水、搬柴都是性。此其所谓悟，只是见解，只是光景。在景逸看来，这种悟是禅悟，而不是“用力之久，一旦豁然贯通”之真悟。

（四）

景逸又认为，不仅在未悟之前，需要一番真修；尤其在既悟之后，更须真修。因为，悟只是本体的暂现，若要使它永久呈露，则有赖于修。悟后不修，则暂现之本体，又为习心所锢蔽，转眼又迷；他说：

悟者，虚灵之偶彻，本体之暂现也。习心难忘，本真易昧，故非真修不足以实真悟。（《遗书》卷八上《与刘云峤书》）

悟后之修，主要在于实践。实践则本体即在视听言动等工夫上显现出来。于是即工夫便是本体，即本体便是工夫。前述景逸论性，谓“起手要知性，中间要复性，了手要尽性”。知性，是由修而悟；复性与尽性是悟而后修。又景逸之主张静坐，意在教人“动时工夫要在静时做；静时工夫要在动时用”。静时做，是求其悟；动时用，是悟而后修。如此悟修兼施，庶可达于“从心所欲，不踰矩”之境。其实圣贤之所以超凡入圣，正得力于悟后之修；景逸说：

立卓，非颜之悟乎？至于不迁怒，不贰过，斯其悟真悟矣。一贯，非曾之悟乎？至于启手足，斯其悟真悟矣。（《遗书》卷九《重锲近思录序》）

颜渊在孔门，最称完器。他曾赞叹孔子之道说：“仰之弥高，钻之弥深；瞻之在前，忽焉在后。夫子循循然善诱人，博我以文，约我以礼，欲罢不能。既竭吾才，如有所立卓尔；虽欲从之，末由也已。”这表示颜渊已深深体悟到孔子之道及其人格气象的高峻卓绝；但是颜渊之真正伟大处，则在于不迁怒，不贰过。曾子尝说：

“夫子之道，忠恕而已矣。”这是曾子对孔子之道的深透体悟；但是曾子之真正伟大处，则在于战战兢兢，至死不渝。若他们没有这番真修实践，则不成其为颜渊曾子了。

（五）

景逸所见当时王学之弊，正在于没有真修工夫。而没有真修，则又由于没有真悟之故。他说：

> 今之悟者何如耶？或摄心而乍见心境之开朗；或专气而乍得气机之宣畅，以是为悟，遂欲举吾圣人明善诚身之教，一扫而无之。决堤防以自恣，灭是非而安心。（《遗书》卷九《重锲近思录序》）

这样的悟，景逸称之为不修之悟；“不修之悟，止是见解”，见解只是光景。而不是悟到纯粹至善之性。既安不上格物工夫，也无从实践。所以根本通不到百姓日用，更通不到诗书礼乐与名节忠义。所以景逸说：

> 今其弊略见矣！始也扫闻见以明心耳，究且任心而废学。于是乎诗书礼乐轻而士鲜实悟。始也扫善恶以空念耳，究且任空而废行。于是乎名节忠义轻而士鲜实修。（《遗书》卷九《崇文会语序》）

既无实悟，又无实修，则是流入于佛了。可见景逸千言万语，总不外针砭王学，挽狂澜于既倒，扶大厦之将倾。其忧世之深，用心之苦，实在令人钦佩。

6. 结论

由以上五节的论述，可以看出，景逸之学，大体是尊信朱子的；而尊信朱子的同时，又大力抨击王学的流弊。但这并不表示景逸有门户之见。相反的，他正是要打破门户，会通众流。他攻击王学，主要是站在“教”的立场说话的。所谓“岂可不谓孔子之学，然而非孔子之教”，确是十分公允。实际上，景逸品学的成就，得力于王学的很多。从他衡评王学之中肯，便可知他对于王学有很深的造诣。他讲学论政，主张明辨是非，尝谓：“纲纪世界，全要是非明白。”是非明白，其实就是阳明良知立诚、知行合一之教。其砥砺气节，其实也与良知同一血脉。其主张“学必须悟”，更是受阳明的影响。所以景逸对于王学，实际是取精用宏。只是为了矫正末流之弊，不期然而然地走上了由王返朱，避虚归实的道路。

他不仅对阳明之学，深有契悟；对于往古学脉，也了如指掌。他说：

自古以来，圣贤成就，俱有一个脉络。濂溪明道，与颜子一脉。阳明象山，与孟子一脉。横渠伊川朱子，与曾子一脉。白沙康节，与曾点一脉。(《遗书》卷五《会语》)

又说：

学问俱有一个脉络，宋之朱陆亦然。陆子之学直捷从本心入，未免道理有疏略处。朱子却确守定孔子家法。只以文行忠信为教，使人以渐而入。然而朱子大，能包得陆子；陆子麤，便包不得朱子。(同上)

又说：

朱子一派，有本体不彻者，多是缺主敬之功。陆子一派，有工夫不密者，多是缺穷理之学。(《遗书》卷二《札记》)

又说：

除却圣人全知，一彻具彻，以下便分两路。一者在人伦庶物，实知实践去。一者在灵明知觉，默识默成去。此两者之分，孟子于夫子微见朕兆；陆子于朱子遂成异同。本朝文清（薛瑄）文成（王守仁）便是两样。宇内之学，百年前是前一路；百年来是后一路，两者递传之后，各有流弊。(《遗书》卷四《讲义》)

朱陆异同之争，在当日两家弟子即成水火。其后愈演愈烈。以阳明之高卓，也竟不免牵朱入陆，而有“朱子晚年定论”之作。因而导致陈清澜（建）作《学蔀通辨》，加以反击。景逸对这样大的公案，却心平气和地指出他们的来龙去脉。景逸之意，认为两派学者各是其所是，各非其所非，都有所偏蔽。不如转换一种眼光，来看各家学派的流变与异同。只要是真理，便取；不管他是那一家那一派。他说：

自朱、陆两先生分门后，两脉并行于世。龙以为，但取其来龙真，结穴真，不必问其何方何向也。(《遗书》卷八上《答邹南皋书》)

惟有如此，才能斟酌损益，去短集长，而获得最后的折中。可见景逸治学的态度与前此学者不同。前此两派的学者好像诉讼的两造，公说公有理，婆说婆有理。景逸则要做断案的法官，对于两造的讼辞，都要一一验其来历，辨其真假。换句话说，景逸不在门户上争传统，而侧重在学术史的研究。所以景逸的学术思想，是兼收并蓄的。表面上是一本朱子，实际上是出入于程朱、陆王之间。

四、著作

景逸的著作，根据《明史·艺文志》、《清朝续文献通考·经籍考》，及宋定国、谢星缠合编的《国史经籍志补》所载，共有七种：

《大易易简说》三卷

《周易孔义》一卷

《就正录》二卷

《高子遗书》十二卷

以上四种见于《明史·艺文志》

《二程节录》四卷文集钞一卷附录一卷

《春秋孔义》十二卷

以上二种见于《清朝续文献通考·经籍考》

《朱子节要》十四卷

以上一种见于《国史经籍志补》

此七种著作，现在都留存于世。兹依经史子集之序，简介于后。

1.《大易易简说》

景逸博通六经，而尤精于《易》。此书分条诠释《周易》的义理，每条不过几句话，大旨在于以心说易。谓："天地之八者（案：即指八卦之卦象卦德）未尝不备于我；我之八者未尝不充塞于天地。"又谓："易果何物也？曰：吾之心也。"这是说，整个宇宙，就是一个生生之易。此生生之德，皆圆满地内具于吾之心，所以吾之心即是一个小宇宙。明吾之心，即足以明宇宙。亦即足以明易。由于"其知易知，其能简能，易简而天下之理得矣"。所以景逸就给此书取名为《大易易简说》。

2.《周易孔义》

此书是景逸在天启三年六十二岁乞差回乡时，在归途中写的。前此在东林与钱启新讲《易经》，就想把讲义写定成书，结果没有如愿，直到晚年才勒成定本。

所谓孔义，就是孔子之义。六经都经孔子手订，所以以孔子之义为最接近六经的本义。以《易经》来说，读《易》最大的目的，在于"见易"，孔子于易体会最深，能得孔子之义，也就足以"见易"了。一般人都认为六经之中，《周易》最为难读。景逸意见刚好相反，他说："六经惟《易》易读"。因为"惟《易》注自夫子"，只要读《易经》之注，即易传（十翼），就可以得孔子之义，也就是足以"见易"。不像其他诸经，注文出于后人之手；注文之意，不一定经文之意。读通了注文，不一定就是通了经文；因此景逸特别重视易传。此书主要即在发挥易传之义。发挥易传之义，即发挥孔子之义了。

以今日眼光来看，易传实非孔子所作；易传所言，也不一定是《易》之本义。但我们还是可以肯定，易传是孔门义理；其义与《易》之本义，是相续而非相违的。所以景逸所说“《易》注自夫子”虽然不确；但他以易传之义为孔子之义，由孔子之义即足以“见易”，这一点还是不刊之定论。

3.《春秋孔义》

此书以左氏、公羊、谷梁、胡安国四家之传为主，斟酌于其间。无所考证，也无所穿凿。大体上是以经解经。凡是“经无传有”的，不敢相信；“传无经有”的，不敢怀疑。所以叫做“孔义”表示说此是孔子之本义，而非诸儒之臆说。他这种说经态度，可说是很严谨了。

朱彝尊《经籍考》，于此书之外，又著录有李攀龙《春秋孔义》十二卷，注云“未见”。此与景逸所著，书名、卷数都一样，而且攀龙之名也相同。这应该不是巧合；而可能是弄错了。因为李攀龙就是所谓“后七子”的首领，以诗著名于世，而不以经术见长。他的墓志铭，及《明史》本传中也都没说他有这部著作。想是各家书目，有或因攀龙之名相同，故而误“高”为“李”的情形，朱彝尊未及考辨，才误分为二的。

4.《二程节录》

此书取二程语录，择其精粹，分成四类，依次为辨性、论学、治事、释经。每类各为一卷。后面又载文集钞及附录各一卷。书前有康熙癸未陆棡序。

景逸在未成进士之前，即有志于程朱之学。做行人时，利用行人司衙门里的藏书，遍读了二程、朱子及薛敬轩的著作，遇有会心处，便随手摘录下来。此书和《朱子节要》就是这时作成功的。从这个地方，可以看出景逸一生学脉之所在。

5.《朱子节要》

景逸为学，最重朱子。尝谓："不有朱子，孔子之道不着也。"而朱子之学说除见于各种专著外，又散见于文集、语录中；其分量之多，真是浩渺无涯。为使后学省览方便，景逸特别加以选录，仿照《近思录》的体例，分为十四类，每类各为一卷。名为《朱子节要》。也是在做行人之官时做成的。

6.《就正录》

此书内容包括今传《高子遗书》中第一卷"语"、第二卷"札记"的一部分，第三卷"经说辨赞"、第四卷"讲义"及第七卷"奏疏"的一部分。在天启三年，景逸六十二岁时，即已刻板流行。

7.《高子遗书》

此书为景逸卒后，门人陈几亭（龙正）汇编遗作而成。共分为十二类，每类各为一卷。第一卷为语，第二卷为札记；第三卷为经解、说、辨、赞；第四卷为讲义；第五卷为会语；第六卷为诗；第七卷为疏、揭、问；第八卷为书；第九卷为序；第十卷为碑、传、记、谱、训；第十一卷为志、表、状、祭文；第十二卷为题跋杂书。书后附录志状年谱一卷。

其中第一卷至第五卷，以及第八、第九卷，大都侧重在义理的阐发。切近笃实，深湛周密。要了解景逸的思想，这几卷是最重要的数据。

景逸不以诗文著名于世；但景逸之诗，冲淡清逸，真骨凌霜，出入于陶渊明与邵康节（雍）之间。文章则明捷遒健，高风跨俗。两者均无明末纤弱诡谲的气息。

此书初刻于明思宗崇祯五年（一六三二年），由景逸的门人钱士升主其事。现在流传的《高子遗书》，就是钱士升的刻本。

以上七种遗著，又有人把它汇为一编，叫做《高子全书》。有乾隆七年（一七四二年）华希闵刊本。全书所收子目与卷数，与前述各书略有不同，兹列其子目如下：

《周易孔义》三卷

《春秋孔义》十二卷

《四书讲义》一卷

《东林书院会语》一卷

《程子节录》四卷文集钞一卷

《朱子节要》十四卷

《就正录》一卷

《高子文集》六卷诗集八卷

共计四十七卷。其中《四书讲义》、《东林书院会语》、与文集、诗集，原是《高子遗书》的一部分。在这里则打散与其他专著并列。

五、影响

景逸对后世的影响，可分两方面来说。一是政治上的；一是学术上的。

1. 对政治上之影响

政治方面，在景逸当世，就已发生了重大的影响。此影响并不直接表现在制度的变革上；而主要表现在忠义精神的感召上。

景逸讲学，意在天下国家。为政治树理想，为人生立典型；实在是人心向慕之所在。所以起初虽止于书院讲学，而最后则形成士流清议，以为天下名教正义之长城。使得朝野上下的正人君子，都站在同一条阵在线，忠义相许，齐为国家而牺牲奋斗；这是何等的风力啊！

以明神宗之荒怠昏庸，国脉民命早就该断送在内忧（土匪造反）、外患（满人寇边）的交相逼迫之下；要不然，也早该断送在外戚与宦官的手里。幸而赖有东林诸君子，发挥读书人的良知，同心同德，戮力以赴，才不至于瓦解土崩，动摇国本。这是景逸及泾阳诸君子讲学立教的最大影响；也是景逸诸君子足以仰不愧、俯不怍之所在。可惜，继神宗而先后登基的光宗与熹宗，其昏昧不灵，不让乃父乃祖。听任魏忠贤胡作非为，将东林诸君子一网打尽。东林一尽，明朝的气数也就跟着尽了。读史至此，宁不为之废书长叹！

2. 对学术上之影响

景逸对学术方面的影响，主要表现在学风的转变上。

（一）

南宋以至明末，朱陆两派的思想，平分了中国，一直诟争不已。到了景逸当时，整个思想界都成了陆王的天下；而朱学只存在于朝廷的科举上。景逸目睹王学的流弊，乃提倡朱学来加以匡救。自此朱学才逐渐恢复他应有的地位。但景逸为学，主张会通众流，不喜自立门户。乃从朱陆诟争的漩涡中跳出来，转而考察学术本身的流变与异同。此在当时，是学风的一大转变。

稍后，刘蕺山（宗周）讲学于山阴，独标“慎独”为宗旨。论其大体，也是想兼采朱王，折中至当。此精神与景逸是一贯的。清初学者如陆桴亭（世仪）虽偏于朱学，孙夏峰（奇逢）虽偏于王学；但都主张斟酌调停，集长去短。陆桴亭之言云：

> 世有大儒，绝不别立宗旨。譬之国乎，无科不精，无方不备，无药不用。岂有执一海上方而沾沾语人曰：“舍此更无科无方无药也。”近之谈宗旨者，皆海上方也。

孙夏峰之言云：

> 门宗分裂，使人知反而求诸事务之际；晦翁之功也。然晦翁设而天下之实病不可不泄。词章繁兴，使人知反而求诸心性之中；阳

明之功也。然阳明设而天下之虚病不可不补。(《夏峰语录》)

又云：

诸儒学问，皆有深造自得之处。故其生平各能了当一件大事。虽其间异同纷纭，辩论未已；我辈只宜平心探讨，各取其长，不必代他人争是非求胜负也。(同上)

他们这几段话，跟景逸判别诸儒脉络的意见，大意是相同的，其受景逸影响，至为显然。

（二）

又景逸论学，着重工夫，力主实践。所以特别留心世务。他曾说：

学问通不得百姓日用，不是学问。(《遗书》卷五《会语》)

又说：

知学者甚难；知正学者更难；知学而能通达世务，不至以学害世者尤难。(《遗书》卷八上《答冯少墟书》)

明末大儒顾亭林（炎武）鉴于王学末流之空疏，主张通经致用，留心世务；一部《日知录》，就是通经致用，留心世务的具体表现。这种精神，与景逸完全符合。且亭林所标“经学即理”与“行己有耻”二语，跟景逸所谓“宁守先儒之说，拘拘为寻行数墨；而不敢谈玄说妙。宁禀前哲之矩，硁硁为乡党自好；而不敢谈圆说通”诸语极相类似。可知亭林的学风受景逸的影响也很大。

（三）

亭林而外，受景逸影响的，还有黄梨洲（宗羲）。梨洲之父黄尊素，一向与景逸风节相许。后来即因隶籍“东林党”而死于狱中。景逸于梨洲，实属父执，所以梨洲受景逸的影响也特别大。

一则景逸抨击王学，集中在“无善无恶”一语。而“无善无恶”之说，其最大的弊端在于欠缺“工夫”。因此由无善无恶之辨，又引出本体与工夫之辨，而所重则在工夫上。景逸说：

> 不识本体，皆差工夫也；不做工夫，皆假本体也。（《遗书》卷八下《答薛用章书》）

又说：

> 不患本体不明，只患工夫不密。（《遗书》卷八上《复钱渐庵书》）

梨洲也极重工夫，他说：“心无本体；工夫所至，即是本体。”此与景逸的意见是可以相通的。

再则景逸一向推重朱子；朱子在理学家中，最重史学。景逸又教人要通达世务；通达世务，即须娴熟于史。他在史学上虽无著作；但其为学精神与从政表现，所在都显示他对史学有深造，对读史表重视。他教人多读书，就是教人要多穷经，多读史。这一点，不仅景逸为然；其他东林诸君子，也都有一致的看法。梨洲之父被逮时，即曾告诫梨洲说：“学者不可不通知史事”。所以顺此为学精神，继续前进，必定要开出史学来。实际上，景逸之跳出立门户、争传统的漩涡，而着重于考察学术本身的流变与异同，即已开启了研究学术史的新途径。梨洲的《明儒学案》，可说就是在这一新途径的启导下，所创作出来的学术史名著。所以，梨洲之学虽宗阳明，却转而特重史学；尝说：

> 学者必先穷经；然拘执经术，不适于用。欲免迂儒，必兼读史。

如此说来，梨洲之巍然成一大史学家，开出有名的浙东史学，实是导源于景逸诸君子了。

三则梨洲为学，有最重要的两句话，说："读书不多，无以证斯理之变化。多而不求之于心，则为俗学。"此话实本之景逸。景逸有三段话，与此极其类似。其一云：

> 经年之别，而无疑义相参，坐读书不多，悠闲过日之故也。心即理；理即心。理散见于六经。闻见狭而心亦狭；非细事也。(《遗书》卷八上《与吴子往书》)

此所谓"无疑义相参，坐读书不多"，与"闻见狭而心亦狭"，都是梨洲所谓"读书不多，无以证斯理之变化"的意思。

其二云：

> 夫学，欲其得之心而已。无所得诸心，则物也者，物也。有所得诸其心，则物也者，知也。物自为物，故物不关于性；物融为知，则性不累于物。(《遗书》卷九《塾训韵律序》)

此所谓"无所得诸心，则物也者，物也"，即梨洲所谓"多而不求之于心，则为俗学"的意思。("物自为物，不关于性"，即是夸多斗靡，为闻见之知；是谓俗学)

其三云：

六经皆圣人传心。明经乃所以明心；明心乃所以明经。明经不明心者，俗儒也；明心不明经者，异端也。(《遗书》卷一《语》)

此所谓“明心不明经者，异端也”，即梨洲所谓“读书不多，无以证斯理之变化”的意思。所谓“明经不明心者，俗儒也”，即梨洲所谓“多而不求之于心，则为俗学”的意思。

其实，说来说去，梨洲那两句话，就是景逸所主张的“格物”、“反身”的说法。景逸认为：惟格物，始可以明心；不格物而言明心，则只是虚见，流入异端。但，格物之所以能明心，则靠反身，格物而不能反身，则只是夸多斗靡，沦为俗学。拿前面三段话与梨洲所说，两相对照，便知梨洲的为学精神，其受景逸的影响是如何的深刻了。

(四)

又景逸为学，主张“修身为本”。欲以广泛之知识，造成完美之人格。其关键则在明是非；他曾说：“纲纪世界，只是是非两字。”(《遗书》卷一《语》)明是非的精神发挥到极致，便是气节。所以景逸又极重气节，认为学问即所以厚植气节；他说：

气节而不学问者有之；未有学问而不气节者。若学问不气节，这一种人，为世教之害不浅。(《遗书》卷五《会语》)

景逸之从容就义，正是他崇高气节的表现。

后来，当明室覆亡之际，豪杰志士纷纷起来，不计个人名利，不顾身家性命；为救亡图存而前仆后继。如史阁部（可法）、黄陶庵（淳耀）、张苍水（煌言）、瞿起田（式耜）等，其壮烈之精神，直与景逸后先媲美。至明亡之后，诸遗民都隐居山野、不肯出仕。如孙夏峰之贞固；黄梨洲之刚伟；顾亭林之耿介；李二曲（颙）之坚卓；王船山（夫之）之刻苦；朱舜水（之瑜）之峻洁；都真钢百炼，凛若冰雪。这也都是景逸砥砺气节的影响。

（五）

综上所述，则明末清初的学者，无论是在思想本质上、为学精神上、气节表现上，都或多或少地受到景逸讲学的影响。所以，即使说明末清初的学风完全出于景逸诸君子，也不为过。

参考书目

《高子遗书》，明陈龙正编，崇祯五年钱士升刻本。
《明儒学案》，明黄宗羲著，世界书局排印本。
《高忠宪公年谱》，明华允诚著，锡山先哲丛刊本。
《明史·高攀龙传》，清张廷玉著，艺文印书馆影印清乾隆武英殿刊本。
《东林列传》，清陈鼎著，台湾商务印书馆影印《四库全书珍本》。
《东林党籍考》，民国李棪著，世界书局排印本。
《东林书院志》，清高廷珍著，广文书局影印雍正十一年刊本。

刘宗周

古清美　著

目　录

一、刘蕺山的生平事迹

刘宗周，字起东，号“念台”（为纪念他未出生就不幸辞世的父亲刘秦台）；是浙江省山阴县（今绍兴）水澄里人。他出生于明神宗万历六年（公元一五七八年），于清顺治二年（一六四五年，即明思宗崇祯亡国的次年）绝食殉国。年六十八。他的学生和后人都尊称他为“山阴先生”，或“蕺山先生”（他曾在家乡的蕺山附近讲学）；称他的学问为“蕺山之学”。在本文里，我们也沿用“蕺山”这个称号。

蕺山的父亲刘坡是一位聪慧有德的青年，蕺山的外公章南洲因而将爱女许配给他。不料蕺山在母胎中尚未落地，父亲便病逝了。母亲章氏万分悲痛，因刘家一贫如洗，蕺山从满月后就抱回外公家抚养；后来章氏也回到了娘家生活。蕺山十岁开始就跟着外公读书，在母亲严厉的督促和继承父业的期许下，勤奋向学。南洲被聘到百里外的寿昌学校授课，章氏便命他只身前去读书，蕺山从十二岁的幼龄开始，尽管体弱有病，还是奉母命几度长途来往继续学业。章氏性格严肃坚毅，在坎坷的命运下，鲜有欢笑，对这个一出生就没了父亲的独子，没有宠溺，只有向学和成德的鞭策。把蕺山教养成人，是她唯一的职志。蕺山十九岁成婚，夫妻相敬相爱；他白天读书，晚上与妻共操家事，妻子洗衣，他抬水；妻子倒便器，他持光照明；二人烧火炊食，侍奉母亲。二十岁通过乡试，二十四岁进京赴会试，得到中试之喜讯的次日，就接到母亲在家病死的讯息。蕺山哭号哀恸，悲痛欲绝；憾恨他至亲至爱的母亲，全心全力教养他而受尽艰辛苦楚，但是却差一天来不及知道他顺利中举、完成父志，也来不及看他有更大的成就。

蕺山守丧三年，生活严苦，孝思不息，使人感动。有人介绍他去见当时学行卓越的名儒许孚远（敬庵），蕺山前去请他为母亲作传，并拜他为师。许孚远以圣贤之学勉励蕺山，告诉他修身谨严、成就德业才是真正的孝道。蕺山受许孚远的身教和启发很大，也影响了他日后学问的方向。二十七岁，他开始步上仕途，到朝中衙门“行人司”担任一个小官，也开始切实接触国家治乱兴衰的种种问题。不料次年，蕺山的祖父和对他兼有栽培和养育之恩的外公先后逝世，他请假侍病和守丧，过于劳苦和哀伤，以致卧病在床，几近三年之久。在养病的期间，他静心修养，渐渐体悟到，心念澄静比起药物，对病体更为有效。

当时，在万历朝廷中，发生了几件争议性很大的事，大臣对朝政有许多不同的见解和主张，以致议论纷起，然直言者往往遭受当权派排挤而免职。这些人也是当时有名的学者，于是以顾宪成、高攀龙为首，回到江苏无锡家乡，重建旧有的“东林书院”讲学，主张道德之学更须以切实的躬行实践为根本；讲求心性义理之学，应严格辨别人心的公私邪正、事情的是非义利，更应该关怀天下国家的大事。所以东林书院的讲学内容，就由儒学义理的诠释关联到朝中人事的是非，因而引起更多的议论。因为东林书院的人多是正人君子，他们的声望和学问都为时人所景仰，因而也附带引来很多赞成或附会的人，朝中许多政治立场不同的人便指他们为“东林党”。其他人也纷纷就不同的政治利益结成各自的党派。当时蕺山并不想去参加任何党派，但他最要好、最能切磋道德和学问的友人刘永澄，是东林书院那些学者的同志和好友，和顾、高常常彼此策励、论学。

蕺山仰慕高攀龙端严正直的人品，和精密入微、励行实践的学问，曾写信向他请教心性之学的几个重要问题，得到极大的帮助和启发，因而也和他结成共勉道义的生死之交。

万历四十年，蕺山三十五岁，回京复职。四十一、二年，朝中党论激烈，蕺山上书言事，不但没有产生效果，反而被人诋毁；他决定请假回家乡，闭门专心读书。儒家的心性之学本来就是精深微密，不但要在具体行事、日常生活上切实实践，也须在静中省察体证；这种须深思静虑才能有真正的解悟的学问，蕺山沉潜其中，精进不懈。他时时不忘藉师友的启发和切磋、生活经验的磨练、深刻的反省以及静坐工夫的精微入密，向圣学的殿堂层层深入。乡里远近的青年学子慕名而来，拜他为师，请他教导。他就在蕺山附近、他自己家背后的解吟轩开始教学。他教导弟子首重德行的实践，并且对来学者有一些行仪上的规范。其次讲授儒家典籍，旁及于史学、文学等书。休闲时则与弟子登山、唱诗、饮酒、论古今人物。而他第一部著作《论语学案》也在他四十岁这年完成。

明熹宗天启皇帝即位，蕺山四十四岁，那些被当做“东林党”的君子又重获任用，蕺山也被推荐入朝。熹宗专宠宦官魏忠贤，蕺山不顾后果，首先纠劾，直言警告，指出这是祸端，使他险遭重罚。在这同时，满清大兵已经开始向南攻打，步步进逼。蕺山及朝中君子俱忧心不已，对国事诸多建言，但往往不被采纳。邹元标、高攀龙在京师建“首善书院”讲学，策励人心，关心天下事；而蕺山与他们朝夕往返，互相切磋。魏党势力愈大，朝中无耻官僚趋炎附势者不少，正直的朝臣痛加指责，“首善”君子也被看作是“东林”的分枝。那批“奄党”便以“东林党”为名，蓄势扑灭反对者。于是展开了一幕幕残酷惨烈的政治迫害。

天启四年，杨涟、左光斗被免职，蕺山虽屡升新职，但不愿留任朝廷而归。次年三月，奄党大兴冤狱，逮捕不畏恶势力、而且最为小人痛恨的杨涟、左光斗、袁化中、魏大中等六位大臣，狱中严刑拷打至死。这些人都是蕺山所敬服的直臣，其中魏大中既是高攀龙的弟子，也是蕺山的道义之交。蕺山得讯，真是悲痛莫名；作了一篇《吊六君子赋》，浩然慨叹六君子忠直被诬的冤屈、正道义理被摧毁的惨痛，抒写他的愤慨和悲伤。高攀龙反而冷静地劝他，在这种恶劣的情势下，不要因心情太过痛愤而取祸，道义之徒虽不可以有一毫怕死之心，但也不能有一毫求死之心。蕺山如受棒喝，从痛苦的心情走出来，从此更加磨练自己人格节操的严毅峻洁，和凝静内敛的心性工夫。

天启六年，魏忠贤再度诬害朝中有声望的反对者，拆毁东林、首善书院，并准备逮捕高攀龙、黄尊素等六位君子，险些把蕺山网罗其中；京中骑兵来到江苏，高攀龙不愿使朝廷蒙受辱蔑君子、滥杀大臣之恶名，便投水自尽。骑兵再南下浙江，民情汹汹，莫不痛恨奄党无法无天、迫害忠良，打死骑兵一人。蕺山为好友黄尊素送行，伤痛涕泣而别。因一时误传将逮捕蕺山，蕺山虽强自镇静，但感觉到心中不免有一丝恐惧心动。对于要求自己做到心体彻底静定光明、纯然天理的蕺山而言，知道尚有进一步更精深的工夫需要去做。于是蕺山更专注、更严格的从事读书、涵养、静坐、省察工夫，他并将这所有的学问工夫融会贯通，在这一年提出了他“慎独”的学问宗旨，并且在那一段时间，准备着手编撰《皇明道统录》一书。

崇祯皇帝即位之时，蕺山五十一岁，魏忠贤被杀，朝中重新起用奄党所逐大臣。升蕺山为顺天府尹（即北京市长）。蕺山在这个官职上，认真办了很多有益人民的事，如打击特权、惩处地方不法恶徒；在崇祯二年时清兵入塞，流民南逃，秩序大乱，物价飞涨，北京震动，蕺山更发挥了他行政的才能，抚辑流民，设赈灾处；并组织人民保卫家园，维持治安，以安定军心。接着清兵进攻京城，崇祯本想弃城逃走，蕺山一面力劝，一面率城中官兵誓守城池；同时又安抚士卒，稳住人心，后来幸得清兵退去，才算渡过险关。当时外有满清、内有流寇，国难日亟，蕺山常常上疏建言。但崇祯性格多疑善忌，对于直言不曲的蕺山，终不爱重。受重用者，仍是一批虚诈顺承上意之臣。蕺山便于崇祯三年辞官回家。北京百姓，称他为“刘顺天”，涕泣不舍，对他政绩的肯定超过了朝廷。朋友属下看到他简单朴素的行李，深深感叹他的清廉操守。

蕺山回家后，在崇祯四年与同乡学者陶奭龄（当时已逝的阳明学者陶望龄之弟）共同讲学，命名为“证人讲会”，宗旨大意就是要学者体证“人”之所以为人的本体和意义。蕺山并制作了“社约”，规范讲学活动的时间、规矩、形式等事宜，将讲学视作一探讨、传播圣贤之学和启发学者性灵的有意义活动，每月按时郑重举行。后来陶氏讲学宗旨偏重证悟本体，认为证知本体就是工夫，蕺山则力主工夫愈精密，本体才能更昭明。两家宗旨不同，弟子常陷入辩论不休的局面。后来陶门弟子另举讲会，蕺山也另寻地点继续讲学。在这几年之间，蕺山不但启发、造就了许多弟子，也留下了许多讲录和作品，如《圣学宗要》、《孔孟合璧》、《圣学吃紧三关》、《五子连珠》。他有一部重要的著作，也是他生前唯一刊行的《人谱》，叙述学者具体切实的心性修养工夫，就是在这段时间完成的。因为当时阳明学流行，而阳明晚年为启发学生从“致良知”入手，比较强调说明“良知”本体的光明灵觉，部分弟子宣扬王学时，便着重于心体的证悟。悟重于修，知重于行，便产生了议论虚玄、行为放荡的弊病。蕺山一生最重实践工夫，从他受学许孚远开始，便有这样的认知。加上他后来的种种生活、处事的实际经验，他更确信：圣贤之学不能用空谈、不能用顿悟，必定要老老实实一步一步下工夫学过来、做过来。

崇祯八年，朝廷再次征召，蕺山因病请辞，但不被允许。到了北京，在皇帝召对和上疏的言辞中，依然不改执着耿直的作风，批评朝政。崇祯和宦官都很愤怒。次年，蕺山辞官，不仅立即照准，且在回程路上，更下令将他革职为民。蕺山在仕途上的波折，不但不影响他进学求道的心，也一样不影响他对国民生计的关心。在崇祯七年，绍兴大水成灾，蕺山与当地慈善之家共同集募捐助，并办理各项赈灾措施。十年，乡里邻近的嵊县发生旱灾，人民多死亡流离，灾情凄惨。蕺山与弟子设法劝募，并设粥厂赈灾，前后两次的赈灾工作，存活了无数生命。在崇祯年间的其他几次灾荒，他也无不谋于地方官员，出力襄助。

崇祯九年，蕺山下野后，正是他讲学和著作成果最丰硕的期间。此时他的学问成熟，修养工夫也日趋精粹；他提出了“诚意”的宗旨，对《大学》“诚意”和“意”的诠释虽不同于前人，但却是他针对当时学术弊病和由学术普及于社会人心的虚浮风气，融合了两宋理学和阳明学，成为他的一家之说，作为救正时弊的学术主张。十一年编《阳明传信录》，表达他对良知学的诠释及修正的意见。陶奭龄门下议论益加附会禅学，蕺山弟子黄宗羲等与之激烈辩论并决裂，蕺山虽加以制止，但是讲会还是因为宗旨不同而分裂了。其后，蕺山作《礼经考次》、《经籍考》、《古小学集记》。

崇祯十四年，蕺山第三度被崇祯皇帝召回朝廷，他再三请辞，都不获允许。次年七月，迟迟到了北京，在途中，又从吏部左侍郎升为都察院左都御史，这是监察百官的职务。蕺山既上任，对恃势而骄的权贵毫不留情，善恶大小事一律公平无私的秉公处理，立制度、严风纪。蕺山以为崇祯既认真用他，便以上劝皇帝、下肃朝廷纲纪为己任。闰十一月，因用人的原则问题，与崇祯再三辩论。崇祯说，用人首重才能，后看操守；蕺山却认为用人须先看操守，后看才能，并引喻详述，企图说服崇祯。然而崇祯好恶一凭于私，又褊狭刚愎，对于当时言官姜采、熊开元二臣的直谏，十分愤怒，毫不肯原谅，并严加重处。朝臣知道，都不敢说话；蕺山就同时在朝上向皇帝百般开解，并以自身保证，执意申救。崇祯大怒，再度把他革职。十二月初，蕺山回乡，公卿都坐着华丽的马车塞满路旁来为他送行，蕺山自己呢，骑着一匹驴，拿着一根拐杖走了。

回家后，依然是著书和讲学。在此之前，他著有《答董标心意十问》、《原旨》、《治念说》，都是代表他学问特色的作品。六十六岁，著有《人极图说》、《易衍》、《读易图说》、《古文易钞》、《大学诚意章句》、《良知说》、《证学杂解》、《存疑杂著》。

次年，即崇祯十七年，三月，流寇李自成攻破京师，崇祯上吊自杀。这惊天动地的消息传到江南，蕺山痛哭不已；而后计划起义兵。找浙江巡抚、知府，他们都不肯。蕺山与弟子正在筹划，南明福王自立于南京，并诏请蕺山出来共举大业，他以为复兴有望，便往南京出发。一路上疏献策，不久他发现福王身边是一批以奸人马士英为首，准备谋求富贵、并公报私仇（马士英是奄党余孽）的人。他上疏请福王除去这些人，然而福王正是这些人拥立的，怎么可能呢？蕺山只有黯然离去。转回家乡，他整理了一部《中兴金鉴录》，考订《大学参疑》，改订《人谱》。不久，果然福王兵溃，清兵横行江浙，太后所命的潞王左右全是想投降的人。次年六月，杭州亦失守，蕺山眼见明朝沦亡，乡里陷落，万无复兴之望，于是决意殉国。亲人弟子苦劝，不改其志，于是绝食两旬，勺水不进前后十三天，从容死去。时年六十八。

二、蕺山学说的思想渊源

蕺山生于明末，在思想上，他继承的是一个庞大的理学思想系统。所谓理学，或称“道学”，是从北宋中期以来，儒者反省唐末五代政治混乱、人心浮靡；而佛教流行于中国、儒学不振，因而重新深思儒家心性义理之精义，逐渐发展出来的学问。经过北宋周敦颐、张载、程颢、程颐这四位重要大家的陆续的阐发，和南宋朱熹、陆九渊的相互辩论、精益求精，遂使理学不但成为学术思想之主流，也得到了朝廷的重视。元朝以后，理学更成为全国科举考试的主要材料，是任何一位读书人都要研读的学问。到了明代中叶，理学家不断探讨实践工夫，又有王守仁（阳明）提出“致良知”和“心即理”，主张从心性体证到知行合一，彻底实践这种道德的学问。然而王学流行之后，因为归源于“心”的体悟，和简易直捷的教法，学者一旦走偏，便生出了虚玄和放肆的弊病。蕺山便是处在这样一个时代背景里。

蕺山虽然处在王学盛行的思潮里，也对“良知”学有所了解，但他的学问路径并不完全循守阳明学“致良知”的宗旨。他在理学思想上的启蒙老师许孚远，就是着重宋儒“存天理、去人欲”的存养工夫。蕺山更仔细研读两宋理学的内容，他曾编写《五子连珠》一卷，将周敦颐、张载、程颢、程颐、朱熹五人学说中重要篇章加以摘录，并在引文下写出他细心体会所获的心得。他又有《圣学宗要》一卷，再度引录前五人的重要篇章，再加上王阳明的良知学说；对于阳明所阐扬的良知之说，蕺山虽不无疑问，也于文中一一提出，但基本上还是肯定“致良知”的宗旨能够贯串了前面几位理学家的思想精华。以下，我们将各别叙述蕺山如何资取这几位重要理学家的思想，作为他学说的渊源。

1. 周濂溪的诚体思想

周敦颐（一〇一七—一〇七三年），字茂叔，湖南道县人；后代学者称他为“濂溪先生”。他的著作虽然很少（有关理学的只有《太极图说》一篇和《易通》），然而其中的思想，给了后来的学者丰富的启发和很大的发展空间，可说是理学的开山祖师。

濂溪的《太极图说》是将道家修炼养生的“无极图”倒过来，解释成宇宙演化的程序。内容是说，天地的根本是太极，太极生出阴阳两仪，再生出金、木、水、火、土五行，最后生成男女和万物。有了人类和万物，也就有了善恶之事。这样，把天道和人事在自然化生的过程中结合起来，而特别指出“圣人定之以仁义中正而主静，立人极”，就是将这一切归结于“中正仁义”的“人极”。“人极”就是“人道的准则”。可见濂溪虽然运用了道家的一幅图，但是他用儒家仁义道德的精神来建立天人合一的学说，将人短暂的生命投入永远运行不息的天地，以儒家道德精神升华于无穷、生生不息的宇宙生命，以响应佛家提出的生死问题，也开创出新儒家更壮阔、庄严的生命境界。

濂溪在“主静”的主张里，进一步的指出，仁义中正的实践，是要以无私欲、静定的内在修为（“无欲故静”）作为根本的。这个观念，更给了蕺山修养论的最高原则。

这一点，可由蕺山特别提倡的“慎独”宗旨看出。他说：濂溪的《太极图说》实本于《中庸》，至于“主静立极”一语，尤其把“慎独”两字的精神全部表现出来了。[1] 可见蕺山的“慎独”得于濂溪《太极图说》一篇的启发。

濂溪的《易通》（又称《通书》），则又进一步融合了先秦《中庸》和《易传》的思想，将圣人如何体证并贯彻天道与人道合一的纲领讲出来。濂溪在第一章中说：诚，是圣人之本。原始的、伟大的乾道，是万物创生本源的创造力，也就是“诚”的根源。乾道变动化生万物，各成其性命，这时“诚”得到成立，也就是纯粹至善的本体和力量。所以《易传》中说：一阴一阳的变化就是道，继之不息的是“善”的力量，万物生成后就有了“性”。元、亨，是“诚”的力量的通透运行；利、贞是“诚”的力量的反复不息。伟大的天地运行的易道，就是一切万物性命的源头啊！（“乾”是《易经》的第一卦，乾卦卦辞中说：“乾，元亨利贞。”）

濂溪以《易传》乾坤天地之流行化育万物的思想，来解释《中庸》天道与人道合一的“诚”，作为圣人之本，更是形塑了蕺山思想的基本架构。虽然他也取用了“气”的思想、“敬”的工夫和心、性之辨，但他都用来放进这个基本架构里。蕺山思想的宗旨“慎独”和“诚意”，都扣紧这天人合德的“诚”而发，而对“诚”的实践，舍“主静”的工夫别无他途。这都是渊源于濂溪思想而来的。蕺山于濂溪“诚”的思想，有极深切的体会，因而也有极精到的发挥。他曾说：濂溪真是后世儒者的鼻祖，《通书》一篇将《中庸》的道理又翻新谱，发挥得勺水不漏。讲圣人分内事，句句讲的是天道，却句句是指圣人之事。[2] 蕺山自己阐明“诚”是这样的：

---

① 见《刘子全书》卷八《中庸首章说》页四七九。

② 见《刘子全书》卷十二《学言下》页七三八。

天命之性不可得而见，只能就喜怒哀乐、一气流行、天道的贯通反复、鬼神之奥妙变化来讲。而人心之德，也就是天命之性，虽不可见、不可闻之处，却也是明白显现的。所以君子修德要戒慎恐惧，来承当这个道德天命。这所有的工夫，就是一个“诚”，也就是合天人之道。③

濂溪除了提出“诚”作为圣贤之学的思想纲领，同时运用了《易经》里“几”这个观念。《易经》中曾说：君子见“几”须立即有所行动，不须等到明天。又说：“知几”是极其神妙的。濂溪引用了这一个观念，在《通书》中说道：寂然不动，是“诚”的本体；一旦有所感便灵通变化的，是“神”妙的作用；动而未形，若有若无之间便是“几”之隐微；圣人就是能够把握诚、神、几三者的奥妙并把它发挥出来。蕺山又取用了濂溪这种说法，作进一步的说明。他说：“几”正是在善与不善将形而未形的有无之间，念虑一开始动，可能会有稍微的过或不及的偏差，如果这时不察觉，任它再继续发展下去，就会流于恶了。君子知几，是说能够观照洞见，在这微妙的感应上操控得力，就是极深微的修养工夫。④ 所以蕺山专讲工夫的《人谱》一书中，就提出除了闲居无事即须谨严地体证“独体”（凛闲居以体独），一旦动念，接着的工夫就是“知几”（卜动念以知几）。这便是蕺山渊源于濂溪之学而形成的工夫论。

所以整体说来，就蕺山的学术思想里，对他影响最大的就是濂溪。他不但透过濂溪的学说去了解儒家的重要经典——《中庸》和《易传》；而且他甚至透过濂溪去了解其他的理学概念。譬如他认为张横渠《西铭》那种天人合德、民胞物与的思想，是得到濂溪的精神传统；他认为，程明道的《定性书》中“动亦定、静亦定”的思想是得于濂溪“主静立极”之说、明道所言的“天理”就是濂溪

---

③ 见《刘子全书》卷十二《学言下》页七二六。

④ 见《刘子全书》卷十二《学言下》页七四二。

《太极图说》“无极而太极”思想；⑤ 对于程颐、朱熹思想的诠释也是如此。所以我们可以说，蕺山所得于濂溪的，不只是一字、一句，而是他整个的学问的基本精神，和“天人合一”的“诚”的思想体系。

2. 张横渠的气论与立命之学

张载（一〇二〇——〇七七年），字子厚，生于中国北方的陕西郿县横渠镇。后人尊称他为“横渠先生”，称他的学问为“关学”。“关学”具有明显的刚毅厚重、勇于实践的北方特质。他曾说过这四句极有名的话：“为天地立心，为生民立命，为往圣继绝学，为万世开太平”。他的实践工夫更要求自己做到：“言有教、动有法、息有养、瞬有存、昼有为、宵有得”；也就是说，凡是发言议论，都可以作为教化；一举一动，都有法则不乱来；在一呼吸、一眨眼之间都不忘存养的工夫；在白天，必有所作为不浪费时间，在夜晚，读书或思考必有所心得。

横渠在理学上最大的贡献是提出“气”的理论。他在晚年的著作《正蒙》中说：气，充满于广大的虚空之中，升降飞扬，从未止息；是万物的虚实动静的根本。在天地间阴阳各种对立变化之始，浮在上的是轻清光明的质素，沉在下的是浊重阴暗的素质；它们相遇相感、或聚或散，就造成了风雨、霜雪，或山川万物的不同形态和现象，也生出人物之种种差别，气就是这样循环不已，构成了天地。横渠更说明：人，一旦有形，即有了由不同质的“气”所造成“气质之性”；如果善于反省，便会知道，人在根本上是禀着天命所赋的义理之性，他称作“天地之性”。人要明白“人”是生在永恒

⑤ 分别见《刘子全书》卷三《五子连珠》页二七七、二八六，卷五《圣学宗要》页三七八。

不息的天地宇宙之间的一个人。所以，人出于气质之性而各别具有的或强或弱、或缓或急、或敏或愚的性格、资质、情感、欲求，我们不当看做是本性而必求满足。所以横渠主张用“天地之性”的反求认知来“变化气质”，通过对人生价值的肯定和自觉来切实实践。大凡学者，更应当深自明了：面对生死，并不须求生前死后的知识和解脱，人对天地之性的体证、对天道与人道合一的实践，就是以人类看似短暂渺小的生命，对天道存在的意义和价值作了极伟大的弘扬。这便是为天地立了“心”。所以，人活着的时候，是参与同宇宙大流的循环变化；死亡，则是依旧回归这个生生不息的大天地之中，是宁静、圆满地完成了人的生命；又有何畏惧、有何终结可言呢？

蕺山之学中，有极多对“气”的阐发，不可说不是来自横渠学说的启发。虽然蕺山主张“气质之性”和“天地之性”不可以分开为二，“理”不是独立在“气质”之外的。但是他的意思是与横渠相同的——就是要在“气质之性”当中体会、实践天理。蕺山非常推崇横渠的《西铭》之作，不但是将濂溪天人合一的思想，从本体说到工夫，极为实在；也是孔门“求仁之学”（实践“仁”的学问）。“仁”就是与天地万物同体的博大胸怀，横渠精切地指出由小我个体的反求和实践，来与天地大体的推移变化相通相成；也就是在个人道德修为上的“存养”和“省察”来推己及人，以至民胞物与，这是善于秉承天地之心的仁爱，而终于达到生死两无所憾的境界，是真正的“立命之学”。

蕺山对横渠的称道，正是他自己的心得和收获，他不但在横渠严格的自我省察和策励中，看到了圣贤之学无止息、不懈怠的实践精神，也以他自己无止息、不懈怠、临死不逃不愧不惧的态度，真正完成了他的“立命之学”。

3. 程明道的“识仁”说与“定性”工夫

程颢（一〇三二—一〇八五年），字伯淳，河南洛阳人。他是理学家里最亲切平易，又是天资最高的一人。他的著作并不多，但是他能把儒家学问作切实体认、发挥，并表现在日常生活、待人接物的风范中，使人不期然地深受感动；从学问到人格，完全打成一片，让人真心景仰，也让人相信，理学是不落空、不高谈、真实的生命之学。后人尊称他为“明道先生”。

明道提出了“天理”、“识仁”和“天人无二”、“内外两忘”这几个理学中的基本观念，为后来学者所接受，并继续发扬、阐释下去。首先是“天理”这个观念。他认为“天理”是天地间永恒不变、自然而且必然的道理。历史上虽有治有乱、有明主有昏君，但是，这天理只是被隐藏或者被显扬，而不是有存亡或加减的差别。从个人看，人或贤或愚、或贫贱或富贵，天理在他身上一样是具足不缺的；而且人一旦反身而求，就清楚明白地可以体会到这个本来具足的道理，并自自然然地把它实行出来。天道和人道、人心和天理本来就是分不开的，人的心就是自然要表现天理的呀！

明道更指出，“天理”自然表现在人心的，就是“仁”。明道更用一个亲切的譬喻说明：中医把手足麻痹叫“不仁”，正可见“仁”就是周身血气畅通、感应灵敏；扩而大之，人没有个人利害的计较和私欲偏见阻碍，便可以流露这个宽弘公正、敏感不麻木的仁心，浑然与人类和万物互相感通。这才是人的一种健康的、正常的状态。这就是“仁”。任何人求学问，都要先明白“仁”的道理（识仁）。明白以后，只要“以诚敬存之”，也就是对这个天人合一的道理，时时保有一份清明的、谨慎的觉察，人的偏见、私欲就不容易遮蔽我们的心灵了。

蕺山称道明道“以诚敬存之”一语，使得“识仁”并不是高远难及的境界。“诚”和“敬”都是可以着手用工夫的中道，也是蕺山论工夫重要的项目。

明道更在《定性书》一篇里说：人的心，要像普照万物的天地一样无私，而人的情，要顺着万物自然的道理而无有偏私的好恶；我们不必厌恶外在的人事搅扰了我们内在的心，只需有廓然大公、洁净无私的态度，物来顺应，便可达到内外两忘、澄然无事的境界。蕺山对于明道《定性书》不但是衷心称叹，而且句句分析、详加玩味；指出这确是“定性”的极微妙的下手方法。他说：“主静”之学，就是性学；“主静”之说，本是千古以来的秘密宝藏，明道如此阐发出来，真是照亮千古长夜的光明。

蕺山对明道之学，表面看起来，并没有像承传濂溪之学那样明显，可是，濂溪所揭出的几个重要观念，本身并没有详细清楚的诠解，经过后来几位理学家的陆续阐发，义理大纲和内涵才愈明确。蕺山就是这样透过明道《定性书》所讲的心性工夫，去了解濂溪的“主静”；同时也顺着明道提出的“浑然与万物同体”的“仁”，和“以诚敬存之”的工夫，以及“天人本无二”的亲切阐发，才更深切体认濂溪“诚者，圣人之本”之说，进而建立他自己贯通天道与人道、心宗与性宗、本体与工夫并融赅备的学问。

4. 程伊川与朱子的“主敬”说

程颐（一〇三三——一〇七年），字正叔，是明道的弟弟。与明道同时讲理学，教弟子。学者尊称他为“伊川先生”。他的学说与明道有相同处，亦有相异处。同处是两人都讲明“天理”，不同处是在用工夫的方法。明道比较注重由察识人心本来大公无私、与万事万物浑然同体的心境，来化除人的偏私，作为修养的工夫。伊川则比较重视人心常常容易犯的毛病，从这里去谨慎提防，小心持守。所以他特别提出“主敬”的工夫和种种持守方法，用来代替可能会流于佛家虚空的“静”。他把在心上持“敬”的工夫和在事上持“敬”的方法都仔细而具体的讲出来，使学者有所持循。伊川更说过“涵养须用敬，进学则在致知”，作为学者为学和修养齐头并进的两端工夫，为朱子和后代学者所服膺。蕺山也认为伊川之学得到濂溪的义理精神，虽然规模与明道有别，但其见地更为稳实，所讲的话都是亲身经历过来的。

朱熹（一一三〇—一二〇〇年），字符晦，原籍安徽婺源，南宋大理学家。他的学问遍及经学、史学、文学各个领域，而综归于他的理学思想之中。因为他的学问精博详备，对当时和后代都有相当大的影响，后人都尊称他为“朱子”。从时代上看，朱子已经到了南宋，理学已经渐渐发展起来，朱子作了“集大成”的工作；也就是把前面理学家的著作加以详细的整理、研究、解释、发挥，再加以融合，希望造成一个完备的体系。若从学脉上来看，朱子的老师是李侗（延年），李侗师事罗从彦（豫章），罗从彦则是二程大弟子杨时（龟山）的弟子。这一脉学问的相传被后世称作“道南学脉”。

朱子的学说精详，将理学中每一个观念都作了详细的阐发，加上他自己的体验，所以后代几乎任何一个研究理学的人都必须使用到他的说法。所以蕺山自然也从朱子学之中得到了许多更精确的观念，如“心”与“性”之辨，和以大自然的春夏秋冬配仁义礼智四德，这些理学思想的细密发挥，都帮助蕺山进一步去建立他自己的思想体系。蕺山也这样赞美朱子：论学术，晦翁卓然地建立了天下之规矩。又说：朱子学切近精实，又能够开展充拓，循序渐进，正是孔子所指出的“下学而上达”的方法。

蕺山对程朱学的承继，最主要的就是对“敬”的重视和“主敬”的工夫。他曾说：敬之一字，是千古圣贤相传的心法，也就是“慎独”的精义。[6]蕺山所著《圣学吃紧三关》，提出圣学修养工夫特别要注重的三个关键处，其中一个就是“敬肆关”，并列出许多程朱所讲的“敬”的工夫。他也认为学者入门工夫没有比“敬”更重要的了，“敬”的工夫无内外、无大小，从一个念头、一件事情，到修身、齐家和治国平天下的种种事业，都是要本着这个“戒慎恐惧”的态度做到底。但是，蕺山也不赞成将“主敬”讲成许多外在的、烦琐的工夫细节。在蕺山的思想里，“敬”是和“诚”相通的，“主敬”、或“持敬”、或“居敬”，都是以“存诚”为前提；如明道所说“以诚敬存之”，或孟子的“反身而诚”，也就是以时时刻刻戒慎持敬的态度，去体认和实践天道与人道一体的“诚”。

平心而论，蕺山之学属于心学，与伊川、朱子学的形态不同，所以他得自二人的影响，并不大过濂溪、明道和王阳明；他接受“主敬”为最重要的入手修养工夫，并且融化在他自己的思想系统中。在蕺山的“慎独”之学中，“敬”是基本精神和首要工夫，程朱学确实给了蕺山学不可或缺的养分。

5. 王阳明的“致良知”宗旨

王守仁（一四七二—一五二八年），字伯安，浙江余姚人。经历明宪宗、孝宗、武宗、世宗。他一向喜欢兵法，也喜欢辞章之学，又深入过佛教、道教。但他自幼即志在做第一等事，决意为圣贤；青年时用心致力于朱子学，曾把朱子学“格物”用在格竹子上，结果不得其门而入。后来贬谪到贵州龙场，在险恶的环境中悟出他的心学。于是讲“心即理”、“知行合一”，教导弟子。他又曾经为朝

[6] 见《刘子全书》卷四《圣学吃紧三关》页三三五。

廷息灭边境盗寇之患、平定宁王宸濠的造反，立下极大功勋。五十岁，开始提“致良知”学说，逝世时五十七岁。学者尊称他为“阳明先生”，称他的学问为“王学”。

阳明认为朱子之学倡导“即物穷理”（在事事物物上穷究它们的道理），使得学者把自己的“心”和事物的“理”内外分为二边，在读书穷理时，不能和内心打成一片，变成了支离破碎的知识，或是求取名利的工具。而所作所为虽看来中规中矩，但都流于表面工夫，没有认得“心”中本来具足的道德良知。阳明坚定地主张：一切的理在心中具足不缺，不必拿外在的事理来作准则，也并不是在事物上穷究才能得到“理”。他引用孟子“凡人不多加考虑就能知的，就是良知”来阐发这个道理。所以，不论是什么人，都同样具有“良知”；换句话说，“良知”在任何人身上都可以流露出来，所以，“致良知”就是要认清楚，心中的“良知”就是“天理”的显现处，“天理”不是在外面的事物上找来的；学者只要排除各种私欲障碍，把自心的良知扩充出来，发之于日常生活和行为上，才是真正的道德实践。他的学说简易、直捷、活泼，所以信从的人非常多；死后弟子在全国各处建立书院祭祀他，同时宣扬他的良知学说；因而使得明朝中叶以后，王学盛大流行，但也因而流弊丛生。

蕺山对于阳明学，开始是怀疑，中间是相信，后来到晚年又提出许多良知说的缺点，极力辩驳纠正。

蕺山最初向信从朱学的许孚远问学而入门，所以对当时流行的阳明学并无好感，并曾批评王学学者为“讲致知而不知真正的格物工夫”、离开事物只求自心、不立文字、以虚空来解释性命之学，不免接近佛家。一直到蕺山五十岁，细读阳明的文集，慢慢体会到阳明学的精义，所以当他编《圣学宗要》时，把阳明学列为理学传承中的一个重要地位。他指出阳明许多学说及修养工夫，是与濂溪提出的“主静立极”、明道讲的“定性”工夫、伊川主张的“主敬”

精神、朱子讲的“涵养”之学是相通而不悖的。更有甚者，蕺山认为阳明一句“致良知”就把这些宋儒所讲的精华一齐贯穿，确是简易直捷。

这里我们可以发觉，蕺山还是透过宋儒之学来接近、来了解良知学。但是生在明末的蕺山，不可能对阳明学思考和立论的方式完全排斥不理；也不能对当时王学所产生的流弊无所反应。我们更可以说，当他去探讨阳明学所以生弊的缘由，而思索建构他自己的学说时，他具有宋儒之学深厚根柢，但他取法于阳明建立“致良知”思想的模式，而着意避开心学最可能产生流弊之处。蕺山在六十一岁时，曾编撰了一本《阳明传信录》，他摘取阳明全集中许多阳明对“良知”或“致良知”的解释，而特别点出“良知”除了是一份灵明不昧的觉知，更重要的，良知的本体就是“天理”、“天道”、“天命之性”，才使得良知心的显现，自能知是知非，去恶向善。因为蕺山觉察到阳明的良知学之所以会产生流弊，就是因为学者只重视“良知”的灵觉作用，因而任凭自心所发，忽略了良知之体——“天理”及其严肃客观、作为人道根本规范这一方面的意义，忽略学者还须不断用体认、涵养、省察、克治工夫，才能使良知愈光明、愈扩充，所发确当而恒向于圆满至善之境；不致把偏私的感情当做良知，变成无忌惮的小人。

蕺山在读阳明书时，感受到阳明建立良知理论，是从“天理”的本体和“灵觉”的作用，而且正是要这两者合而为一，来避开朱学所说的“性即理”悬空，而事物之“理”又和“心”分开，产生支离或者向外追逐的弊病。阳明曾这样分析：

“知”是“天理”显现它灵明的地方；从“知”能够主宰人的言行举动这个功能（用）来说，“良知”就是“心”（心知、心智），从它的禀赋来源处（体）来看，“良知”就是“性”。⑦

这种“心”和“性”、“体”和“用”合一的思考方式，给了蕺山很大的启发；因而他也使用相同方式来建立他的“慎独”之说。他说过，“天道”需要“人道”才能去发挥完成，“性”需要“心”去体认。⑧因为天道和天命之性是超越的、不可见闻的，而“人”和“心”是能活动、有作用的，所以是我们可以把握、可以修养、可以努力的地方。然后蕺山把“性”和“心”、“天”和“人”之间用“慎独”连接起来。他把“慎独”的“独”作为本体，称作“独体”，他说：“上天所托命于人身上的，就是在心中的独体”；⑨又说：“独，就是天命之性所藏精处”；⑩我们去“慎”（戒慎谨敬地去体认）这个“独体”，就和阳明所说去“致”这个“良知”是相似的。蕺山所说的这个“独体”，他又称“独知”，也曾说：阳明先生所说“良知只是独知时”与《中庸》“慎独”先后一致；“慎独”一着即“致良知”。⑪可见蕺山“慎独”思想和“致良知”学说中间密不可分的关系。

蕺山虽然晚年对良知学有很多的批评，但多半是针对阳明的“四句教”——“无善无恶心之体，有善有恶意之动，知善知恶是良知，为善去恶是格物”而发；⑫尤其是因为用“无善无恶”描述心体和心的作用，使王学愈加偏向虚玄肆荡之风。王学是蕺山学的时代背景，王学的得失利弊都与蕺山学息息相关，我们可以说，王

---

⑦ 见《传习录》卷上页九〇。

⑧ 见《刘子全书》卷二《易衍》页二一七。

⑨ 见《刘子全书》卷二十一《宋儒五子合刻序》页一五五六。

⑩ 见《刘子全书》卷五《圣学宗要》页四一一。

⑪ 见《刘子全书》卷十九《书·答履思》页一三二五，及卷十三《证人会约》页七七三。

⑫ 蕺山对“无善无恶”最重要的评论可见《刘子全书》卷八页五〇六的《良知说》，以及卷十二《学言下》页六九九、七〇三、七〇九等处。

学对蕺山学的形成，无疑是扮演着极为重要的角色。

三、蕺山的思想内容

蕺山一生的思想学说非常丰富，一方面是因为他毕生研究、浸润在这门学问之中；他不但研读，从而深入体会，并且身体力行。另一方面是由于他继承、融合了从北宋以来五百多年的庞大的理学传统，其中多少问题被阐发、解释、辩论、体证、实践，而有了许多具体成果，也有许多流弊。这种种问题，蕺山几乎无一不去重新思考、厘定，几乎涉及理学中每一个讨论过的问题，因而形成了一个庞大的思想系统。我们在此不拟一一叙述他思想中的每个部分和细节，而是概括举出他的几个思想纲要，并在其中层层深入，加以论述。首先，我们从蕺山对“人”的定位——“证人”——开始，其次谈到天地万物如何构成的主张——“气化论”；有了这些思想前题，再进入蕺山学问的最重要宗旨——“慎独”和“诚意”的内涵。

1. 证人说——“人”的意义是什么

什么叫做“证人”呢？就是证明一个“人”之所以为“人”，也就是“人”必须具备什么基本条件，才能被称作“人”呢？这个问题，也等于是问每一个人，“人”的意义究竟是什么？

蕺山之学在一开始，就提出这个看起来不必问的问题，有着很深的含义。人活着，或者庸庸碌碌，或者轻松愉快，或者忧愁烦恼，总是随俗浮沉，常常不愿去深思这个问题。人，这个有四肢五官、又有思想有感情的生物，度过这或长或短的一生，有什么意义？他该怎么了解自己的生命？他该怎么度过他的生命，才不辜负这个人生、才叫做一个真正的“人”呢？

蕺山讲学之始，就把他所主持的这个讲性命之学的聚会命名作“证人讲会”，他讲修养工夫，见于《证人要旨》（在他的重要著作《人谱》里面）。他说：有人问我，人，就是人，何必要“证”呢？我说：是的，人就是人，具有五官、百骸；然而耳之所以能听，眼之所以能看，手足之所以能持握、行走，这其中的道理，人并不真正明白。耳能听得明白，是“聪”；眼能看得清楚，是“明”；手足能持握行走得稳当，都是人自然而然就会的。人的视听持行是形体，而聪明稳当是“性”，而“性”之所以能够如此，是来自“天”的赋予。所以学者要了解“人”之所以为人，必得了解“天”——天命、天性怎样赋予人生命，而赋予生命之同时，又给了人什么？领会了这个，人才懂得应该怎么做个“人”。进一步说，我们如果在“人”之所以为人的道理里去证明、去完成我们生命的任务，也就是尽了天道、天性。

蕺山更在《证人会约》里阐明这个道理，他说：

学者来这里学习，最首要的是得先有一个基本理念：你要当下看待自己是个堂堂正正的“人”，不是禽兽。人，是万物中最灵明尊贵的，天把我们生作“人”，我们就要好好做个“人”。所谓圣人，不过是把“人”的地位做得正确，把“人”的价值尽得完全，没有亏欠。舜是什么人？我是什么人？我只要好好做到，就跟他一样。

蕺山又说：

孔子教我们明白“仁”。仁，就是人，也就是天地之心。人，得到了天地的“心”作为我们的“心”，我们的生命生生不息、心性聪明灵知，可知我们人的生命，与天地万物生生不息的大流，是同体不可分的呀！①

学，是学做人；做人，就是证明你确确实实是个“人”（有“人”的价值的人）；证明你之所以为“人”，就是证明你有一颗人之所以为人的“心”而已。人的心中，有一个天命之性赋给你、显现在你身上的地方（就是“独体”），你要在闲居无事之时，在内心深处去体证它。在你心中，任何念头都还没生起时，在那个干干净净、真真实实的地方，去“证”它，这就是“证人”的最精要之处。②

这就是蕺山学问的起点。他要读书人清清楚楚地去认知，作为一个“人”的意义和价值。因为，如果你对自己存在作个“人”没有这份觉知和期许，你不会真正明白研究这种学问有什么用？好，如果你认为他这个问题问得对，他就可以进一步告诉你，人的存在的意义，要从天地之间去认取。人在广阔无尽的天地间生出，自与天地同一脉动；人秉承着天命之性，这天命之性使我们做了有灵知善性的“人”，我们就得好好做这样一个“人”。而做这样一个人，不是向外去获得什么才足以证明人的价值，而是从最内在的心性出发，一动一息、一行一事，都去诚于这个天道、实践这个天命，你便不辜负自己作为一个具有“人”的价值的人。

然后，进一步我们要问：这个“天道”或“天命”是什么呢？于是，蕺山用“气”来解释这个问题。

---

① 见《刘子全书》卷六《证学杂解》页四一五。

② 见《刘子全书》卷一《人谱》页一六四。

2. 道德中心的气化论——天地万物是如何构成的

蕺山常说：充满天地之间的，都是“气”；天地之间，只是一气流行。当然，从这个说法的表面来看，并不是蕺山原创。在前一章谈到蕺山学说渊源于张横渠时提到过。“理气论”几乎是每一个理学家都必须处理的问题，从周濂溪著《太极图说》，已经关涉到阴阳交感、天地万物化生的问题；张横渠又对“气”发挥很多，用来诠释天地万物、人的性命和修养工夫。到了朱子，想要用“理、气是不能相离但也不能相杂的二物”的说法，把“理”、“气”的界分和定义全盘厘清，却留下理气二分的问题。蕺山谈“气”的理论，运用并且结合了许多理学观念，特别是显现着儒家“天命”观念中强烈的道德意义，并且用来解释心、性以及修养工夫，成为他学说的特色。

首先，他的“气化”的思想还是以“天命流行”为基本理念。他说：天命流行，使万物有它真实的存在意义，就是说这个流行不已的天命，是真实存在、真实运作，万物都得到它的赋予；所以万物存在的根本源头和道理，就在这流行之中，并不是在流行之外另有个道理。③ 蕺山常常提到：维天之命，于穆不已，（这两句原是《诗经》里歌颂周文王的道德如同天命一般无私伟大；《中庸》又引用来说明天道）这两句话，就充分地说明了“天命”这个理则就是“气”所由来的根本。④ 既是天命流行就表现在有理则、有意义的一气流行中以化生万物，因此，“理”就在“气”中。蕺山所说的“气”有着明确的道德意义，并不是大自然中事事物物的消长变化而已。必先了解这一点，我们再继续展开蕺山气化论的探讨。

---

③ 见《刘子全书》卷十一《学言中》页六四四。

④ 见《刘子全书》卷十一《学言中》页六七七。

《中庸》第一章在“天命之谓性”和“慎独”下面接着说：

喜怒哀乐之未发，叫做“中”，发而皆合乎应有的节度，叫做“和”。“中”是天下之大本，“和”是天下古今共有的通达之道。把这个道理推行出去，天地万物都各得其本位，生长发育。（致中和，天地位焉，万物育焉）

蕺山认为《中庸》从喜怒哀乐之“未发”与“已发”来解释“天命之性”，又说：循此天命之性，“道”就在其中，这分明是描述出一气流行的状态。我们观察春夏秋冬的循环变化，可以知道上天的一元生意周流无间；而观察喜怒哀乐，也同样可以知道“人”如同“天”一样，也是一元生意周流而不息。“天命之性”我们不能实际见到，但可以就人的喜怒哀乐一气流行之间，“诚”的通行反复、贯彻实践，而产生的神妙作用来了解。⑤ 蕺山进一步指出：《中庸》所讲的喜怒哀乐，不是七情，而是具有四德的涵义。如“喜”是“仁”的一种表现；“怒”是“义”的一种表现，……都是在同一心中，随着气机流行盎然而起的。譬如说“喜”，在性体中是“仁”，从心来说是恻隐之心，从天道来说是善之源头的“元”，于时节来说是“春”，是生生之机油然畅发。“乐”，在性体是“礼”，在心是辞让之心，从天道来说是会通万物的“亨”，从时节来说是“夏”……。这样讲来，喜怒哀乐的存于中或发于外，都是一股气机流行；一动一静、一语一默无不如此。在寂然不动之中，喜怒哀乐四气相为循环；感而遂通之时，四气又流出于天地之间，是为天命。这也是“独体”的奇妙作用，极为隐微、同时也是极为明显，而“慎独”之学，就是这样的从隐到显、从一心到化育万物，是古来圣贤所传下来的学脉。⑥

简单地说，蕺山认为天地造化流行不息的宇宙活动，这个根源

⑤ 见《刘子全书》卷十二《学言下》页七二六。

⑥ 见《刘子全书》卷十一《学言中》页六五一。

和枢纽就是“天枢”，也就是“独体”。⑦

由此，我们可以明白，蕺山用“气”的思想来加强他对“性体”、“心体”、“慎独”的说明；不但将“气”赋予道德意义，连喜怒哀乐都不只是情绪变化而已，在他的《中庸》思想的笼罩下，这四情如同春夏秋冬，都是天命流行的表征。

由于“心”在人身上是灵明能动的主宰，蕺山更喜欢由“气”来说“心”：

人心，就是“气”。⑧

心体不动的时候，流行的气机无一时间断，就和天命运行一样。⑨

气，就是虚，不是虚能生气。正是由于虚空，才可以行气，才可以有神妙的作用；人心不就是这样吗？心之虚之灵，如同浑然之天体，使万物灵活而有秩序地自然运行。⑩

人之心，看来只有几寸大，其实中空四达，如同太虚。由于虚所以能灵；能灵，所以有觉的作用，觉中有主宰就是“意”；这就是天命之体，是性、是道、是教所从出的根源。⑪

心有虚灵，所以能感应。在父子相待之时，就感应出“仁”；在君臣相待时，就感应成“义”……，“天理”不就是这些吗？⑫

既然“心”是虚明灵动的“气”，正是可以作修养工夫之处。而修养工夫，就落在“气”上。蕺山讲的“养气”就是从这里看。他说：

心，是炯然常觉的，只因被气所役使，就做不得主了。气，是

⑦ 见《刘子全书》卷十九《书·示金鲍二生》页一三五四。

⑧ 见《刘子全书》卷十二《学言下》页六八四。

⑨ 见《刘子全书》卷十三《会录》页八〇五。

⑩ 见《刘子全书》卷十一《学言中》页六三九、六四三。

⑪ 见《刘子全书》卷十一《学言中》页六四一。

⑫ 见《刘子全书》卷十三《会录》页七九八。

一种浮游之气，它很容易一碰到外境就被牵引去了。我们的念头、行动常常游荡不息、跑来跑去，都是气带动的，并不是心的本体是这样。所以学者一定要先“养气”。⑬ 他又说：

孟子说“养浩然之气”；这浩然之气就是天地之间的生生不息的气，每个人都得到而成为我们的元气，这气可以收摄在我们的心上，清明虚灵，动静来往顺当适时。时而发乎道义之大用时，就充塞天地、与天地同流。只因为我们的心念稍有邪曲不诚，理不直，气也弱了，与正当的元气不能相通透，又不知反省，善加存养，日久便志气消靡、生机枯萎了。⑭

蕺山从“气”和“养气”的理论出发，认为学者如果明白“性”和“气”的关系，修养工夫可以很自然地做到。他说：

阳明曾说，言语正讲到痛快时，便要能截然忍默下来；意气正到飞扬时，便要能收敛得住；愤怒嗜欲正到沸腾时，要能适当地消化掉，但这不是具有大勇大智的人是做不到的。在我看来，言语正到痛快时，以气的循环而言，正是会继之以忍默；意气飞扬时，下一步也正会继之以收敛……这就是一气流行、贯通反复，喜怒哀乐自然循环的作用。学者只需明明白白体证到性体，不使妄想、妄动干扰天命的自然运行，时时保住这气中的主宰就行了。⑮

蕺山这样地由“气”来生动地诠释“性”、“心”和修养工夫，他认为这样比用一高高在上、悬空的、权威性的“理”来教人亲切些，所以他一再强调“性”与“气”不二、“义理之性”与“气质之性”为一的主张。他说：

有形态可以认识（形而下）的，我们把它叫做“气”，没有形态、声音可以识知（形而上）的，叫做“性”；然而“性”与“气”

⑬ 见《刘子全书》卷十三《会录》页八二二。

⑭ 见《刘子全书》卷八《养气说》页五〇一。

⑮ 见《刘子全书》卷十一《学言中》页六五〇。

是一体的，人性上不能分作二物。学者要懂得在形下的“气”找到主宰去下工夫，形上的“理”就在其中了。孟子讲“养气”，还有“以志帅气”，都要我们能找到心的主宰。没有主宰，像马没有络头，你怎么能责怪马乱跑呢？我们走路不小心摔一跤，气一震，心都会随之一动；在妄念滋生时、在胡思乱想时、在纵任感情和欲望时，“气”呈现种种暴乱之气，都是由于没有主宰。天道，就是充满气的，如果没有一个自然的规则做主，岂不是一团游荡之气乱七八糟、运行无常？学者常苦于心念难以规范，于是把心、气都加以仇视，归于空无；不知道暴乱之气原也是从浩然之气来的呀！差别只在主宰的有无。如果在这里能提起主宰，让气的运行有条理、顺顺当当、无过与不及，万理归根，这气就清明洁净、无滞无杂，于是生气满腔流露，不也就是浩然之气吗？⑯

蕺山更明白主张，不应该把“义理之性”和“气质之性”分开来说，因为这样的二分法，容易引导学者偏向任何一边。他说：性，只是气质之性，义理是气质之中本来就具有的（义理者，气质之本然），就是“性”。心，只是人心，“道”就在人心里，人心里有“道”，才叫做人心。所以“人心”、“道心”只是一个心，气质、义理只是一个性，认识了这个道理，不必说又要主敬、又要穷理，又要静中存养、又要动时省察，这么多繁杂的工夫；其实，静中存养就涵括了动时省察，主敬就涵括了穷理，德性本体和修养工夫是无法分开的，这个意思早就涵括在濂溪的“主静立极”之中，也就是《中庸》所说的“慎独”啊！⑰

蕺山虽然用“气”来解释一切天地万有的现象，并以此连接“心”与“性”，“天”与“人”，同时主张“性只是气质之性”，“盈天地皆气”的说法，容易被看作“气一元论”或“唯气论”；但我

---

⑯ 见《刘子全书》卷六《证学杂解》页四二六。

⑰ 见《刘子全书》卷八《中庸首章说》页四七九。

们如果进一步了解，他把“气”赋予清楚而绝对的道德意义，并扩充此义到道德修养工夫的说明；他要使学者了解“气”的根源（天命之性）和特质（无所不在）之后，更不容不作修养心性的工夫。这正是蕺山“气论”的基本精神和独特之处。

3. 慎独——体认天命之性

从上面两节，我们已经初步了解了“独体”和“慎独”在蕺山学说中的特殊意义。简单地说，就是蕺山强调人之所以为“人”，就是在我们的生活中、在所作所为中，体证人身上那个“天命之性”，而“天命之性”落在人身上最隐秘深微的地方，就是心中的“独体”，要证明“人”不辜负他存在的价值，就是去谨慎地、真诚地体证它。——这就是蕺山一生学问最重要的宗旨。

蕺山在四十八岁提出“慎独”的宗旨，距离他开始研究理学（师事许孚远）已经二十二年了；也就是说，儒家的经典及理学家的重要著作，他几乎已经都读遍了。在这段时间里，他更与性命之交刘永澄、高攀龙有过深刻的切磋，“慎独”这个宗旨是他凝聚长久而深刻的思考而提出来的。

《中庸》第一章：“天命之谓性，率性之谓道，修道之谓教。道也者，不可须臾离也。可离非道也。是故君子戒慎乎其所不睹，恐惧乎其所不闻。莫见乎隐，莫显乎微，故君子慎其独也。”就是说，上天赋予人的是“性”，循着这本然的“性”而行便是道，圣人顺着道而因应不同的人物情况，便设立了教化。道，是不可以一刻离开的。所以君子在别人看不见、听不到、自己独处的地方，依然要戒慎恐惧，深自警惕，不可以违犯上天所赋予人的性、道。人的私心、隐微处，对天而言，一样是明白显现、不可躲藏的。所以君子要谨慎于独处啊！

这便是《中庸》一书里所讲的“慎独”。但是蕺山所讲“慎独”就不只是“谨慎于独处”这样单纯的一项工夫。首先，他认为“慎独”工夫必须追根究柢——“为什么要慎独”，以及“如何能真正地慎独”。所以他把《中庸》首章的意旨首尾详加玩味，认为“慎独”必须和“天命之性”融贯起来：人人本具的天命之性善，是我们本心中无形地驱策我们、指点我们去“慎独”的根本动力。而在“慎独”时如何用反省、察识、涵养的工夫，就必须借用宋儒所说的种种方法了。就这样蕺山把“慎独”的内容充实起来，把宋儒讲天道、讲心性的精义都融贯其中，所以蕺山的“慎独”宗旨就涵括了天命的性体、主静的工夫，统摄在严格的德性的自觉和反省之中。

首先，蕺山将濂溪的“主静立极”和“太极”拿来讲“慎独”。他说：“独”便是“太极”，人在“独”时的喜怒哀乐，就像太极的阴阳变化一样，天地间的元气流行、万物化生、各成其性，有未发之中的大本枢纽其间，这个天枢，就是太极，也就是“独体”。[18]《易传》里说的“君子仰观于天而了解先天之易”，这“先天之易”也就是《中庸》所引《诗经》里说的“维天之命，于穆不已”，（上天之命是深远无穷、运行不息的）这个“天命”不是指形象的天，而是向我们昭示了“天”之命和“人”之命同样宏大深远的意义，也就是“天”之所以为天啊！所以君子必须在不可见、不可闻当中，细心严肃地去体会，戒慎恐惧地反省和涵养自己，这就是“慎独”的学说。用“独”、用“隐”、“微”、“于穆不已”，都是描述“心”之所以为心。因此，“心”与“天”不就是同体的吗？君子一定要“慎独”啊！[19]蕺山又说：“独体”正如同天命的运行不息，“独”是静时的神妙作用，是动的先机。学者循理而行、不任意妄动就是

⑱ 见《刘子全书》卷十一《学言中》页六五四，蕺山此一说法的阐述不少，学者可参见《学言》其他部分。

⑲ 见《刘子全书》卷二《易衍》页二一六。

"静"，也就是"慎"的极致。这就是"主静立极"。[20]

这是将《中庸》、《易传》和濂溪思想结合起来诠释"慎独"。而身处阳明学之潮流中，蕺山深刻观察了阳明用"天理"之本体和"明觉"的作用（也就是"性体"和"心体"）二端表述"良知"的方式，他又这样阐释"慎独"：

"独"是虚位，从"性体"看来，是非常精微、难以见闻，是思虑未起，连鬼神都尚未察知之时。从"心体"看来，则是像十双手、十双眼那样清楚明见，是思虑已经产生，我心独知之时了。然而隐微难见的"性体"就在可以察见的"心体"上看出来。[21]

人的心有"独体"，就是天命之性。[22]

圣学是以"心"为本的，而我们的"心"受于天命而有，天命命定给人的，就是我们心中那个"独知"。说"独知"，特别是指人在安静独处，还没有接触见闻及人事纷纭的时候，自己的一念所生，别人或许不知道，自己却是明明白白的，无法欺骗自己的，所以叫做"独知"。[23]而且自己的所思所虑、所作所为，是不是诚、是不是善，都是从这里出来；所以才说"戒慎恐惧"。在这里，绝不可以以为别人不知道就乱动念头、或把自己的私欲掺进去，使得后面的思虑、行动都有不善的因素。这个"独知"时刻的纯然清明状态，是禀自天命之性，而"独知"一动，就涵括了天下所有的人事，也就是我们的"心"。所以在"独"上，我们怎能不戒慎恐惧呢！

从这些话，我们可以看出来，蕺山处处指出，"独"是连接性体和心体的。性体就是天道；天道的意义，是宋儒所阐扬的天地之间公正宏大、永恒不变的基本原则，又称天理。这"天道"或"天

---

⑳ 见《刘子全书》卷十《学言上》页五六四。

㉑ 见《刘子全书》卷十《学言上》页五九八。

㉒ 见《刘子全书》卷一《证人要旨》页一六四。

㉓ 见《刘子全书》卷二十三《独箴》页一九一三。

理”在《中庸》里也同时用“诚”来说明。因而，《中庸》里多处阐明“诚”的话，是蕺山“慎独”之说更明确的根源和丰富的理论内涵。《中庸》说：

诚，就是天之道；去真实地实践“诚”，是人之道。

至诚，是没有止息的（不论天道的循环运行或是人道的德行践履，都是没有止息的）。

唯天下至诚，是能够尽其性，然后能够尽人之性、尽物之性，然后可以共同参赞天地之造化生长、与天地的力量合一。

所以，作为天道或天理的内涵的“诚”，既是指万物生生不息的生机和创造力，同样也是人之所以为人的根本道理——“仁”。这个根本之理落实下来，在国家，为礼乐秩序、为万民安和，大同世界的实现；在个人，是自强不息的实践德行，而后推己及人，直到民胞物与，也就是《中庸》所说的尽己之性、尽人之性、尽物之性，而后与天地之化育力量浑合、与天地之道为一。然而这样的境界是最高的理想之境，朝这方面所作的努力就是“学问”。所谓的“天道”、“天理”、“天命之性”是抽象的、形而上的，是说我们本来就有这样的本性、这样的能力和觉知。但是我们之所以能真实地觉知“天命之性”、“天道”、“天理”，是靠我们的“心”。我们的心，虽然时常会随境而有偏私、好恶或不正的种种念头，但“心体”本来是光明洁净而且能有所觉知的；因此，要让我们的心时时不忘去体会那宏大无私、生生不息的天道，和天道在人所应有的道德理则，这便是“慎独”。所以蕺山又说：

诚者，天之道，“独”之体也。能够去“诚”这个天道，是人应该做的（诚之者，人之道），就是“慎独”的工夫。

圣人千言万语说本体、说工夫，总不离“慎独”二字。“独”

就是天命之性所藏的精华之处；“慎独”就是尽性之学。[24]

蕺山看到“良知”宗旨的提出，是鉴于朱学过分重视“性体”、“天理”，并使之成为人间的权威主宰，减弱了人对道德的自主性；所以阳明的“良知”之说就用力在强调“心”的灵知能力和人的自主性，可是，又相对地放轻了“性体”的重视，把“性体”当是自然存在、不必努力体证的本体。蕺山深知人的弱点是容易放失、陷溺，没有一个强有力的道德提升、驱策的力量和目标是不行的，所以他撰《阳明传信录》，把阳明所讲的“良知”扣住在“天理”这个不可轻忽的道德本体上，他自己讲“慎独”之学时，也紧扣着“独体”来发挥。他曾说：阳明学所以产生流弊，正因为学者离开了“独体”来讲良知。所以蕺山着意从“性体”和“心体”两面去提倡“慎独”。“独”既是“天命之性”的道德本体，又是在心上能觉知之处；它是介于“性”与“心”两者之间的“虚位”，又是兼具二者精华而为实践德性最重要的一环。这就是蕺山继承《中庸》和濂溪的思想，并融合宋儒种种精微工夫，也为王学补偏救弊而创出的“慎独”之学。

4. 诚意——寻求内心的主宰

蕺山学说的基本宗旨，无疑是“慎独”，他完整的思想架构是以《中庸》的“诚”为主，再融合宋儒对“诚”及相关思想的诠释而成。但是蕺山到了五十九岁时，又提出“诚意”之说，并且用了很多时间专心阐明《大学》中八条目（格物、致知、诚意、正心、修身、齐家、治国、平天下）相关的问题，最后把《大学》全书的宗旨，归结于“诚意”上。

---

[24] 见《刘子全书》卷五《圣学宗要》页四一一。

蕺山为何要提出另一个和“慎独”内涵相同的宗旨呢？简单地说，他要为《大学》找到一套更好的解释，同时也针对当时王学讲“心”却不在工夫上用力，因而产生的流弊寻找解药。

《大学》一书本是《礼记》中的一章，传说是曾子所传，宋儒开始重视它，把它独立出来，加以阐扬。尤其是朱子，他认为八目的顺序就是整个儒学的基本架构，讲的就是学习的一个个步骤，对学者成学是极其重要的。所以，他不但把《大学》的章句重新编排，有经有传；他认为有些句子是本文，有些句子是本文的解释，把它们整整齐齐排列出来。其中只有“格物、致知”这二条在全书中找不到相关的解释，所以朱子就用伊川对“格物、致知”的解释补进去，也就是把“格物致知”解释成“即物而穷其理”，（就一事一物穷究它的道理）认为学者开始求学，一定要经由“格物穷理”的工夫，才能够诚意、正心，更进而修齐治平。朱子的学说就是以“格物”思想为重点和特色。后来朱子之学定于一尊，更成为科举考试的标准，而“格物”思想也就成为历代读书人所奉持不疑的原则。直到阳明提出“致良知”，“良知”二字虽然是出自孟子，但“致知”却是《大学》中所揭示，阳明正是有意和当时的朱学相别，用“良知”学说来倡明他的心学思想。

朱子重视“格物”，后来学者却偏向读书穷理，向外求知，以致虽博学而支离，忽略了反求自己的真心；阳明针对此弊，从心上讲“致知”，（致良知）但不久流弊又生，以良知为现成、以心为无善无恶，而致空谈虚玄、行为放荡。朱、王都借用《大学》立论，因此蕺山认为也有必要重新诠释《大学》。他以“诚”的基本思想，加上“慎独”和“诚意”在《大学》里相通的义理，于是把“诚意”提作《大学》的根本宗旨；希望把当时方向偏差，而且严重泛滥的学术弊病救正过来。

《大学》里讲“诚意”的部分是这样说的：

诚其意，就是不自欺；如人厌恶可怕的臭味，爱好美丽的形貌，都是自自然然，不能伪装的。所以君子一定要谨慎于自己独处之时。如一般小人，平日闲时无所忌惮地乱来，见到正人君子就赶快掩藏他的恶行，故意表现出善的样子。人家看到你，不会只看到表面的，掩藏有什么用呢？所以说，内在的诚实，是将形之于外的，所以君子一定要谨慎于他自己独处之时啊！曾子曾说：人家看到你，就像十双手所指、十双眼所见那么清楚，这是非常可畏的。所以君子一定要诚其意呀！

可见"诚意"和"慎独"意思是同样的。蕺山又加强说明：

《大学》之道，就是"诚意"；"诚意"的工夫，就是"慎独"。㉕

《大学》一书，从"心"上讲，不从"性"上讲；但讲"心"实际上就包含了"性"。《中庸》多讲"性"，不从"心"上去讲。而"性"就是"心"的根本呀！所以说：善不就是"性"吗？"天"不就是我们人的"心"吗？因此，统统都归宗到"慎独"上就是了。㉖

就蕺山的意思，我们可以这样了解："性"和"心"都是大范畴，若要更亲切地指出心性之学的要义，可以从"慎独"的"独"去了解"性体"这个天地自然之中，无形而至高至善、生生不息的道德之源，从"诚意"的"意"去把握我们"心体"之中的真实主宰。"意"既是在我们的心上，因此动静举止、随时随处都可以察觉此一必然向善的主宰。

从以上的说法，我们可以了解蕺山是把"诚意"和"慎独"的义理等同的。但是这里有个问题："慎独"的"独"体蕺山解作是天命之性，是性体；但是"诚其意"的"意"却是一向学者都解作"心之所发"，朱子、阳明都一样；怎样才会使它有至善的"本体"

㉕ 见《刘子全书》卷二十五《杂著·读大学》页二〇五五。

㉖ 见《刘子全书》卷十二《学言下》页七二二。

和“主宰”的涵义呢？蕺山如何解决这个问题呢？他说：

“意”是我们的心恒在的主宰。（意为心之所存）《大学》既以“诚意”、“正心”、“修身”、“齐家”……为由内到外的顺序，若以“齐家”之本在“修身”，“修身”之本在“正心”，以此类推，“心”是“身”之本，那么“意”就应该是“心”之本了。㉗这样，“心”之本的“意”的意义便指向了性体。

蕺山再三指出：意，是至善归宿之地；它像“独”一样，是一切念虑、行为的根本，所以“格物”要穷究的就是这个“意”，“致知”要知道的也是这个“意”，明白了这个“意”，便是“知本”，也就是“知止”。所以《大学》里面讲的道理，都不外乎“诚意”这个宗旨。因此，除了“意”和“独”之外，无法找到善的根源；这便是《大学》的究竟义理。㉘

其次，《大学》里解“诚意”，指出人们喜欢善、厌恶恶，就如同喜欢美好的事物、厌恶臭味一样，这就是“诚意”。如果以有所喜好、有所厌恶来讲，“意”不就是“心之所发”了吗？蕺山认为，人的好恶固然可以说是“发”，但是从能够决定喜好或厌恶的根本来看，也可以是“恒存的主宰”。（存主）蕺山详细解释他的这个看法：

《大学》说“止于至善”，“知止”就是知道向善；人自然地爱好“善”如好好色，自然地讨厌“恶”如恶恶臭，何以见得人会这样呢？就正是因为“心”的主宰是至善，而且恒常地指向于“善”。所以看起来有好、恶两种作用，其实里头正是一个“先几”；这个“几”，就是动作之前的细微征兆；（这就是继承濂溪所说“动而未形有无之间”，极其深微神妙的“几”）虽能好能恶，但因为“意”是个恒向于善之主宰；心体就是这一个。一，就是“诚”，由于

㉗ 见《刘子全书》卷十九《答叶润书四》页一四〇二。

㉘ 见《刘子全书》卷十二《学言下》页六九八、六九九。

"诚"，才有这个纯粹至善且永远向善的主宰（"意"）在心中。[29]

一般人对"意"的看法总是难以离开"心之所发"，属于"意念"这样的观念，蕺山努力阐发"意为心之存主"的看法，除了借用"诚"的思想、"独"的诠释，他更将"意"与"念"作一番比较，以澄清"意"的意涵。他说：

念，是"今心"二字合成的，指的是当前一个心念。念，是心的余气；余气，就是心没有依循着理而动了气。所以念起念灭、变化流转不停，就成了心的毛病。念头上产生出偏私的善和恶，看事物就跟着有了偏私的善和恶；念头有时昏昧有时清明，"知"就受影响跟着有昏有明；念头有真有妄，使得"意"看起来也有真有妄；念头有起有灭，而"心"也跟着显得有起有灭。但这是由"念"所带动的。"念"随处流散、随处攀缘，没有主宰，也没有固定的方向，但它会带动心、意、知、物的活动变化；因为它是不一定循理、往往会溢出于轨道之外的"余气"，所以说它常会远离天道的正常运行。学者如果以为"意"就是"念"，工夫就会错用在追逐生灭，不能有向上提升、收摄主宰的力量。[30]

所以，不但"念"和"意"要辨别清楚，还要有"化念归心"的工夫，也就是把"念"摄归于心的主宰——"意根"或天命于人的"独体"上。在这里所说的"化念归心"和"意、念之别"，就和蕺山"养气"的主张衔接上了。天地万物和人的念头都是"气"所构成，"气"的活动只要有主宰，便可引导乱动的"气"为清气、为浩然之气、为生生不息之气，回复成一个有秩序、有意义的宇宙人生。

蕺山又时时把"诚意"和"慎独"融合而说：

"意根"是最精深微密的，而"诚体"是本于天的。本于天就

㉙ 见《刘子全书》卷十一《学言中》页六四六、卷十二《学言下》页六九六。

㉚ 见《刘子全书》卷十一《学言中》页六五五、卷八《治念说》页五〇五。

是至善。把至善的体推源到最根本、最精深之处，这便是《大学》里讲的“知止”；“知止”而后有定、定而后能静、而后有安、有虑、有得，才是真正的圆满。这最初最根本处不能有所亏欠，所以君子在细微处戒慎，以圆满完成天心。这个最根源的“意”不可有夹杂些微的私念，然后在性体光明呈露处，“意”就会好善恶恶，在正当自然的表现中呈现至善的性体，这时浑然是天命之性的流露，不必任何人为勉强。在这时的工夫，只有一个“慎”，用“慎”还它本然的“独”体，也正是“诚意”的“诚”。[31]

蕺山把“意”作了与前人不同的解释，使得“诚意”也有了更深的涵义。一方面可以把《大学》的意旨从朱子和阳明后学可能产生偏差的方向加以转移，使成德必经的心性工夫更深密谨严，一方面将《中庸》里头的“慎独”和“诚”的精义，带到《大学》里去，使儒家经典中的义理结合起来，也使“心体”和“性体”的义涵兼容并包，把宋明理学带到从未有过的圆满融会的高峰。

四、蕺山的修养工夫

蕺山一生最重视修养工夫，这是无庸置疑的。我们知道，一个人可以借由读书，把过去的学问读诵累积，成为一套系统；但是个人心性上的修养工夫或是体证境界，却是没有办法靠继承得来，完

㉛ 见《刘子全书》卷十二《学言下》页七一五。

全要实实在在、一点一滴在自己身上不断地努力体验、涵养，慢慢得来。蕺山早年的生活经验，在家族的期许、严格的母教中，全然沉浸在绝对而严苦的道德气氛和要求之中。他的生活和学问，浑然是一个道德的天空。他理学的启蒙之师许孚远，教给他的也是“存天理、去人欲”的训诲和实践的勉励。他随着岁月与环境的流变，一步一步忠实地去践履所学的时候，他把高高在上的天命之性的意义，和微小的个人内心的弱点都看得很清楚，否则他无法去真正地实践这种生命的学问。终生真诚的道德之路岂是容易走的？

蕺山所讲的修养工夫，可以从两个方向来了解：一是从最纯净无染、呈露“天命之性”的心体开始，从细到大、从内到外逐层展开的工夫。二是从人在现实之中难以逃开的种种缺点，省察并加以对治，从下学渐渐上达，然后和第一项工夫相融会，成为一套完整的工夫系统。蕺山一生最重要的讲道德工夫的著作，就是《人谱》。这部著作，在他在世时已经刊行，但是他一直到晚年都还在改订，可见他对这部作品的重视。《人谱》里面的《证人要旨》就是讲第一项工夫；《纪过格》就是讲第二项工夫。以下，我们开始就这两项工夫作详细的说明。

1. 从内到外的实践方法——证人

《证人要旨》揭示学者修养工夫须经的六个阶段：

一是凛闲居以体独；

二是卜动念以知几；

三是谨威仪以定命；

四是敦大伦以凝道；

五是备百行以考旋；

六是迁善改过以作圣。

以下依次说明。前面我们已经提过，蕺山认为，走入圣贤之学首先要有的认识，就是“证人”；他在第一步“凛闲居以体独”里，不仅再度重申此义；而且更进一步说：证“人”所以为“人”，只是证“心”之所以为“心”。那么，“心”是什么呢？儒家传下来的心法，就是“慎独”。为什么说是“慎独”呢？就因为“天命之性”正落在人的“心”上，那一点我们特别把它指认出来，把它叫做“独体”。“独体”非常精微，不去体认就不知道。怎么体认？就只有在每个人闲居独处的时候，什么念头都还没生起来的时候，来和它相认、相证。所以古人说，闲居之时，小人常是以为没人看见，所以什么事都敢作，而深明道理的君子，愈是独处无人时，正是完全面对自我的时候，反而愈加敬慎体察。这个当儿，心境无私无杂，一念不着，也就是这个一真无妄、清明干净的境界，在其中连个善的念头都还没生起，它是一个浑然完整、纯然至善的根源。在这里，人认出它来、也证实了它的真实存在，在这里，你不要不相信，也不要随便瞒过去，更不要乱动念头。这就是“敬慎独居以证知独体”。

这就是蕺山指点学者用切实可行的工夫，用人的“心”去和“天命之性”相会，而“天”与“人”、“心”与“性”的合一无二，就在闲居体独，人人可做的工夫里。把对“天命之性”的理念，变成事实，变成修养工夫。这是“证性”之路，也是蕺山讲“证人”的第一要义。

其次是“卜动念以知几”。一念不生的境界常常不能持久，因为人总要面对生活中各种人事。如果依着这个光明的心地去应事，则全然是天性作用，无有不善，处处回归这个性体之善。但是人常常会有不知何处冒出乱七八糟的念头，蕺山把它叫做“妄”，就扰乱了原有纯然无私无杂的心境。究竟“妄”是什么呢？因为它太细微了，蕺山也无法解释得很具体，他说：“妄”字很难解，还没有到明显毛病的程度，只是如人元气偶然虚了，也就是像一点浮气飘过来；然有了浮气，就有浮质、然后有浮性、然后有浮想，这样合成了“妄根”。[①]“妄”形成以后，原来和天命相通的、清明无杂的心地就不能维持，也不能贯通了，种种的恶念，都从这里生出来。

既然这一动念蕴含着这些危机，所以特别要注意。这里的工夫就在“知几”。如何“知几”？在上章“诚意”的部分讲过，就是念头将动未动的那一刹那，如果心上一直清清楚楚、清明纯净，将动念时，自会察知“几”的动向，自然所发的会是顺着天道、顺着事理的念头来待人接物。如果转出或执着了一个不当的念头在心上，如瞋恨或私欲，你的心也不会不察觉它；一旦察觉这个念头的歪曲或偏邪，自是无法让它继续存在，也就止住了这个念头的衍生和运作。

蕺山思想中，那样着重讲“心之存主”的意，和“天命之性”在心上的“独体”，正是建立起修养工夫的理论根据。有了至善恒存的“独体”和“意根”，心只要维持清明，人无疑是可以自动地“知几”的。这一知，人的恶念、邪念、私念将无地自容。这是蕺山用人本然天性的至善，来化除可能产生的恶的方法，而不是用勉强压制、用念头来对治念头那样困难的方法。唯其觉察得深细而通透，化除的工夫才能迅速干净、不留痕迹。

所以“知几”和“意”（心的主宰）的肯定，和“独体”的证知，在蕺山思想中原是不可分离的，但在说明用工夫的步骤时，则有两阶段的分别。

第三步开始，就是比较具体，也比较容易明白了。三是“谨威仪以定命”。蕺山仍是从“天命之性”上说，“天命之性”看不见，

---

① 此处乃参考《刘子全书》卷十二《学言下》页六八四，及卷一《纪过格》页一七二、卷六《证学杂解》页四一六，以详细说明《证人要旨》页一六五的“卜动念以知几”。

看得见的是一个人的言行举止，有一定的规矩法度。譬如行动要庄重恭敬，不可浮躁轻佻；眼光要端正，不可偏邪；声音要沉静、气质要严肃，不可浮荡等等，都要在谨敬天命的心中，表现应有的礼仪，以变化气质，贞定生命。

四是“敦大伦以凝道”。蕺山认为，人但凡有生命，父子、兄弟、君臣、夫妇、朋友这五种基本的人际关系，是人之所以为人必然具备的，这不是因缘偶然相聚而成，所以这是人绝不能逃避的；这也是儒家和佛家最大的不同。人从内心的天命之性实践出来时，这五伦就是最重要的节目。但是一般人在伦理生活中常常难以完全尽分，所以学者应常怀着自己是否仍不够尽分的省察，努力去做。

五是“备百行以考旋”。蕺山认为孟子所说“万物皆备于我，反身而诚，乐莫大焉”，不是空讲的。因为由自身五伦推出去，天地间可以说没有不在这五伦的范围内。有一处不圆满，就像人的身体伤残了一肢一节，而肢节受伤也如同腹心之痛。五伦所要尽的是仁（父子关系）、义（君臣关系）、别（夫妇关系）、序（长幼关系）、信（朋友关系）。扩而大之，“仁”就是对人皆有爱心，“义”就是行事无不合宜，“别”就是凡事辨别轻重、各有定位，“序”就是凡事谦让，“信”就是于人无不真诚信实，这就是“尽性之学”。学者动不动就说“万物皆备”，只是如镜中花一般虚幻，必须一项一项践履过，才是真正见到这个道理。

六是“迁善改过以作圣”。自古以来没有现成的圣人，即使如尧舜也是谨慎实践不敢间断。学者作修养和实践工夫，就是专心迁善改过。以上所说的五项，如果没有切实经历检讨，过错真是数不清；经历过上面五项，更是让你看清自己无数的过错。凡是行一善，就要由此扩充更多、更大的善；如果检讨出过错，因这个过去不自觉的过错所牵连的种种过错更不知有多少有待改进。学者就要在这样无穷无尽的向善改过的历程中，渐趋于圣人之境。然而什么是善、什么是不善，怎么知道、怎么决定呢？蕺山以为只要回归于本心，本心之中原来是历历分明。本心灵明处一决定，立即付诸行动，善就做、恶就改，随时都有工夫可以做。做时更要明察道理、仔细检讨，一方面使本心更加明白，一方面随时提醒自己，不要以为做到眼前境界就已足够、可以停止；无穷的道德修养工夫，是没有止境的。也只有在这样无穷的修德工夫中，自觉地、艰苦地、不息地开展了、扩充了人之所以为人的那颗灵明的心，"证"明了"人"的终极意义和价值。

2. 从实行到证悟的践履过程——改过

蕺山讲道德修养，极重视"改过"这个工夫。"改过"看来是极平常、人人都了解的一句话，就是指人有了过错把它改过来。蕺山对于修养工夫有极深刻细微的探究，他认为"改过"这个行动，非要追到人的意识最底层——人何以会犯过——来彻底清除不可。要改，也要追寻出非改不可的动机和力量，而不是泛泛讲过，或改了又犯的浮面行为。蕺山在《证人要旨》后面紧跟着有《纪过格》，把人会犯的过错从细到粗一一加以分析，并同时把过错发生的地方指明出来："微过"，是发生在"独知"被"妄"所侵犯时；其次是"隐过"，是七情动而不恰当产生的；其次是"显过"，是明显地在行动举止上不检点所发生的；其次是"大过"，是发生在五伦关系没有循理实践；其次是"丛过"，是在百行上违犯礼法所致；其次是"成过"，是众恶已极为显著，须彻底痛改。

蕺山的学说，并不是只是凭空说个"天命之性"，他的实践也不只是只能从最细微、最精深处的"独体"、"独知"来觉察和实践；一般人要静定到"一念不生"去体认心体，是谈何容易的事！蕺山毕竟是切实经验过修养之路，深明修道是何等艰苦；所以从另一个方向来说，最切实的路，是要从现实中已经“满身是过”的状况开始。如果说从“天命之性”的“慎独”开始是“从上而下”的方式，那么知过、改过的方法就是“从下而上”的方式，到了最后，“改过”和“证人”的实践和体证是合而为一的。

与蕺山同时，有一位居士袁了凡，撰写了一本《了凡四训》的书，提出善行有善报的说法和自身经验的证明，主张凭着人所作的大量善行，可以改变命运，达到人的心愿。袁氏并有“功过格”，认为所作善恶都可以清楚的一件一件来计算，当时很多人都接受这种说法，也用这种说法来劝人行善。蕺山以为这样是用功利之心来行善、用惧祸之心来改过，并不是圣贤之真意。所以他在《人谱》中有《纪过格》、《改过说》、《讼过法》，来说明儒家圣贤“迁善改过”的真意。

蕺山“改过”工夫的关键，指向人心中的一份“知”。他在《改过说》中说明这种“知”的两种作用；他说，知有“真知”和“尝知”。“真知”是一份强烈的、彻底的明察明照，一旦照过便纤尘不留，这是所谓“有过未尝不知，知之未尝复行”，这种知虽然人人都可有，但只有非常睿智清明的人才能显现出来。另一种是平常人的“尝知”，就是“习心之知”，也就是由于听从平日父母师长教诲，或读了书接受书中的道理，拿来检讨自己，因而对自己所行不合义理处，会有如石火电光般的觉知，但是常常十分短暂微弱，事过境迁又容易疏忽忘失。这时，一定要把握住这一份觉知，付诸实现，实实改一分过，便实实见一分善，此时虽然心地尚未完全清明纯净，还夹杂些许昏乱不清楚的念头和习气，但是总是向上提升了一层。善心稍有增益、逐渐扩充，然后觉知也跟着往上层层提升，进而也就能够觉知、照见更细微的过失。过失层层被觉察、去除，心体便分分呈显。这样“尝知”便会渐进于“真知”；也就是说，心地会由于历经这种过程，愈来愈加明莹，觉察也愈加细密清晰，少有妄念可以留染。这的确是真实做工夫的方法次第，甚至比从“天命之性”下贯的方法更实际。

虽然，蕺山做工夫的方法很实际，但是，无可避免的问题是在：既是只由“习心之知”的“尝知”起手，现实中尚未完全明莹洁净的心地，有时会使“改过”的工夫过程出现危机。也就是：即使犯过而“知过”，但人常会“文过”，就是为自己的过失找借口，把它合理化，或是遮掩，以拒绝“改过”。人心念的微妙变化，及天人交战都发生在这里。蕺山也注意到，并做了极为精微的观察和分析。他说：

人心常从“真”转到“妄”，其实“妄”并不是实有的；只是人心从“明”到“暗”的变化而已。暗处就提供了“妄”滋长的地方。虽说人有过皆能自知，这份本体原有的光明是从不止息的；但人心的暗处多的时候，便有了过失。有过又进而文过，真是暗中加暗、妄中加妄。学者做工夫务要去除蔽障，是去除黑暗的好办法。人的心体本来是光明的，但不免受暗；明是心，明中之暗是过失，但是“暗”也还是在心体之“明”当中呀！只要一逆转方向就可以，就是用个“提醒法”，光明一闪，立即不放过把它扩充出去。这就是孔子说的“内自讼”。这时心中可能善恶交缠，此起彼落；这就像法庭上诉讼，打官司的两造抵死争辩，势不两立，你必得在其中反复推求，寻个水落石出、明明白白。所以学者要经历这种善恶是非的思考和判断，一定要细心、要虚心，不可主观、不可偏执，要小心观察自己的言行和动机，自己不知道的、没觉察到的，绝不可姑息放纵呀！②

当我们读蕺山的思想理论，看他这么确定地告诉学者：“独体”

② 见《刘子全书》卷一《改过说二》页一八五。

和“意根”是我们寻求至善、实践道德的主宰和指引，但是这两者并不是现现成成地放在那儿等你用的，它们是要你在修德的工夫历程进步到相当高的层次时才能朗现；在一般人学而未至时，那种善恶交缠、天人搏斗的惊险，“内自讼”的工夫那里是省得了半丝力气的！

既然“知过”和“改过”需要这样层层去除、艰辛而精细的工夫，蕺山跟着提出“讼过法”作为学者实行的一个参考：③

点一炷香，放一杯水在干净的茶几上，下面准备一个可以坐下的蒲团。在天亮时，好好坐下，齐手盘腿，正容屏息。在恭敬静谨之间，好像有一个威严的神在眼前，我坦白呈上我的过错，似乎听见一个训诫的声音对我说：“你是个堂堂的人，一旦犯了这些过失，就像禽兽，那像个人！”我答：“是！”又好像看到十双手、十对眼睛，一齐对我指责。我答：“是！”此时内心沉重，深感惭愧，面红发汗，好像被严格处罚一般，痛切地说：“真是我的罪过！”又听到严厉的声音说：“不可以暂时供认敷衍！”我答：“不会！”然后，经过一会儿，感觉一股清明之气，徐徐吹来，在太虚之中，此心便与太虚一般广大空灵。才知道以前所犯之过都是妄缘牵扯，妄不是真，真心自在。湛明灵澈，念头思想或来或去，它都是寂然不动，这才是本来面目。这时便好好保住它，如有一杂念生起，就轻轻吹走；再继续保持，如果又有杂念生起，再把它轻轻吹走。这样经过几次，不要忘失，也不要勉强，不要马上求效果。作过这工夫，便整衣而起，一天闭关不出门。

蕺山这种方法，非常特殊。先是一个我，同时扮演受审者与法官的对话：一方痛切认罪，一方严厉无赦地进逼；让犯过的心无所逃遁、无所掩藏；一问一答之中，善恶角色对立分明。等过失心逐

③ 见《刘子全书》卷一页一八一。

之净尽之后，二者消失不见，回归一个太虚同体的心，而刚才进逼扑灭的，不过是妄而不真的念头。蕺山将“心”这样两极化——将犯过的心具体化，严厉拷问，绝不宽贷，也绝不轻视过失之心的真实性。追到底后，又指犯过心其实只是不真实的妄缘，让心回到广大无形、湛然空寂的太虚，也就是化除这犯过之心的真实性。由前者，“知过”、“改过”的工夫才能切实不苟地做；由后者，不让犯过的心成为真实的执着和障碍，而心的本体，本来是至诚不息、灵明广大的。继而保住这干净的心体，一丝微小的杂念落下都可以立即察见，可以立即驱除。一次又一次如此，心地更加清澄，长时间保住这种状况，自能念念清明。这样做下来，连“微过”都不易起，也才是彻底的改过。这种从过失的去除，到体会真实清净、广大光明的心体，实已涵盖一切工夫。

这种工夫论，不但深切彻底，而且我们可以看出它的特色：看似由下（改过）而上（回归太虚般的心体），其实是将知过的心与清明寂然的心打成一片，使二者合而为一；作为一个既实具“天命之性”、又必会犯过的“人”的本质和“心”的各种层面，蕺山实有比常人深刻太多的体会。

3. 提起主宰、变化气质——“觉”与“学”的合一

无论是由“天命之性”以“慎独”，或是由“讼过”、“改过”以回归心体，在工夫实践之际、在实践的主人——“我”的身上，都需要一个恒向于善的主宰，来把这个信念化成行动。是“独体”也好、是“意根”也好，它们“应该”是我们行为的至善主宰。但实际上，我们怎样让它们在我们身上发挥力量，并不是高深的理论就能办到。在道德意识的培养以至于有所体认，进而到真诚地去实践，在在都需要学习——也就是依着先知先觉的圣贤所留下来的教

典和方法去学习。

这样的学问也可以从两个方向去展开，它们都是在日常的生活行止，及心念的来往生灭中；一是时时提起“主宰”，使天理、正气自然流行；一是针对自己不同的气质习染，对症下药。

先说第一种，提起主宰，要把人的生命放在气化流行里来看。蕺山一向主张“气”就是“性”，“性”就是“气”，二者不可分开。性，指天命之性；气，指人所禀受于天地之气、并与它不可分离的形气。故蕺山再三说明，所谓的天道，只不过是一气布满，以“北辰”（北极星）作天地的枢纽，便循序运行，不致游气乱窜。人也是一样，凡有暴起暴落之气难以控制，便巴不得打死这个心。其实气只是气，只要提起主宰，一一顺其条理，该做的就去做、不过度勉强、也不疏忽懈怠，一收一放，妥妥当当，万理归根，满腔生气流露，便是浩然广大的正气，也是湛然虚明的清气，还是一样是“气”。这便是尽性工夫。④

在这种“一气流行”的思想所化成的实践工夫，蕺山说得很多；他又说：气，不能偏一边：如果只有阴或只有阳，都无法正常运作。譬如财色心，如果硬性止截，将会格格不入；即使硬止住了，便流入了一种乖戾心，也是伤害。真要拔去病根，只须提起主宰，让此心有主，一气的周流循环，自然渐渐还原秩序，便可使生意活泼不息，自然消除了那偏邪之气；因为人心本来也是气，人心所生出的，都在天理流行之中。⑤ 所以“气”既然有自然循环、周而复始的妙用，在人心时而会不自觉而产生流荡往来、妄动不定的“客气”或“余气”，造成了种种妄念，只要懂得“提起主宰”，化念归心、化暴气或余气为正常运行的气，就没事了；也就达到了修养的目的。

④ 见《刘子全书》卷六《证学杂解》页四二六。

⑤ 见《刘子全书》卷六《证学杂解》页四二七。

第二种方法是“变化气质”；蕺山说：人生而有气质之病；（因为人出生分到的“气”，都有个个的差别，如或是男或是女、或是偏柔或是偏刚等等）“气”容易失之于浮，气一浮，便表现为轻为薄；“质”容易失之于粗，气一粗，就表现为重为浊，在人身上就有了种种毛病。怎么对治呢？浮，就用沉着稳重来对治，粗，就用细心谨慎来对治；而且还要在一件一件事上来治。⑥至于对治之方，蕺山曾经对他的儿子详细的说过。他说，譬如气质为“庸”的，必定是比较愚笨，就要增长智能；“庸”又往往比较懦弱，就要磨练坚强；“庸”又容易随俗流荡，必须改成贞固；“庸”又容易狭隘，要用宽大来改；“庸”容易浅薄，要用稳重来改，如此一样一样观察自己，针对着毛病去改。如果不知道改的效果，可以验证：试之以是非判断，可以看出愚笨或智慧；试之以利害得失，可以看出懦弱或坚强；试之以欲望的诱引，可以看出流荡或坚贞；试之以忿恨之事，可以看出狭隘或宽大；试之以言语，可以看出浅薄或稳重。所以穷究道理，可以启发觉知；判断义理是非，可以培养勇气；控制欲望，可以坚固操守；平息忿恨，可以扩大度量；小心言语，可以谨慎先机。这些德行的培养，不必远求，在起居日常、待人处事上在在可以修养。这些就是学问。这样的修养工夫，如果只是努力矫正，则只是庸人的本事；如果能借用这样的修养工夫，不断地去体会，终于明白“气质”与“天命之性”一体的道理，便是成德之道。⑦

蕺山认为“学”虽然是遵行孔孟、五经、程朱等先贤所揭示的道理，其实正是回归我们自己的心。就好像一个人生下来不认识自己的父母，一旦有人告诉我们，这是你的父母，我们认出我们的父母，自然会悲喜交集，相见恨晚。我们有“心”，却不很明白自

⑥ 见《刘子全书》卷六《证学杂解》页四三〇。

⑦ 见《刘子全书》卷八《做人说二》页四六四。

己的“心”，这些圣贤典籍告诉我们，使我们恍然大悟。我们看来似乎对的，如果有人明白指出对的道理，我们会更勇于实践；我们认为好像不对的，如有人为我们指出何以不对，我们将会更果决的去除它。种种是非判断，我们习以为是，觉得似乎应当如此，等到被指点出其中的道理，我们心中就豁然无疑。所以，圣贤的书册、前言、往行都是最明白、最重要的指点。⑧ 圣贤的心，就是我们的心，懂得读书的人，就是在书中寻求到我们自己的“心”的真义，同时也就懂得怎样做“人”的道理。心和理，都不是很容易明白的，所以必须借助于博学、审问、慎思、明辨，并且行之不已。有人说：不反求自己的心，去寻求所谓圣学的道理，不像是沿门持钵去讨饭吗？蕺山认为：沿门持钵而真有收获，我宁可做这个讨饭的人。⑨

所以我们可以看出来，蕺山绝没有像当时有些王学学者，空疏不学、喜欢高谈本体，并认为反求自心就足够了。他讲“提起主宰”，需要对“天命之性”的真谛，认真研求讲明，有所觉悟，来做主宰；讲“变化气质”，更要有前言往行、圣贤经典，化作种种明白可以遵行的原则、对症的良药。学者在修德过程的觉知，虽说是来自本具的“天命之性”，但要凡夫初学认出“天命之性”，不靠学问如何可能？

蕺山指出学问的最终目标，他说：我们求学为的是什么？上天生人，使先知觉后知，先觉觉后觉。那些先觉者，任重道远，负荷着沉重的使命。我们生在这个时代，作为一个人，就应当求之于先知先觉所遗留下来的学问，成为一个后觉者，去觉先觉所觉悟的一切道理。而蕺山就是这样把“天性”和“气质”融合一体，并在修养工夫上，用“学”与“觉”去实践这个理论。

---

⑧ 见《刘子全书》卷八《读书说示儿》页四七〇。

⑨ 见《刘子全书》卷八《读书说》页四八八。

有人认为蕺山的修养工夫太严厉、太紧张，如果我们真正了解蕺山之学的精神和重要内涵，便会明白：这种"紧张"，并不是来自恐惧、惶惑、疑虑或深重的罪恶感，也不是不能信赖内心具有自讼自省、真知明觉的力量。所谓的道德紧张和迫切感，正是因为亲切体认到天命之诚的生生不息；见得愈真切，愈不容自己姑息、懈怠。觉照愈明，过恶似乎愈显，但是实践者并不会迷惑或沮丧；因为，数过益密，正是证明你是在一种宁静明白的心地上，如同照射灰尘的朗朗阳光；因为，实践者看见了自己的努力和进步。蕺山所说"通身皆是罪过"，就如同孔子曾说的："若称赞我是'圣'或'仁'，则我岂敢？我只是在为学与教人的道途上，不厌不倦地去做而已呀！"——那种笃定地走在大道之途上、真实地看见了道途的长远，而感到的心安和谦抑。践履愈勤，真知愈明；真知愈明，自信愈笃；知过愈密，而改过愈力。这种无怨无尤、不愧不悔、没身不已的无限历程中的境界，就是"孔颜乐处"[⑩]啊！

⑩ 孔颜乐处，即指在《论语》里孔子自云："饭疏食饮水，曲肱而枕之，乐亦在其中矣。"又说弟子颜回："一箪食，一瓢饮，在陋巷，人不堪其忧，回也不改其乐。贤哉回也！"到宋明的理学家开始去探究孔子、颜回在贫困的生活中所乐何事？进而去阐明这种在修德为学、立己立人的生命历程中所感受到德性精神的充沛和生生不已，与天地一体的喜悦，就是"孔颜乐处"。

五、蕺山之学的意义及影响

蕺山生于明末，不但在学术方面融会了两宋理学及明代各家，尤其是王阳明学之精华，为中国文化史上的心性义理之学作了一个完整的总结；更难能可贵的是，他不但成就学术的贡献，更能够把这种学问作一番彻底的实践和见证，让这种学问，不只是书册纸面上教条式的文字理论，也不是不关痛痒、高不可攀的玄想空论，而是切切实实可以实行、应该实行的生命原则。他的一生，充满学问的探求，也全是实践此学的足迹。我们要叙述蕺山之学的影响，必先探求其学的意义，再看他的志节践履和学术思想这两方面带给后学的启发。

1. 蕺山的志节和践履的意义及影响

从本文第一部分所述的蕺山生平，我们看到了他的身世、母教、周遭环境和他自身的性情，使他走上进德修学、刻苦自励的生命之途。蕺山蕴藏于内心的严格而真诚的道德意识，自然地发于行为之中。他事奉母亲——世界上对他恩情最深、期许最深的人，是无言地至孝。当他长大成人、考上进士，终能以“立身扬名”的第一步重要成就来安慰母心时，母亲刚巧病逝。他便要以终身严毅精苦、不容放逸丝毫半刻的成学成德的践行，来回报母恩，来尽无穷的孝思。直至他绝食殉国之刻，才说：我终身不谈到双亲，只因悲痛太过，不忍出口啊。又说：胸中所蓄万斗之泪，一半为君主、一半为双亲而流！

蕺山居家，慈爱宗族乡人，济贫救难，固不待言；对待妻子，有敬有爱、相助相成；教养儿女，有言教有身教；对待道义相切磋的朋友，尽情尽义。如结交一年便逝世的刘永澄，蕺山对他有无限的怀念哀思，哀痛失去了可以切磋互勉的道友，更为友人道业未完而痛惋。对亦师亦友、劝他不要与恶势力对抗以招祸、而自己为保全节操而死的高攀龙，蕺山将他的死亡诠释为儒家最高道义理想的完成，免除后人评他近于佛家。对于东林好友黄尊素将赴奄党之死狱，蕺山为之饯别，并接受了好友的付托，照顾其家、教育其子。后来弘扬蕺山学最力、为清初三大儒之一的黄宗羲，就是黄尊素的儿子。

因为蕺山的学问道德深为时人推崇，颇负清望，所以受诏出仕、升职的次数不少（天启元年、四年、崇祯元年、九年、十四年、十七年），但每次的仕宦生涯并不长；在政局中不断膨胀的恶势力，对于他这种绝不妥协求进、绝不阿諛取容的性格，是无法接纳的。他敢讲别人不敢讲、当权者最忌讳的话——如弹劾魏忠贤，因此不是遭革职就是自己断然求去，绝不恋栈。明代最后一个皇帝——崇祯，性格刚愎褊狭而又多疑，虽然由于蕺山的才能和声望，几次提拔他，蕺山也尽心努力职守，但崇祯终不能忍受蕺山的耿直和别人的挑拨，最后还是把他革了职。蕺山何尝不愿做事，又何尝不能做事，他也明白崇祯看重他的心意，但不能容忍他的原则和见解。明朝亡国，崇祯自尽，蕺山的痛心疾首是难以言喻的。

人世的种种，在蕺山看来，无不是天道的表现，在人间就是伦理的规范，亲子、君臣、朋友……之间应该尽的，他没有省一点儿力气地去尽到底。然而生死存亡、无常流变又是多么的虚幻，深造于心性之学的他，怎么会不明白！佛家的生灭随缘，他又怎么会不懂！然而蕺山不肯定“求解脱”的路，天地的流转、万物的枯荣，不能解释作一个虚幻不实、随起随灭的娑婆世界；中国的先圣先贤，教我们建立人的意义和价值，天地的流转、万物的荣枯，是个有着刚健自强、至诚不息的创造力根源和理则，天之大德就是“生生”，就是至高的善。我们必须肯定这一个丰富饱满、生生不息的宇宙的存在和运行，必有其自身的道德意义；这样，在流变的世界中，人的短暂的生存，才有价值；义理的坚持，也才有意义。蕺山以为，佛教教人以“了生死”为前提，似乎把人看小了。人若把“身”只看作一个形躯的身，自然会贪生、会怕死；人原是天地之间的人，“身”要放在天地之间来看，然后尽伦尽分，无所贪求和畏惧。蕺山的心，是大心；所以，蕺山的“孝”，是大孝，是一份可以扩充到人格和学问中去尽性立命的“孝”；蕺山的“义”，是大义，必得要扩充到朋友之爱、国人之爱、夫妻之爱、道义之爱里面去的；而他的“忠”，不是一个臣仆忠于故主而已，而是一个士人对天下国家不可卸、不可逃的伦则，国家已亡，全无可挽，他尽其道而生，此刻，唯有尽其道而死。在这里，我们看到蕺山之学的最终归趋，是彻彻底底的儒家。所以他修正与他同样立志圣学、也同样为尽道义而死的高攀龙临终语“心如太虚，本无生死”，为“尽其道而死”。①

蕺山死得坚定而艰辛，他先是绝食，然后绝水，勺水不入十三日才气绝。他这样忍人之所不能忍，长时间和自己求生本能挣扎，从容而缓慢地结束这个躯体生命。要有多么坚强的意志，多么勇敢无悔的坚持，去完成他一生所真诚追求、所信奉实践的学问。他，为儒家的圣贤之学的理想作了见证。

---

① 见《刘子全书》卷二十一《书高景逸先生帖后》页一六七二。

蕺山讲学的时间很长，故弟子很多；可考者约有一百三十余人，不包括再传及私淑弟子。蕺山不但在平日讲学中，再三强调道德实践的精神；而他自身行践的严毅精粹，诚于中，形于外，故听闻其学者，又看见他的风范和仪则，都会深有感发。京师沦陷后，弟子王毓蓍等已先殉国。许多蕺山弟子在他身边，共同策画复明。直至知大事不可为，蕺山决定自尽，绝食绝水而卒，许多弟子目睹这一切过程，消息传开，引起的激荡更是不小。他们许多人领受了他这份以生死表彰学问、实践道德理想的精神。故明亡，殉国的士人中，多有蕺山弟子。还有许多弟子继续举兵抗清，有的誓不事清。

据学者统计，蕺山可考的弟子中，在北京失守即殉国的有：吴麟征、金铉、刘理顺等六人；次年南京失守后殉国的有：王毓蓍、祁彪佳、祝渊、潘集、周卜年、何弘仁、傅日炯、华夏、王家勤、张应煜、彭期生、徐复仪等十二人。举兵抗清的弟子有孙嘉绩、熊汝霖、黄宗羲、黄宗炎、黄宗会、祁鸿孙、章正宸、叶廷秀、陈子龙、吴锺峦等十人。不仕清廷的弟子有董玚、恽日初、陈确、张应鳌、张履祥、吴蕃昌、刘应期、张岐然、万泰等三十余人。难怪有浙江绍兴的学者指出，明代以降，当地人心风俗并不好，读书人多爱慕虚荣浮华，平日挟妓冶游、饮酒品花、赌博玩乐等等，谈到国家安危或义利邪正之辨，都毫无兴趣。自从蕺山长期在家乡讲学，以他的人品操守及学问声望，不但乡人知所敬仰，士人也结伴来学、深受启发而互相策励，长久熏陶，潜移默化。直至明亡，江南沦陷，在浙东一带起事抗清卫乡的义勇子弟兵极多，而不屈清兵、殉国死难者之悲壮惨烈亦使全国震惊；其缘由虽不止一端，但蕺山人格和学问的影响实发挥着不可忽视的力量。

2. 学术思想的影响和流传

蕺山之死，正当国破家亡、天崩地解的历史劫运之时，虽然其后弟子星散，但蕺山人格的坚贞弘毅及学术的深广精微，在诸多门弟子心中产生了一股凝聚力。而且蕺山之子刘汋（伯绳），亦颇能承续父学，蕺山著作赖以保存。其后弟子不忍师学失传，纷纷辑录蕺山遗著，如恽日初编《刘子节要》、陈确编《山阴先生语录》、黄宗羲编《蕺山学案》，并撰《子刘子行状》；但他们各以其所把握的蕺山之学的精髓及重点，作为编纂的原则；可见弟子对蕺山学有不同的体会和继承。今传最为完善者为弟子董玚所编《刘子全书》，及清初沈复粲所编《刘子全书续编》。待政局稍定，弟子张奠夫（应鳌）和黄宗羲（梨洲）几位弟子，于康熙六年，在蕺山家乡绍兴，重开"证人讲会"，聚集学人，准备把蕺山之学承续并发展下去。次年，梨洲因其弟子之请，在甬上（今宁波）讲学，也将他的讲会命名为"证人讲会"，并有"证人书院"。诸弟子中，因梨洲（一六一〇——一六九五年）学问最为渊博，声名最高，学术著作极多，故对蕺山之学弘扬之功最大。另有一支是在余姚的沈国模，本是当初与蕺山同主"证人会"的陶奭龄的弟子，一向尊重蕺山，闻蕺山殉节而恸哭，此后开始在他自创的"姚江书院"讲蕺山之学，他的弟子史孝咸、史孝复继之。后来姚江书院毁而复建，到清康熙四十年，邵廷采（念鲁，一六三八——一七一一年）主持讲席时，仍讲蕺山之学。

蕺山之学对后来学术思想的影响，可从下面两个方向来说：

·心性之学

蕺山之学自是以道德实践为基本精神，以心性体证为重要内涵，所以他的“慎独”与“诚意”之说，当然地成为清初“证人书院”的首要宗旨。绍兴的“证人书院”，严谨地遵守着蕺山旧说来讲习，研求体认蕺山的心性之学。宁波的“证人书院”因当地学术风气本来就盛，聚集许多好学之士，所以办得有声有色，但讲学的重点却相当大部分偏重于研究五经的内容，不同于心性之学的体证，故又名“讲经会”。主讲的黄梨洲要求学生一定要研求体认“慎独”宗旨，将道德体验作为一切学问的根本。讲“慎独”和“诚意”必得把握蕺山精密入微之阐说，尤其是蕺山对“意”有异于先儒的诠释，最见出与前人不同的学术特色。梨洲就曾对来学而质疑于蕺山讲“意”的董允瑫，作书详细为之阐明，使之折服，允瑫以后自称为“蕺山学者”。表示对蕺山学的服膺。学者凡有对蕺山学各方面的不解或疑问，梨洲都一一努力为之疏解或甚至与之激辩。蕺山的心性之学，就这样地在清初学术界维持着稳固的地位和相当的影响力。

黄梨洲着力于学术史，撰有《明儒学案》六十二卷之巨著，为整个明代心性之学的内容、流派、传承、特质作一完整而切要的传述。整部书中的观点、见解和评论，可说是本于蕺山思想而成；而全书之首有“师说”，忠实地列出蕺山曾撰著的《皇明道统录》（今失传）中的重要评论；全书以“蕺山学案”为殿后，也就是以蕺山总承整个明代辉煌、蓬勃而精义入神的心性之学。

黄梨洲自己的心性学说，也是一本蕺山，忠实地阐述“慎独”、“诚意”，而特别标出“盈天地皆心”、“盈天地皆气”，尤其对蕺山的气化流行的宇宙观，有别开生面的阐发，透过梨洲，蕺山之学对清代学术产生相当的影响。

此外，在蕺山晚年曾短期受学的张履祥（杨园），在清初德高望重，他的学问方向却是偏重程朱学，不满王学空疏狂荡之风因而大加批评，与宗仰王学的黄梨洲、陈确等立场迥异。

蕺山另一位当时并不受人重视的弟子陈确（乾初，一六〇四—一六七七年），当初是受友人祝渊（开美，蕺山门下杰出弟子）的影响，虽素不喜理学，来学于蕺山之后，深为蕺山人格行为所折服，从此穷研义理并躬行实践。但乾初仍不喜用形上和超越的理论讲道德，尤其不满程朱之学，以为是“知而不行”的近禅之学。他力主返回朴实的践履；并用这种观点来讲《孟子》，也特别用这种重视实践的精神来讲蕺山之学。乾初部分地承袭了蕺山“一气流行”的学说，坚信“气质之性”与“天命之性”不可二分，进而推衍到天理、人欲不应对立的论点，他在当时不获同门的了解，可是身后却相当程度地影响了同门的黄梨洲，以及清初以至中叶著名的学者戴震（东原，一七二四—一七七七年）的人性论。

·清初浙东之学

明朝末年不但遭逢政治上的巨变，在学术潮流方面，也正面临着转型的时机。理学、心学精采尽出，儒学领域中，属于心性之学可供论述阐发的种种题材，几乎已经开发殆尽；更重要的是，当时王学把大多数的学者带到一种脱离知识、质疑权威、诉诸一心的方向，使传统儒者不禁为儒学的发展感到忧心。而明亡的惨酷现实，更让学术界看到了只停留在心性之学不能开拓为事功的褊狭和限制，而产生了“经世致用”的呼声。

对清代学术有开拓启发之功的黄梨洲，便深深感受到了这一点。他终身服膺蕺山的人格和学问，却不认为儒学应该往心性之学单向走下去。他常常指出当时学者，只读宋明儒者的语录，或者讲讲字义、作作文章，对于儒学中丰富实用的学问略而不读，对国计民生、经济实务没有关怀、没有见解，也没有处理的本事。梨洲处在一个民族、国家命脉衰亡、整个时代基础动摇之际，他秉承师学，却也认真思考这种学问要用什么形态发展下去。他把蕺山那种坚持义理、注重道德实践的精神，贯注到他的学问里面。梨洲主张扩大儒学范围，包括文学、史学、经学、事功等项，让儒学具有博大丰富的内容和活泼的生命力。他讲经，注重讲明义理，而不只停留于训诂字义，他讲历史，更要在历代兴衰存亡的变化之中，鉴古知今。这样，有义理作原则和基础，才能开创出真正的经世致用之学。于是，梨洲带领学生读经、读史；他自己对天文、历算、地理、象数、音律、质测各方面的知识，都深有兴趣和研究，也传授弟子这些实学；同时对各朝各代的制度沿革、得失兴亡和其所以然之故，都要穷究明白，但这种种学问，都要融会于一心之中。他曾说：读书不多，无法深明事理之变化，多而不返归一心，也是没有用处、没有意义的。梨洲开创的这种学风，便是清初的“浙东之学”。

在清初的浙东一带，由梨洲“证人书院”转成的讲经会中，最杰出的弟子有下面几位：

宁波万氏兄弟——万斯选（公择）专精理学。万斯大（充宗）研究经学，卓有成就。万斯同（季野，一六三八—一七〇二年）治史，曾赴明史馆助修《明史》，并在京师讲经史之学。更有余姚邵廷采问学于梨洲，亦勤治当代之史，且讲学于姚江书院，重拾阳明、蕺山心性学之遗绪，以教乡邦子弟。其后有私淑全祖望（谢山，一七〇五—一七五五年）表彰先贤遗献，搜求、整理南明史料，为文献学大家。这些学者，在他们的学术工作和学术主张之中，皆有一种关怀当代之史，重视义理是非的精神贯注其中。后人称为“浙东之学”。直至乾隆时代的章学诚（实斋，一七三八—一八〇一年）亦是浙东学风之流衍，是清代的重要史学大家，不但创“六经皆史”之说，对浙东学术精神有所承受，亦有所领会。他曾说：浙东学术的精神，虽源流相同而随环境时代之异，所以表现各有不同。阳明把他的学问表现在事功上；蕺山把他的学问表现为临难殉国的节义；梨洲得到这种精神而表现为不仕异姓，隐居治学；万氏兄弟得到这种精神表现为经学、史学的研究；虽然面目不同，却都是同具不空言德性，有所作为的特色。天人性命之学，原来就不是可以用空言讲的。浙东之学，言性命必定在实事及历史中去穷究，这就是浙东之学最卓越之处啊！

这段话就说明了蕺山之学虽然在进入清朝之后，似乎渐渐式微，然而一种真正有生命、有精神的学问，在历史的流变中，并不是用一种一成不变的方式传下去的；它的生命精神会随着不同的时空环境展现不同的面貌，才见出它内蕴的丰富无穷。蕺山的学问精神，并不随着明代之灭亡和他的一死而消逝，反而随着弟子衷心的服膺感发，一脉相承，潜入清代的学术中，涓涓长流，大放异彩！

六、结论——蕺山之学的评价

从中国思想史来说，儒家思想起于春秋战国，从孔、孟到荀子，以及《中庸》、《大学》思想的出现，已是一层转折；到了两汉，因应时代政局的变化，掺杂了阴阳家及五行谶纬的学说，成了另一种面貌。发展到极致，破迷妄、崇自然之风卷起，加上此时印度佛学东来中国，魏晋玄学发展道家思想，儒学沉寂了下来。至南北朝佛教思想逐渐完整成熟，隋、唐的思想界，竟而进入中国大乘佛学的天下。一直要等到宋代开国，学者苦心思考儒家的历史命运，矢志复兴儒家明体达用之学，同时又须响应佛家生命哲学之挑战；因而掇拾先秦儒学之遗绪，在儒家心性义理之堂奥中，建立起一套属于中国人的安身立命之学。两宋之后，这种天人性命之学的理论系统大体已臻完备，我们称作“理学”或“道学”。迨至于明，儒者进而能在身心性情之亲切体认中，一步步致力于践履力行的内圣工夫，真正融入于个人心灵之深处，并体现于现实生命之当下。这其中尤以王阳明所开展的“心学”最为活泼、直捷。宋明这两代的心性义理学，我们合称“宋明理学”。

在刘蕺山的时代，正是心学大盛而流弊滋生之际；许多学者偏于讲求内心证悟工夫之超玄、境界之空灵，终成虚玄空疏而行为流于肆荡。蕺山从事心性之学，一生却最重实践，他负起了救正学弊、继述圣学的使命。他从宋儒的“主敬涵养”入手，用心思考“人”是什么？宇宙是什么？人和世界存在究竟的意义是什么？他消化宋儒的学问和智慧，在天人一体的探究和体认中，把握“诚”的思想，推出“慎独”这个体和用、理论和实践合一的宗旨，又从“慎独”引出“诚意”；可以说整个蕺山思想，本体和工夫、现实和理想、道德和宇宙、个人和万物，大小始终，就是这个“诚”的精神通透贯彻。以诠释阐发儒家经典的贡献来说，《论语》自是蕺山信念和践行的根本，在理论上，他把宋儒“气”的宇宙论融入《易传》，将天地创生和变化的根源、力量浑化为道德信念、道德理想和实践，这样吻合了《中庸》思想。继而用这套思想去给当时“理学”和“心学”争辩焦点所在的《大学》一个新解释，把阳明学因对治朱子“格物”说流为支离之弊，而开展的显豁直捷的“致良知”说，转入缜密严谨、深微至极的“诚意”（亦即“慎独”）之旨（《大学》八条目的顺序前三项正为格物、致知、诚意）；从“格物”到“致知”，到“诚意”，蕺山在中国思想史的传承中，将宋明理学全盘容受，并一以贯之。更重要的是，蕺山把宋明理学丰富的学说内容，完完全全地展现在他真实的生命里；融入他“深根宁极”的心灵，和“光风霁月”的人格气象中。蕺山从容殉国，把心性义理之学，表现为壮烈的气节。历史政治上种种残酷的悲剧，无法掩盖一个精纯无瑕的道德生命。而延续了六百年的宋明理学，也因而得到了这样一个几近完美的句点。

在今天看来，宋明理学的时代过去了，这门学问似乎也已经成了历史的陈迹；这些人物或学问，不知在今日有何意义。在此书中，我们要明白的是：从文化史或思想史的角度来看，理学是当时儒学因应着时代潮流而开创的文化运动；在这个文化运动中，儒者思考人在天地之间的定位是什么？人生的价值是什么？怎么实践并完成它？于是，他们建立了这套道德性的天人性命之学。这种天人性命之学，在儒佛之辨的时代课题中，必须贯彻提撕着最深刻、也最严明的道德意识和道德坚持。从"人"的角度来看，他们向内挖掘到了人的心灵的最深处，将"人"的"明心见性"和"天"的"至诚不息"等同了。从这一点出发，向上通于宇宙和天道的高远无尽，向下贯注到平常言行的当下一心。诚然，任何学问都有诚有伪，伪就是空谈高论，不懂得自我反省，进而把这学问当教条来压迫人，变成人人痛恨的"假道学"。这是理学最为人所诟病之处。但我们不要忘了，"假道学"的现象，毕竟是由于对真道学的向慕景从而产生误解、偏差、扭曲来的。它并不能掩盖真道学的光辉。

蕺山从孔孟先贤，直至濂溪、明道、伊川、朱子、象山、阳明这一家一家的学问看下来，看到了人最深处的至诚之"心"，是历史文化中蕴辉含光之"珠"、之"璧"，人类生命中无比珍贵、真实之灵质。于是他用自己的心性去印证，用他生命中每一事件去实验；自觉慧命的开启、琢磨，以至德性的成就，人生价值的贯彻完成，是他终极的关注，也是他一生的事业；他严肃而热诚地完成了它。现实中一切的艰辛、黑暗，甚而悲惨之事，都是磨练之器，教你成德、成人，使你晶莹发光。蕺山，尽了他毕生的努力，成就了儒圣的学问和实践；环视先贤先觉，无有愧悔、无有遗憾，他也走入了他们的行列中。这样一个生命，在历史的星空上静静地绽放光芒，当我们仰视苍穹，在那文化长河的星群之中，它是值得我们伫足凝望的一点光明。

参考书目

《刘子全书》，明刘宗周，华文书局。
《刘子全书遗编》，明刘宗周，台大文学院联合图书馆藏清道光刊本。
《周子全书》，宋周敦颐，广学社印书馆。
《二程集》，宋程颢、程颐，汉京文化事业有限公司。
《张载集》，宋张载，汉京文化事业有限公司。
《晦庵集》，朱熹，文渊阁《四库全书》一一四三至一一四六册。
《朱子语类》，宋朱熹，华世书局。
《明史》，清张廷玉等，艺文印书馆。
《王阳明全集》，明王守仁，上海古籍出版社。
《黄宗羲全集》，明黄宗羲，浙江古籍出版社。
《中国学术思想史论丛》，钱穆，东大图书公司。
《朱子新学案》，钱穆，三民书局。
《心体与性体》，牟宗三，正中书局。
《从陆象山到刘蕺山》，牟宗三，学生书局。
《清初浙东学派论丛》，方祖猷，万卷楼图书公司。
《刘宗周年谱》，姚名达，台湾商务印书馆。

《明代理学论文集》，古清美，大安出版社。
詹海云 ：《刘蕺山的生平及其学术思想》，一九七九年台大中文研究所硕士论文。
杜保瑞 ：《刘蕺山的工夫理论与形上思想》，一九八九年台大哲学研究所硕士论文。
李纪祥 ：《清初浙东刘门的分化及刘学解释权之争》，一九九二年第二届国际华学研究会议论文集。
詹海云 ：《刘宗周的实学》，一九九六年中央研究院文哲所刘蕺山学术会议论文。
杨儒宾 ：《死生与义理——刘宗周与高攀龙的抉择》，同上。
古清美 ：《刘宗周实践工夫探微》，同上。

黄道周

黄春贵　著

目　录

一、传略

1. 热爱读书讲学和写作

黄道周，他的字叫幼平，另一字叫细遵，福建省漳浦县铜山镇人。铜山镇在一座孤岛上，其中有一间石室，名叫石斋，黄道周从小就居住在里面，所以他的学生又叫他石斋先生。他生在明神宗万历十三年（公元一五八五年）二月九日，死在明末唐王隆武二年（一六四六年）三月五日，这时已是清世祖顺治皇帝即位的第三年，享年六十二岁。死后，唐王赠封为文明伯，谥号忠烈。清乾隆皇帝又赐谥号忠端。

黄道周的曾祖父叫侃介，祖父叫肃毅，父亲叫青原，母亲陈氏。黄道周的天分很高，记忆力特别强，读书过目不忘，而且很用功，所涉猎的书籍非常广泛，因而奠定了他在学术上的良好基础，与刘宗周同为明末思想史上的擎天巨柱。

明神宗万历十七年（一五八九年），黄道周五岁，在一所小学念书。在学校里，黄道周充分地表现出高超的智慧。有一次，老师在讲授《论语》，他突然发问："在头一页书中，孔子只教人读书，有子为何教人孝悌？孔子只教人老实，曾子为何教人反省？"这个问题当场把老师难住了，听到的人无不惊讶万分。十岁时，父亲指定他念朱熹所写的《通鉴纲目》，他早晚研读，便懂得忠奸邪正的分辨，以及王道政治的伟大。八岁时，他已会写骈体文，对于经传子籍，无不精通。十岁能写古文词，所以一般人都把他当做神童看待。

渐渐地，黄道周长大了，见识也增广了，在家乡已无法满足他的求知欲望。有一天，他听说广东有一座罗浮山，地灵人杰，住着许多隐士，相传东晋葛洪就是在此修道成仙，所以内心非常向往，但一直苦无机会前去。十四岁时，刚好有一位亲戚要到广东博罗县当官，而罗浮山就在博罗县的西北方，所以黄道周抓住这个机会跟着同行。在博罗县，听说有一位大夫韩日缵很喜欢读书人，家里藏有许多珍贵的书籍，黄道周就亲自去拜访，因而看到了许多前所未见的经书批注。有一天，他到罗浮山，回来后，毫不思考的写成了一篇《罗浮山赋》，韩大夫非常赞赏，便邀他和自己的儿子同住，黄道周从此就搬到韩家，专心研读经书。他在博罗县住了三年，文名很盛，当地许多达官显要都争相请韩大夫做媒，要把女儿嫁给他，可是他都以家贫的理由推辞了，然后回到家乡研究律吕。实际上黄道周只是一心一意想要念书，所以不打算那么早结婚。

万历三十五年（一六〇七年）四月，黄道周二十三岁，父亲不幸去世，这时他穷困潦倒，连丧葬费都筹不出来，还好远方的几位朋友共同出钱，才草草把他父亲埋葬。这件事发生以后，使他感到非常忧愁悲愤，因而续《离骚》赋，写了《离疚经》，以发泄胸中的哀伤。

万历三十七年（一六〇九年），黄道周二十五岁，这一年守父丧完毕，他带着母亲搬到福建浦城县中居住，不久娶林氏为妻，又搬到浦城县的东城住，总计黄道周前后搬了三次家，到此才算安定下来。后来他的学生在此建了一座明诚堂以为纪念，因为黄道周的思想很受《中庸》所谈“明诚”二字的影响。隆武二年（一六四六年），黄道周死后，唐王特地赐表明诚堂为文明书院，以后就变成了黄子祠，专供人瞻仰膜拜。

万历三十九年（一六一一年），黄道周二十七岁，参加邑试、郡试，都得到第一名，所以第二年就充任博士弟子，到了秋天，去参加省试，结果落榜，于是回家讲学。最先拜黄道周为师的有二人，一是铜山镇的陈士奇，同门称作西陈，一是铜山镇的陈瑸，同门称作南陈。西南二陈由于家贫好学，又是黄道周的同乡，所以黄道周非常喜欢他们，在家与他们共同用砚，出外与他们共同穿衣，晚上睡觉共同盖一条棉被，白天一起去砍柴挑水，亲密的程度可想而知，而在学生中，西南二陈跟随黄道周的时间也最长久。

黄道周二十九岁时，开始闭门在家专心写作，著《太咸经》，大都与扬雄所写《太玄经》相似，可惜这本书已经散失。三十二岁时，写成了《春秋揆》。三十五岁又着手写《三易洞玑》。当他闭门写作之初，在房间墙壁上挖了一个小洞，只准学生进入请教，外人一概不得通行。他告诫学生要远离趋炎附势的小人，他以为古人读书必入深山，必进密林，闭门不出还只是小意思呢！由此可知他读书写作是多么的勤苦。

明熹宗天启元年（一六二一年），黄道周三十七岁，这一年秋天他到了京师北平，第二年参加会试，而成进士，不久被选为庶吉士，当翰林院编修，修国史实录。此时宦官魏忠贤在朝廷总揽国家大权，专横跋扈，胡作非为，于是黄道周和同科进士文湛持（讳名震孟）、郑埊阳（讳名鄤）约好一起弹劾魏忠贤。果然文、郑二人一再上奏疏给熹宗，以揭发魏忠贤的阴谋，后来二人都被罢官回乡。而黄道周却由于要迎接母亲来京师，所以虽然曾经写好了三次奏疏的稿子，但都在不得已的情况下，把它烧毁。因此文、郑二人对他产生了误会，认为他胆子小，说话不算数。

天启三年（一六二三年），黄道周三十九岁，他的妻子林氏为了护送他的母亲陈氏到北平和黄道周团聚，不幸在浙江省嘉兴县竟病死了，还好这时候有一个同乡名叫周起元的，正在江苏省姑苏县当巡抚，就近赶去替他办理妻子的丧事，并且派人护送陈氏到北平，母子二人才能团聚。

天启五年（一六二五年），黄道周四十一岁，按照以往惯例，当经筵展书官，手捧经书必须膝步前进，以示恭敬，可是黄道周认为讲论经书是一件非常崇高的工作，不应该膝行，于是平步前行，魏忠贤看了后，非常生气，可是黄道周仍然我行我素，毫不理会，因此得罪了魏忠贤。黄道周在京师既不如意，便以侍养母亲的理由告假返乡。第二年春天，他再娶蔡氏为妻，蔡氏温驯贤慧，操持家务，受苦受难，全无怨言。两个月以后，黄道周的母亲又不幸去世了。黄道周悲痛得不得了，一连五天，都没有饮食。从此，他便守在母亲的墓园，没有外出，只偶而在墓旁向学生讲授经书。

明思宗崇祯二年（一六二九年），黄道周四十五岁，经过了无数的困难，终于写成《三易洞玑》。到了冬天，辞别母亲的墓园出山。第二年四月到达京师，恢复官职。不久，和熊德阳同时出任浙江乡试的主考官，他秉持公正严明的原则，摒除了一切人事请托，所以在发榜以后，得罪了不少当地的权贵人家。事后，他回到京师，刚好《神宗实录》编成，于是升官为右春坊右中允。这时候，由于督师袁崇焕诱杀奸臣毛文龙而被抵罪处死，连带礼部尚书钱龙锡也遭牵累，满朝文武无人敢上奏为他呼冤，只有黄道周一连上奏三次为他求情。崇祯四年（一六三一年），钱龙锡终于无罪释放，而黄道周却因此被降职三级任用。第二年春天，黄道周要离别京师时，又上一次奏疏，其中引用到《易经》“大君有命，开国承家，小人勿用”一段话，主要是在讽刺当时首相温体仁，温体仁大怒，于是被革职而当平民。当黄道周在返乡途中经过浙江时，当地学者闻声而至，高兴万分，并为他在余杭县西边的大涤山上建一座书院，这里原本是宋朝人建来奉祀李纲、朱熹的洞霄宫，黄道周在此讲学数月后才离去。

崇祯六年（一六三三年），黄道周四十九岁，回到家乡守墓。第二年，曹惟才敦请他出来讲学，以发扬古代圣人的学说，于是他便以漳浦县的紫阳学堂当讲舍，一面讲授经书，一面劝人读史。他在讲课时，旁征博引，先经后传，先籍后史，只要是相关的问题，他都能够彼此用来印证，听讲的学生总共有一千人之多。时间久了以后，黄道周便将师生之间的一问一答，按照顺序，逐条编排，而成《榕坛问业》一书行世，这一本书可以说是黄道周学术思想的精华所在。

崇祯九年（一六三六年），黄道周五十二岁，皇帝下令要他恢复原来官职右春坊右中允，他在九月底从家乡出发，十二月始抵达京师。第二年正月初一正式上朝，二月，当会试分校，四月二十八日，上疏请退休，未准，五月，升官谕德，掌管司经局，六月十三日，又上疏辞职，说自己有三罪四耻七不如，七不如中谈到"文章意气，臣不如钱谦益、郑鄤"。这时由于郑鄤鞭打母亲，遭受各界严厉指责，而黄道周为人刚正不阿，引起许多朝廷官吏的不满，就引用"臣不如郑鄤"这句话毁谤黄道周，崇祯皇帝因此加以责问，但由于黄道周恢复官职不久，才未加深究。十二月，升官少詹事，兼翰林院侍读学士。

崇祯十一年（一六三八年），黄道周五十四岁，由于杨嗣昌"夺情"（古时官吏遭逢父母的丧事，礼应解职守制三年，三年未到就出来做官叫夺情，又叫夺礼），当兵部尚书而入阁，陈新甲也"夺情"当宣大总督，这些人都是昏庸无能、祸国害民之辈，黄道周便三度上奏，极力弹劾，因此触怒了皇帝，八月，降官江西布政司都事。来年，由江西还乡守墓，谢绝会客。崇祯十三年（一六四〇年）四月，江西巡抚解学龙上疏推荐地方人才，说黄道周很有才干，可以担任辅导工作，皇帝大怒，认为他们是同党作恶，各罚廷杖八十下，然后关进刑部监狱。户部主事叶廷秀、太学生涂仲吉等人上疏救黄道周，也都遭受廷杖鞭打，前后受到牵连的将近二十人。后来黄道周被打的地方发炎，几乎昏死过去，便请来医生将腐烂的皮肉挖掉。他在监狱中曾经写信给张绍科（号烃叔）说："古人于仁义烂时，自裹血肉。仆于血肉烂时，自裹仁义。"（见《黄漳浦集·狱中与张烃叔书》）正义之士的高风亮节，由此可见一斑。黄道周被关在监狱二年，狱吏每天都拿纸来向他求字，于是黄道周为他手书《孝经》共一百二十本，可惜都散失了。黄道周在监狱中还曾经写了一本书，名叫《易象正》。

崇祯十四年（一六四一年），黄道周五十七岁，刑部论罪确定，要他充军到辰州（湖南省旧府名，旧治在今沅陵县）。第二年二月，他离开京师前往辰州，六月，走到江西省九江县，住在西林寺养病，顺便改定以前所写的《易象正》。十一月，皇帝下令赦罪还职，黄道周乘机会上疏请求辞职，以便回乡养病。崇祯十六年（一六四三年）八月，黄道周写成《孝经集传》，用以传授学生。

崇祯十七年（一六四四年），黄道周六十岁，由于生活穷苦潦倒，他便在这一年正月上疏皇帝，请求能再出来做官，不幸的是，三月十九日崇祯皇帝已在北平煤山自缢死亡，根本就没有看到黄道周这一篇奏疏。三月，黄道周的学生替他在浦城县东城旧居建筑一座讲舍，名叫明诚堂，在落成典礼中，黄道周对于《中庸》所谈"明诚"二字的解释非常详细。五月，在听到三月十九日崇祯皇帝为国殉难的事件以后，黄道周悲痛到了极点，立刻率领所有学生设神位祭拜，散发号哭，一连三天都不停止。从此，他发誓以所有晚年报效国家，一直到唐王隆武二年（一六四六年）逝世为止，虽然只有短短的二年，但他确实做了一番轰轰烈烈的事业，有许多使人可歌可泣的地方。

2. 倡导义师反抗清兵

明朝末年，政治制度败坏不堪，到了思宗崇祯皇帝（一六二八—一六四四年）嗣位后，虽然很想有一番大作为，无奈朝纲早坏，党争不停，他又多疑善忌，暗于知人，再加上天灾流行，饥馑连年，内乱外患，一再发生，终至不可收拾的地步。

这时流寇李自成、张献忠的兵势非常浩大，到处屠杀掠夺，难民争道。崇祯下令天下，戮力勤王，可是武官却畏于作战，虽有文臣奋臂疾呼，然而无补于事。难怪崇祯在殉国之前，忧惶终日，感慨不已地说：“朕非亡国之君，诸臣尽亡国之臣。”崇祯十七年（一六四四年）三月十九日，李自成的军队长驱直入，攻陷京师北平。这时天色尚早，崇祯决心殉国，他披散着头发，身穿蓝衣，光着左脚，右脚穿朱鞋，上煤山（万寿山）自缢而死。死时在他衣前发现写着：“朕自登极十七年，逆贼直逼京师，虽朕薄德匪躬，上干天咎，然皆诸臣之误朕也。朕死无面目见祖宗于地下，去朕冠冕，以发覆面，任贼分裂朕尸，勿伤百姓一人。”这段话可说是字字血泪，哀痛到了极点。

镇守山海关的明朝总兵吴三桂，原已投降李自成，后来由于爱妾陈圆圆为自成部将所夺，转向清人求助，遂不惜引清兵入关，摄政王多尔衮连夜率兵疾进，以吴三桂为前锋，大破自成，入据北京（一六四四年）。自成败走后，清兵更乘机前进，长江以北，几乎全为清兵占领，为祸十多年的流寇，仅为清人制造入主中国的大好机会而已。

北京失陷以后，明人拥立福王由崧在南京即皇帝位，年号弘光（一六四五年），朝政大权全由奸臣马士英一人所把持，他的所作所为，目的在设计如何腐蚀明室，以满足个人的一切欲望，与宋朝秦桧毫无二致。所以当黄道周在弘光元年正月到达京都时，眼见当政诸臣都是卖国奸贼，措施荒谬，全无国家民族观念，觉得与这些人无法共谋国家大事，便在二月二十二日上疏奏请祭祀大禹庙（今浙江省绍兴县东南会稽山），祭祀完毕后，黄道周又上疏求归家园。

不久，清兵向南进军，忠心耿耿，督师扬州的史可法，由于内受奸臣马士英的牵制，外则悍将黄得功等掌握大军，势孤力单，无人援助，结果竟以身殉城。这一天是弘光元年四月二十五日。清兵入城后，十日之间，大肆屠杀扬州，接着渡过长江，五月十一日，攻陷南京，福王遂被清兵所俘。

福王被掳后，王之仁、张煌言等请鲁王在浙江绍兴监国。同一时间，黄道周、郑芝龙等立唐王在福州即位，年号隆武。隆武元年（一六四五年），清兵进攻绍兴，鲁王逃离海上，后来到金门依靠郑成功。

唐王是一位贤明的国君，他积极准备励精图治，恢复明朝。当时文臣以黄道周为领袖，武将以郑芝龙为重心。黄道周的学问声望，名满天下，而郑芝龙拥有几十万的精兵，如能尽忠报国，那么晚明的局势必可扭转，大放光明。可恨的是郑芝龙别有用心，其志并不在此。郑芝龙在朝中强横跋扈，公然侮辱大臣，甚至以开国元勋自居，将自己比做太祖功臣徐达，连唐王都不看在眼里，黄道周逼不得已，与他力争，于是文武不和，力量抵消，终于同归于尽，而让清人坐收渔翁之利。

郑芝龙原来是东南沿海一带的海盗首领，崇祯初年归顺明朝，他的为人虽然颇富智谋，但是贼性难改。在唐王时，他一面身居朝廷要职，掌握大军，一面却心怀不轨，暗通敌人，最后终于变节投降满清。但是他的儿子郑成功却是一位大义凛然、备受人人敬仰的民族英雄。郑芝龙曾经几次写信要儿子一起投降，郑成功很悲痛地说：“只闻父亲教儿子以忠，不闻父亲教儿子有二心。”父子二人，一奸一忠，一个遗臭万年，一个流芳百世，令人有无限的感触。

唐王在福州即位，朝政大权虽由黄道周主持，军事行动却完全由郑芝龙控制，郑芝龙早怀二心，处处为难黄道周，使得清军有充裕的时间，乘机坐大。黄道周眼见郑芝龙的军队不足依恃，与其坐困愁城，不如亲自出外募兵，在隆武元年（一六四五年）奏请唐王应允后，便率领学生蔡春溶、赖继谨、陈骏音、赵士超、毛玉洁等人，由闽江北上，沿途招兵，农夫荷锄相随，远近响应，号称“扁担兵”，人数约一万人。一路上，因为缺乏粮食，黄道周上奏请求拨发，唐王命令郑芝龙迅速输送补给，郑芝龙不但不答应，反而百端设计造谣陷害，幸而唐王圣明，对黄道周奖赏备至。

黄道周虽然缺乏粮食补给，可是他仍旧一本初衷，倡导仁义之师，浩荡前进。十月一日，终于到达江西广信（今上饶县），而在七日前，安徽徽州（今歙县）已被清兵所破，两地相隔大约只有一百里。稍作停顿后，黄道周在十月九日调兵遣将，把军队分成三支前往对敌，一支前往江西抚州（今临川区），一支前往江西婺源县，一支前往安徽休宁县，其中以驻扎在婺源县的兵力最强。

十一月，黄道周在广信听说驻扎婺源以及休宁的二支军队，相继被清兵打败，正准备重新招募军队，以图东山再起，可是没多久抚州的军队又被打败，这时黄道周的军队只剩下一千二百人而已，一方面等不到救兵，一方面又没有粮食补给，广信实在岌岌可危。但是黄道周毫不畏缩，他在十二月六日亲率所余军队自广信向婺源进攻，结果前后受敌，十二月二十五日，黄道周及学生全为敌人所俘虏。黄道周被捕后，曾经绝食十四天，但不死，清人派汉奸洪承畴等以各种方法，威迫利诱，劝导他投降，而他始终坚守贞节，宁死也不向敌人屈服。隆武二年（一六四六年）三月五日，黄道周和赖继谨、蔡春溶、赵士超、毛玉洁四位学生，同时在南京东华门从容就义，他们师生视死如归的精神，实在令人敬佩不已。

二、学术思想

1. 致知的本体

黄道周做学问的途径，偏重于唯心论，由朱熹对外的格物穷理，变为向内的格心求性，与王守仁的思想类似。王守仁因为格物格不通，便转而去追求存在于内心的天赋良知，以为良知包蕴着宇宙万物的原理，这和黄道周所定的路线是一致的。

黄道周以为古代圣贤所做的学问，只在致知二字，知就是知止，要能止于至善。陆象山学派说止字，就是向空中去追寻宇宙的原理，黄道周认为空中没有一个止处；朱熹学派说止字，就是随着万物去穷究事物的原理，黄道周认为万物无法穷究，没有止境；黄道周认为只有止于至善，才是做学问的正途。至善并不是外在的物体，而是存在于我们身中，是秉承上天的赋予所生成的性，天地万物都有这种性的存在，所以至善又是一种确实存在的东西。这种东西，非常精纯，遍布在我们全身，独知独觉时，便是我们的情感意志；当它在人群中互相比对照应过后，产生共知共觉时，就是天下国家整体人类的共同意念。一般人对于这一点都不明白，将人身内外看成好几种事物，若有若无，愈离愈远。以圣人来看，世上只有一种至善的性，极明极亲，毫无一丝障碍，这种性澈地光明，没有邪恶的成分，如日月一般，所以《大学》说："大学之道，在明明德，在亲民，在止于至善。"道理就在此。宇宙万物，不论有无形象，都可以靠着这一种性加以贯通，是上天所安排的，而不是人力所能造作的。了解这一点，那么大而至于天下国家，小而至于家庭个人，就不再有所分别，宇宙万物和我们人类也就可以合而为一了。否则，一个人不管读多少书，写多少文章，在黄道周看来，都是浪费的。

从以上一段的说明，我们可以知道，黄道周是偏于向内的工夫，走入玄妙的境界，致知所要追求的本体，就是性。因此他解释致知就是知止，知止就是至善，至善就是性，性就是致知的本体。当有人问他：孔门只是论仁，别无其他要义，那么穷究事物的知识，是否就是仁呢？黄道周的答案是肯定的，他以为一个人认识仁，那么天地万物的一切道理，便自然存在我们的性中，不用再去向外探究，因此，当一个人懂得了性，便可以治理全世界，而不感到有丝毫的困难。所以黄道周觉得明白性是最切要的，一个人能否迁善改过，都要看性的明暗盈亏而定，就像竖立一根竹竿，马上可以见出影子来，因此，一个人先要认识性，才知道如何去做人。黄道周自称读书四十年，只晓得性这个本体，其他一概不知，可见他是多么偏于向内的学问的极端了。

2. 性与气质的分辨

黄道周对于致知的本体——性，有非常精到的见解，他在和门人的问答中，不断地反复申论有关性的问题，目的就是要证明宋儒所言的气质的性是不对的，在他看来，性归性，气质归气质，彼此不能混而为一，不能不有所分辨。

什么叫做性，黄道周认为性含有动静两面，该走就走，该停就停，一动一静，都能配合本分，恰到好处，这就是性，也就是《中庸》所说，性是中和的。宇宙万物，不论是有无情感意识，有无气息知觉，都是由于中和生聚而来，蓄变而去。当中和的性藏匿在内，这时是孤独的，譬如万物是在归根蛰伏的时候，个个都有戒慎恐惧的意思，不敢蒙骗自己。当中和的性显现在外，这时是有节制的，譬如万物是在敷条生育的时候，个个都有适可而止的意思，不敢超越范围。总之，中和绝对没有过度与不及的毛病。一个人明白了这一层道理，那么喜怒哀乐，自然都会适当合宜了。

可惜的是，一般人都不能明白性的本义，往往将性与气质合为一谈，所以有所谓气质的性的说法，有所谓性气一元的说法，在这里，黄道周提出了个人的意见，大反宋儒的窠臼。

黄道周说，古今圣贤，只有周公、孔子、子思、孟子认识性字，荀子、扬雄、周敦颐、程明道只认识质字，告子称性无善恶，仍旧是把性错看成质字。《易经》说："继之者善，成之者性。"万物继承天地原始的善而成性，所以善是万物所得以生的，性是万物所得以成的。讲到猿静、狙躁、猫义、鼠贪、豸直、恙驯、雁亭、雉介，这些都是质上的事，与性无关。至于入水入林能飞能跃的道理，才是性，这是天地预先为万物所作的安排，在后天上，万物是无法改变的。

黄道周更进一步谈到性与气质的比较。譬如火向上烧是性，所以能发光是气，火光有明有暗、有青有赤，是质；水向低流是性，所以能流动是气，而水有轻有重，有甘有苦，是质。可见气是万物生成的原始力量，其中有阴阳五行的分辨，质是附着气而来，有好坏敏顿的差异，而性则是万物生成的至善法则，所有山川草木、飞潜动植，和我们人类都是一样的。

有学生问黄道周，天有气数，就像人有气质，人性无所依附，只依附在气质上，天命无可察觉，只能从气数上察觉，所以讲到气质，心性便在其中，讲到气数，天命便在其中，实在不必强分天命与气数，人性与气质。对于这个问题，黄道周的答复是，要将二者合在一起，并无不可，但是要从精微处加以探求，就不得不有所分辨。说气数，福祸是不同的，说天命，则有正常法则，说气质、智愚是互异的，说人性，则以至善为主，气数气质随时都可能有差异，天命人性却是永远固定不变的。要穷究天命人性，便不能沾染上丝毫的气数气质，对于事事物物，撞破玻璃，当空照过，就好像在万里晴空，见不到些微的浮云一般。

3. 做学问的态度

身为一位学者，最大的嗜好就是读书，读书，可以脱离周遭环境的羁绊，超越时间和空间，与中外古今的圣贤晤谈，从此，学者的生活领域开阔了，知识范畴随时随地都在拓展，这种乐趣，凡是没有读书之癖的人是无法享受得到的。

黄道周是明朝末年的大学者，也是最懂得如何在读书上下工夫的人。他认为人类是经由上天精深微妙的安排而诞生的，并不是混沌无知的降临到这个世界上，如果是混沌无知的，那么人类只能是一团具有形体的血肉，那里谈得上聪明才智呢？既然人类的诞生是精深微妙的，在有生之年，就必须要穷理读书，不能松懈懒惰。孔子曾经说明自己的为人是“发愤忘食，乐以忘忧，不知老之将至”。这也可以说是他老人家做学问的三层境界。可见我们为人便得尽人的本分，要尽人的本分便需读书，穷究天地间的道理，不死不休。

孔子所告诉我们的，就是当我们在读书的时候，必须摒除杂念，专心一志，全神贯注，走进一种沉思忘我的境界。朱子在《童蒙须知》一文中，也揭示我们读书必须整顿几案，使得洁净端正，将书籍整齐安放，坐直身体，面对书籍，详细缓慢地看，小心分明的读。需要读得字字响亮，不可错一字，不可少一字，不可多一字，不可倒一字，不可牵强暗记，如此多读几遍，自然就会朗朗上口，久远不忘。古人说：“读书千遍，其义自见。”道理就是在此。朱子更进一步提到读书有三到，就是心到、眼到、口到，如果心不在焉，眼就不能将字看仔细，心眼既不专一，就只能在口上随便诵读，绝对记不住，即使勉强记住了，也必定记不牢。三到中，心到尤其是特别重要，心既然到了，眼口自然而然也会跟着到。

黄道周对于前人这种读书的态度，体会很深，他引用孟子的话，认为读书和做事一样，必须尽心，但要尽心并非易事，一般人做事只能尽到三分心，所以很难读书穷理。孔子说：“知之者不如好之者，好之者不如乐之者。”这就是读书人三种不同的态度，真正能够全心全意陶醉在书本中的人，实在是少之又少。黄道周特别指明尽心的重要，他觉得一位真正的读书人，要能全神贯注，眼光深入字里行间，读书才有用处，才能有大成就。

做学问固然要读书，但是坐而言不如起而行，如果读书穷理，光说不做，仍旧是死知识，必须要躬亲实践，身体力行才好。黄道周认为圣贤所著经书，只是一种开道的指南，顺着指南的方向去做才是最重要的，所以他曾经提到读书穷理，所怕的就是不实用，不实用就是坐而言的学问，对国计民生是没有益处的。其次，他又提到孔子对曾参谈道，对子贡谈学，学需领悟，要与聪颖的人参证，道需实践，要与笃实的人推求，也就是说道是行，容易推求，学是知，很难领悟，黄道周这种知难行易的见解，便是他要鼓励读书人实践力行的理由。

4. 对于鬼神的解释

一般人对于鬼神的看法，都以为是在冥冥之中，专门制造灾变，伤害人类的怪异东西，它有着通天彻地的能耐，来无影，去无踪，到处兴风作浪，将人世间搅得鸡犬不宁，使得大家心生畏惧，而纷纷以祭祀的仪式，祈祷能免除它的祸害，甚至于希望得到它的庇护。事实上，这是一种愚蠢无知的迷信观念在作祟。

黄道周拿诚一字来解释鬼神，破除了世俗的迷信观念，使人心安理得，不必庸人自扰，产生无谓的恐慌。这种思想，可以说是根据《大学》《中庸》的立论转化而来。

《大学》谈到诚，就是不欺骗自己的意思。譬如当一个人讨厌不善的时候，要像讨厌臭的气味一样，喜欢善的时候，要像喜欢美好的颜色一样，如此做到真实无妄，一点没有遮蔽掩饰，内心自然感到舒泰安适，便是诚的表现。所以身为一位正人君子，在他独处的时候，也要谨慎小心，不敢随便胡来。但是邪恶小人平常专做坏事，惹是生非，见到君子便躲躲闪闪地掩盖自己的缺点，多方设法表现自己的优点，可是在旁人看来，好像看见他的五脏六腑一般，这样的遮蔽，又有什么用呢？因为内心真实的一切，像是一道影子，必然会表现在外无遗，可见诚的重要。

黄道周顺着《大学》的这一种思想，以为鬼神二字，并非什么怪异的东西，只是在不见不闻中它能见能闻，也就是真实无妄，不欺骗自己的诚。小人一生由于作恶多端，遇见君子自然要躲躲藏藏，但不管他如何善加掩饰，在鬼神的面前，终究是要原形毕露，无所隐遁的。

《中庸》二十三章谈到一个人内心能诚，就会表现在外，能表现在外，就会显著明朗，能见能闻。二十四章又谈到诚的作用，可以预先知道未来的事，当国家将要兴盛的时候，一定有吉祥的预兆，当国家将要灭亡的时候，一定有妖怪会出现，所有一切的征兆，都会显示在蓍草龟甲的卦象上，表现在人体四肢的举止威仪中，是福可以预先知道，是祸也可以预先知道，所以有诚心的人就像神明一样，可以洞彻人世间的福祸。

黄道周顺着《中庸》的这一种思想，更加直截了当地说，鬼神就是诚，它在不见不闻中，有共见共闻的奥妙，可是一般愚蠢无知的人，对它却又有神秘不可测的感觉。其实是人同此心，心同此理。当一个人内心不诚，便会有许多邪魔阴恶的事，表现在他的一举一动中，当一个人内心一诚，便会有许多神明圣贤的事，显示在他的举手投足间。了解的人知道这就是天命人性，而不了解的人便会以为是怪异的东西了。

总而言之，黄道周认为一般人将鬼神拿来做祭祀的对象，其实就是诚，是一种人心的写照。人心像一把火，火有形，形有影，影随着形，有时正有时倒，有时近有时远，它可以造福人类，也可以为害人类，而迷信无知的人竟然把它看成是怪异的东西，当然是要不得的。

5. 重要作品的介绍

黄道周一生的历程，可以说是非常坎坷，崎岖不平，但是他热爱读书，开馆讲学，从不倦怠，尤其是闭门撰述，成就很高，现在谨将他的重要作品简单介绍如下：

（一）《榕坛问业》十八卷：这一本书是黄道周在家乡开馆讲学时，由学生编辑而成的语录。明崇祯五年（一六三二年）春天，黄道周罢官还乡守墓，并在福建省漳浦县的北山讲学。崇祯七年（一六三四年）夏天，改以家乡的紫阳学堂为讲舍。第二年冬天，崇祯皇帝下令恢复他原来的官职右春坊右中允，要他立刻到京都，才停止讲学。《榕坛问业》前十六卷就是这段期间讲学的语录。十七卷写成于崇祯九年（一六三六年）春天，这时黄道周已停止讲学，可是仍旧有人写信向他求教，他对这些问题都一一的加以回答。十八卷和十七卷写于同年，这一年有一位名叫蒋德璟的人，提出十八条问题，黄道周请他的学生代为回答，中间也有一些是他自己的意见。

《榕坛问业》每卷都分别记载黄道周学生所编者的姓名。这本书以致知明善的思想为主，内容非常广泛，其中牵涉到天文地志经史百家的各种学说，黄道周都能随问随答，加以具体的发挥，而不作浮泛的空谈。这是由于黄道周涉猎广博，对各方面都有精深的研究，所以才能有问必答。虽然这本书有些词意稍嫌深奥，但是思想内容并不难懂。以往有许多学者的语录，经常都是一些陈腔滥调、迂腐不实的言论，所以被人瞧不起，可是《榕坛问业》一书，完全没有这些毛病，是值得一读的好书。

（二）《三易洞玑》十六卷：这本书写成于崇祯二年（一六二九年）。所谓三易，是说伏羲所造八卦的《易经》部分，文王所作《系辞》的《易经》部分，以及孔子所作十翼的《易经》部分。所谓洞玑，是说玑衡为古人测量天文的仪器，按照《易经》所载历数以测天文，可以洞悉一切，丝毫不差。一二三卷为《伏义经纬》上中下，四五六卷为《文图经纬》上中下，七八九卷为《孔图经纬》上中下，十卷十一卷十二卷为《杂图经纬》上中下，十三卷为《余图总纬》，十四十五十六卷为《贞图经纬》上中下。

黄道周写作此书，目的就是要以《易经》为主，网罗古今各种历数，虽然其中有些部分太过驳杂，但所谈义理却很实在。表面上看起来，这本书像是黄道周一人的创见，然而有许多地方都引用了郑康成的批注。

（三）《易象正》十六卷：这本书写成于崇祯十三年（一六四〇年），更定于崇祯十五年（一六四二年），而以三十年前所写的《易本象》八卷、《畴象》八卷为蓝本。

十多年前，黄道周写成了《三易洞玑》，以各种卦图来推演吉凶，但是并未说明诸爻的变象，《易象正》则是在每卦六爻的后面附带加以说明，也可以说就是左氏内外传所列古时占卜的方法。因此，我们可以说这本书与《三易洞玑》十六卷互为表里，有相辅相成的作用。

（四）《洪范明义》四卷：这本书写成于崇祯十年（一六三七年），是进献给皇帝的一本书。上卷在说明天人如何感召，性命如何相符，以及好德用人的方法。下卷在说明因果灾祥的报应，各种伦常的关系，以及有关阴阳历数的事。初卷和终卷则是在考正上下二卷的篇章，分别说明前后的顺序。

黄道周对于占卜术数有很精深的研究。但是他在谈《洪范》五行的时候，经常沿用汉朝伏生、董仲舒、刘向等附会的文辞；在谈《洪范》八政的时候，以食配坤卦，以货配巽卦，以祀配离卦，以司空配兑卦，以司徒配艮卦，以司寇配坎卦，以宾配震卦，以师配乾卦，已经是非常牵强，又配上六十四卦，先后天图，更是离谱；最使人感到奇怪的是，他以河图洛书来配历数，而说某年到某年是稼穑初期中期末期等，可说是宋朝邵雍所撰《皇极经世》一书的翻版，文字非常散漫纷乱，而内容也只凭猜测，毫无根据。话虽如此说，但是黄道周在这本书中，借用天人感召、性命相符、因果报应、伦常关系等，以劝导明主为善的用心，却是使人赞佩的。

（五）《孝经集传》四卷：黄道周在崇祯十一年（一六三八年）开始写这本书，到崇祯十六年（一六四三年）才完成，所以内容非常精密。

根据学生所作笔记，可以知道黄道周写这本书有五点用意：第一，本着生性来推行教育，使人知道不孝就无所谓教育，违反生性就无所谓人伦大道，这是古代圣贤做学问的根本。第二，以礼仪约束教育，以恭敬约束礼仪，恭敬可以使人存心中正，孝顺可以使人表现平和，这是古今帝王施行政治的渊源。第三，效法天地道道，言行恭顺谦让，使得天下人没有暴戾的心，一切罪行打斗也就不至于产生，这是古今治定动乱的渊源。第四，反对文华的作风，崇尚纯朴的实质，以夏朝尚忠、商朝尚质的美德，来救正周朝尚文的缺失。第五，反对杨朱、墨子，要排除佛家、道家等异端邪说，使得不能扰乱人伦五常的关系。以上五点可以说是黄道周写这本书的纲领。

（六）《礼记批注》五篇：崇祯十一年，黄道周拜官少詹事，批注《礼记》五篇进献给皇帝：第一，《月令明义》四卷，第二，《表记集传》二卷，第三，《坊记集传》二卷（附《春秋问业》一卷），第四，《缁衣集传》四卷，第五，《儒行集传》二卷。以上五篇批注，黄道周只花一年的时间就写成了，因此在考证方面难免有遗漏的地方，而且他经常变乱经文，自立篇目，违反了批注经书的正轨。不过，黄道周写这五篇批注的主要目的，是要向崇祯皇帝进谏忠言，所谈的虽然未必尽合经书原意，但是议论正大，发挥深切，对于世道人心，有很大的帮助，这一股为国事忧劳的忠忱，仍旧是值得我们钦佩的。

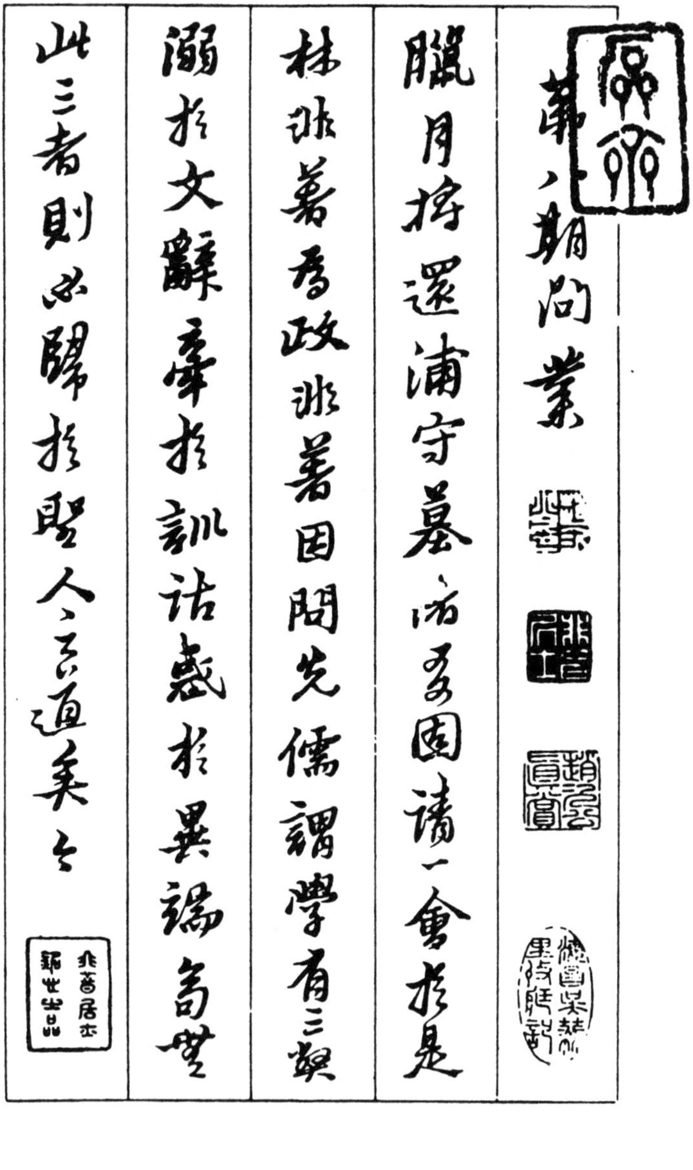
第八期問業

臘月將還浦守墓，函丈圖請一會，於是
林兆著為政，兆著因問先儒謂學有三，與
溺於文辭，牽於訓詁，惑於異端，為世
此三者，則必歸於聖人之道矣。

國家以制義取士，士之習制義應試，雖無異端之惑，而訓詁相沿，文辭遞習，漸入膏肓，即眾溺文辭，不學訓詁，循經之言，同綠須歸聖人之道，其云非著意想梅好吾鄉初年秀詞賦追琢之文，三山最盛，陳述古起

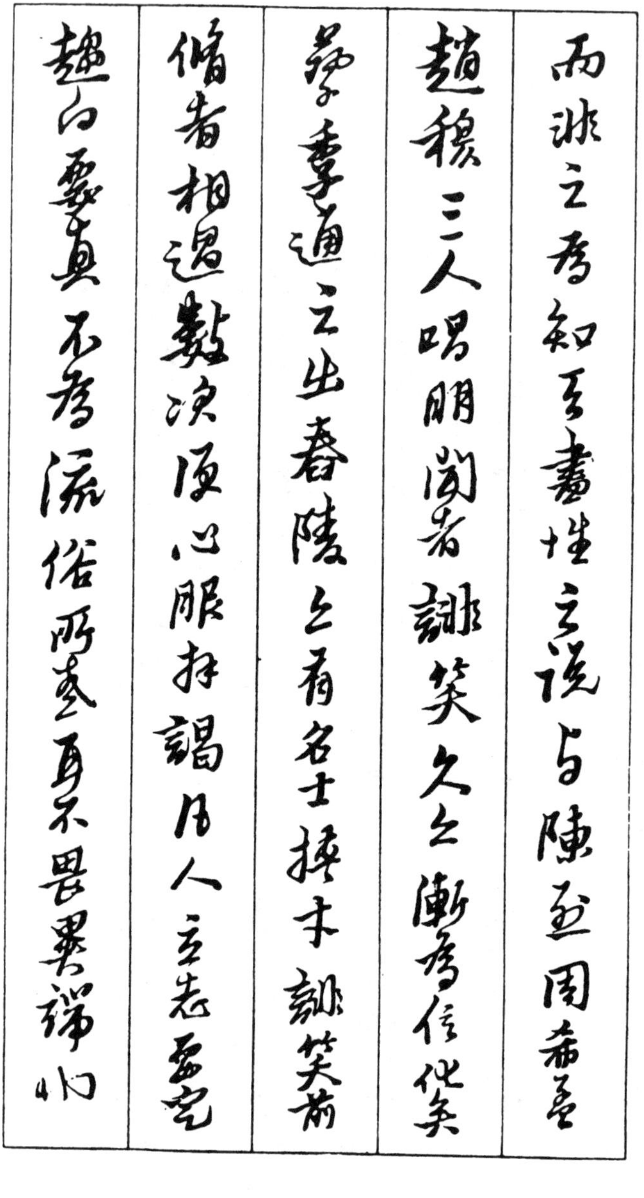
兩浙之秀知吾畫性之後與陳孟周希吾
趙穆三人唱酬閱者誹笑久之漸為信從矣
學李通之出春陵之有名士接末誹笑前
脩者相遇數次須以服拜謁用人之志要完
趣向要真不為流俗所奪更不畏異端小門

黄石斋遊黄降二山賦　向壹錄本

壬申夏日從鍾山買舟泝江直上，取道青池，折九華之麓，陵陽以自
石埭出烏聊，度此二山。頓乃黄山，但其天都、雲海之下，九華以青蓮乃名貢
山杜軒轅增使其山皆峰峭，峯山律爲仙不旋，洞穴細限，兎出烏翻九
老龍千尾者
善自南天台而下黄山，自温泉丹砂而上　騰空　嶬不絕，摺
人逸士亦多譽　折　渫渫之遊者，雖其久近殊類，而爲靈所攀
陷稽禮一也。余重經涉既十許日，竟歸夢寐，且其傳述吾所障
之南卒錄里有郁纍之山，駢肆峻削六一叙千，仰其峰有逸一名者
紫雲瑞屏，萬仙齋帝集，主島頂九十有九，高峭邈邈一一，與九華
摺叢羽牌
相似，亦有逸之，當其不在，蓋漳之而南又有大許之山，亂巘摠睨上
可爲但洞壑綿亘，林羽鬱滃，積爲四時，騰空密穩，從其幽峰者
獅子、文殊、寶洞、向塔、積石、天池、龍蹲、象氣，三十有六，一一與黄山相似

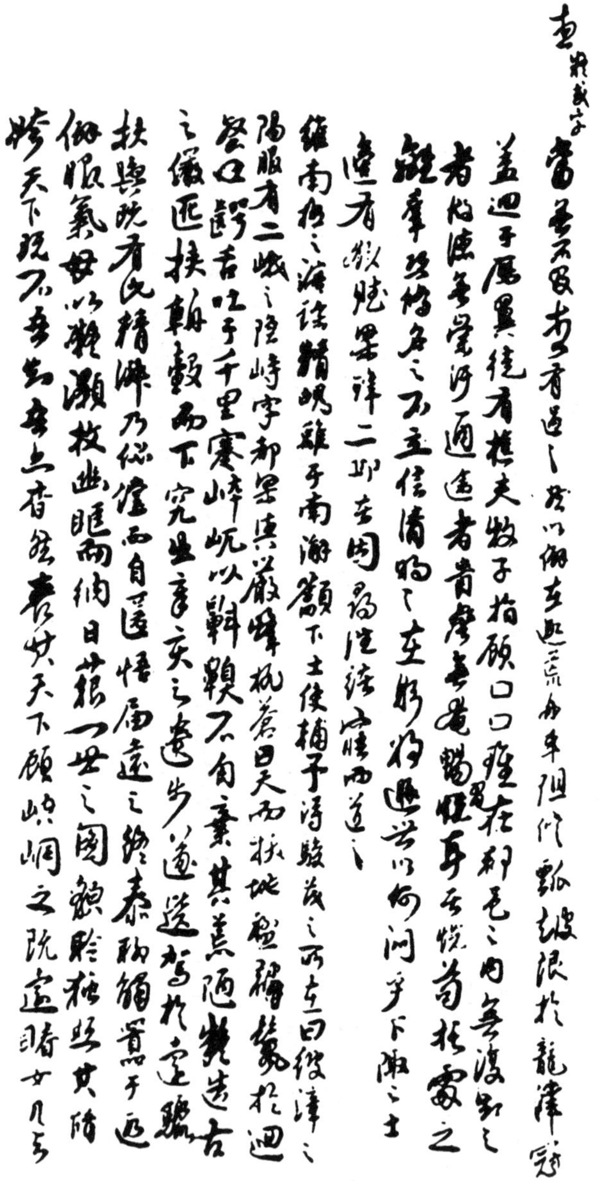

經由師魏茨而不足何陽昔之一匹匹寥太姑以連巷同來陵之
未親愕亭將其瓊贊實未免乎鄉人信子相之高騖蜚以降
乎北渚睹秀巖與九嶷寵亭遊於鳳皞元牝墟其學子術之丘
之　四九義既妹于郭宋秀山孫又弟於巖碑呼鶩餵之戚乘
盡從嵞以魚龍停湖海之盆浴錯安置比鉛性樹鷗鴨之翱翔
又何所為其內外徒以地判陵窪昵分高方誤迹者以多助微聲家
遂嘉以無交危絕曜光蔽影風雲遙私巖鋒既捆其餘首都
岩文欽其嶽固甚幽秋深窈嶂默然而也之清畦一種既海北之
藉無自持翩然不可期胡胡然欲念之鳴呼迥乃時在肆嶽時
失地者肆謝實寸合乎嵩山雪梅子姑[illegible]東秩勒有冰
之祖日南有長燃之楊家以刷西庭中兇以置品而既跨麋何為乎
綠園稱何為乎積嶺鏡遣物之業置一園高之而下　修二山哉之
何知如乃此然而遠錄

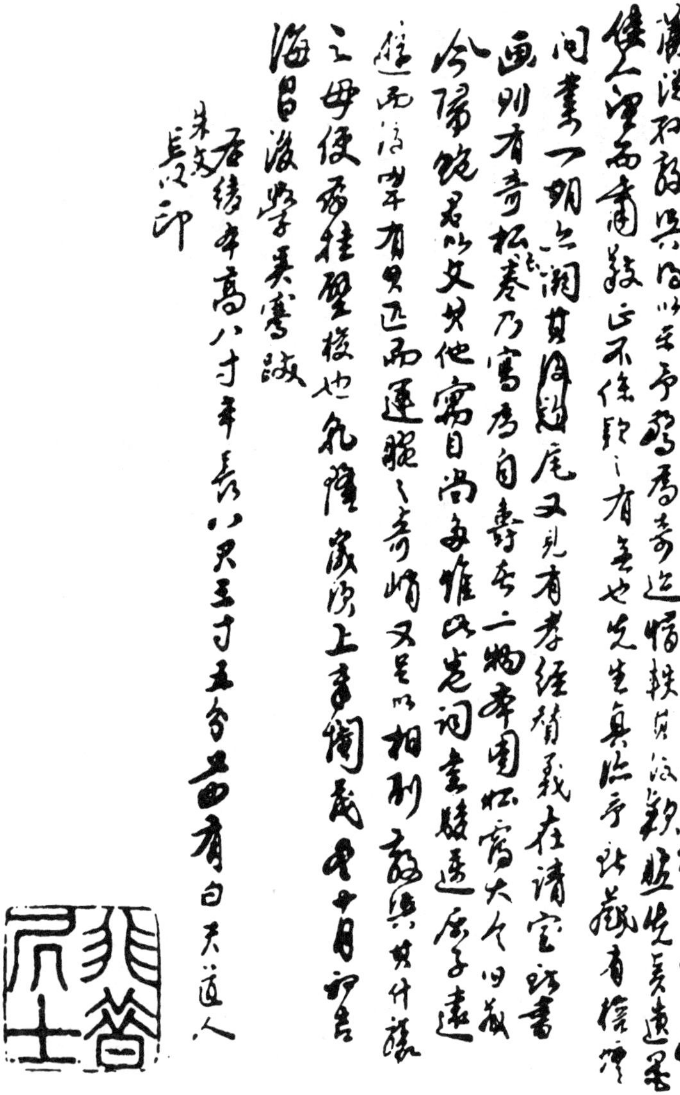

三、对后世的影响

1. 忠义气节深印人心

黄道周一生在宦海上浮沉，日子过得非常穷苦，但是他坚决效忠，对于自己个人的成功失败并未计较。尤其是在晚年，他不怕一切艰难危险，将自己的生命置之度外，只率领极少数的军队，去对抗势力庞大的清兵，这种以寡击众的大无畏精神，正足以表现出他对于明朝忠贞不二、舍生取义的气节。

当黄道周最后作战失败，被清兵虏获的时候，赖继谨、蔡春溶、赵士超、毛玉洁等四位学生紧随在侧，誓死不离开老师。清兵想尽千方百计，威利兼施，要黄道周投降，但黄道周一点也不改变心意，决定从容就义，为国捐躯。唐王隆武二年（一六四六年）三月五日，清兵以小车子分别载送黄道周师生五人前往南京，准备执行死刑，以完成黄道周的气节。在路上，黄道周回头看到跟随在后的四位学生满脸惶恐的样子，便笑着向他们说："没什么好害怕的，只要忍受短暂的痛苦，就可以完成流传千古的气节啦！"这一段话真是豪气干云，震动古今。在车子开到南京东华门的时候，黄道周突然从车上滚落在地，清兵有一位指挥官赶紧把他搀扶起来，安慰他说："不要怕。"黄道周很气愤地说："你这是什么话？天下那会有怕死的黄道周！只因为这里是我们大明皇帝所走过的地方，所以我不能坐着车子经过，但由于我绝食十四天，两脚酸软无力，以至于在我走下车的时候，不小心而跌倒罢了。”从这话里，可见出黄道周对明朝是如何的忠心。清兵的指挥官听了黄道周的话后，立刻向他下跪说：“这里是天下人所瞻仰的地方，先生又是如此的疲惫，那么就请在此地完成大事如何呢？”黄道周很高兴地答应了。他家有一位老仆人跑过来请黄道周写几个字留给家人，黄道周说：“我能够为国牺牲，已经心满意足，没什么话要写的。”但是老仆人很坚持的一再请求，黄道周不得已，便撕下一块衣襟，咬破手指，用血写着：“纲常万古，节义千秋。天地知我，家人无忧。”他的四位学生也一起写着：“师存与存，师亡与亡。”然后便壮烈为国殉难了。

黄道周虽然不幸牺牲了，但是他那种忠义的气节，不仅使当时的人感动哭泣，也深深地刻印在后代人的心坎上，他可以说是继承史可法之后，成为有明一代的完人了。

2. 为读书人树立楷模

黄道周的学术思想非常精深渊博，不过在实质上并没有什么重大发明。从整体来看，他大都是承袭了宋代以来理学家的见解，而且也逃不出明代讲学家的范围。譬如他谈到致知所追求的本体是性，也就是王守仁倡导的致良知，他做学问的态度注重尽心，与朱熹所谈的三到并无差别，他以诚来解释鬼神，是从《大学》《中庸》推演而来，虽然他分辨性与气质，大反宋代理学家的窠臼，但一定要强行把性与气质分开，未免使人感到悬想空洞，如果能有黄道周那样广博的学问当然不成问题，否则就显得太过于抽象了。

话虽如此，但黄道周却是一位注重实践力行的学术思想家，他的学问，既可以用来修养身心，又能够用来建立事功。譬如他追求至善的性，讲究的是仁，没有邪恶的成分，在这种情况之下，个人的成败得失算得了什么呢？他谈到诚的重要，一个人必须真实无妄，才能与天地合而为一，所以他屡次受到奸臣排挤毁谤，甚至于生命有了危险，而他始终是无动于衷，勇往前进。孟子说："自反而缩，虽千万人吾往矣。"黄道周有这种伟大的气魄，是非常难能可贵的。

因此，在国家遭逢到最紧急危险的关头，黄道周固然无力加以挽救，但是他秉持着至善至诚的心性，临死不苟，轰轰烈烈的为国殉难，这可以说是为读书人树立了一个良好的楷模。文天祥说："孔曰成仁，孟曰取义，惟其义尽，所以仁至。读圣贤书，所学何事，而今而后，庶几无愧。"像黄道周这样的人，可以说是不负所学了。

参考书目

《黄道周传》，叶英，台南，自行出版，一九五九年，台一版。

《黄漳浦文选》，黄道周，台北，台湾银行，一九六二年，台一版（据清道光十年庚寅刊本陈寿祺编《黄漳浦集》选录）。

《小腆纪传》，徐鼒，台北，台湾银行，一九六三年，台一版，第二册二九五页。

《明史》，张廷玉等，台湾商务印书馆，一九六七年，台一版，第四册三一七二三页。

《骈枝别集》，黄道周，台北，学生书局，一九七〇年，台一版。

《榕坛问业》，黄道周，台湾商务印书馆，一九七二年，台一版，《四库全书珍本》三集第一八六——一八八册。
《黄石斋先生榕坛问业真迹》，黄道周，台湾商务印书馆，一九七四年。
《黄石斋公伉俪未刊稿》，黄道周、蔡夫人，台北，台北市闽南同乡会，一九七四年。
《三易洞玑》，黄道周，《清文渊阁四库全书》本，台北故宫博物院收藏。
《孝经集传》，黄道周，《清文渊阁四库全书》本，台北故宫博物院收藏。
《表记集传》，黄道周，《清文渊阁四库全书》本，台北故宫博物院收藏。
《月令明义》，黄道周，《清文渊阁四库全书》本，台北故宫博物院收藏。
《坊记集传附春秋问业》，黄道周，《清文渊阁四库全书》本，台北故宫博物院收藏。
《缁衣集传》，黄道周，《清文渊阁四库全书》本，台北故宫博物院收藏。
《易象正》，黄道周，《清文渊阁四库全书》本，台北故宫博物院收藏。
《洪范明义》，黄道周，《清文渊阁四库全书》本，台北故宫博物院收藏。
《易本象》，黄道周，旧钞本，“国家图书馆”收藏。
《儒行集传》，黄道周，明崇祯壬午王继廉杭州刊本，“国家图书馆”收藏；《清文渊阁四库全书》本，台北故宫博物院收藏。
《大涤函书》，黄道周，明刊本，史语研究所收藏。
《博物典汇》，黄道周，明崇祯乙亥刊本，“国家图书馆”、史语研究所收藏。

朱之瑜

赖桥本 著

目　录

一、生平事迹

朱舜水，原名之瑜，字鲁玙，舜水是他的号。浙江绍兴府余姚县人。生于明朝万历二十八年（公元一六〇〇年）十月十二日。他的先祖和明太祖朱元璋是族兄弟，在谱系上讲，他可以说是皇族，不过派系绵远，早已独立门户了。曾祖名诏，号守愚。祖父名孔孟，号惠翁。父亲名正，号定寰。母亲金氏，生三子：长兄启明，一名之琦；次兄重林，一名之瑾；他排行第三。父亲曾在漕运方面作过大官。他九岁的时候，父亲就去世了。最初他跟从慈溪李契玄求学，后来又随着吏部左侍郎朱永佑及东阁大学士兼吏户工三部尚书张肯堂、礼部尚书吴锺峦等人研究古学，因为他天资聪明，颇有成就，尤其擅长于诗书。他曾经从南京松江府儒学学生考取恩贡生，考官吴锺峦对他特别赏识，称为开国以来第一。当时正是万历末年，政治日非。他感时伤事，因此决定弃绝仕进，隐居田园，但是他的父兄爱惜他的器度不凡可以大用而不允许，于是每逢考试的时候，他不得不参加，却以游戏了事。

从他二十岁（万历四十七年）到四十岁（崇祯十二年）这二十年之间，正是满清不断侵犯和入寇时期，国内流寇又告蜂起，国势已经十分危急。在朱舜水考取恩贡生之前，提督苏松等处学政监察御史亓某就曾经向礼部保举他文武全才第一，但没有被征用。他四十四岁时，镇守贵州等处总兵官方某曾经请他作监纪同知，他不就任。这个时候，流寇声势越来越大。崇祯十七年（一六四四年），他四十五岁，李自成攻陷北京，崇祯皇帝缢死煤山。不久，福王由崧即位于南京，改元弘光。这时，江南总兵方国安曾经推荐他，并且奉了皇帝的诏命特别征召他，他不就任。弘光元年（一六四五年）正月，皇帝又下令征召他，他也不就任。四月由于荆国公方国安的推荐，朝廷任命他作江西提刑按察司副使兼兵部职方司郎中监荆国公方国安军，他又不就任。为什么朱舜水屡次被征召，都不就任呢？一方面因为当时天下大乱，君子道消，小人道长，形势非常险恶，不是他一人所能挽回；而且家里有年老的母亲需要他孝养，义不得许君以死。一方面因为当政者马士英，是一位奸相，马士英曾经派遣亲信，请托朱舜水的亲家何东平，到寓所再三劝勉舜水出仕，如果他接受征召，一定会受马士英的重用，既受重用，自然需要感恩图报；如果与相首尾，就是和奸臣同党；如果直行无私，就是背义忘恩；都免不了被君子耻笑，而成为天下万世的罪人，所以他不顾身家生命的危险力辞征召。可是这么一来，马士英这一党人就纷起攻击，责备他违抗皇上的旨意。在专制时代，违抗皇帝旨意是有罪的，当时朝廷之中，交章弹劾他，说他不奉行朝廷的命令，没有人君的礼节，于是他不得不星夜遁逃。这时恰好有左良玉的儿子左梦庚背叛朝廷，羽檄张皇，所以他才能免于被逮捕。朱舜水看到当时马士英等奸人枉法弄权，南京的偏安朝廷毫无振作，深感天下事不可为，乃不得不由海滨逃亡到日本的长崎，等待时机，徐图别策。

朱舜水是在弘光隆武元年（一六四五年），也就是清顺治二年春天渡海到舟山的，同年五月清兵攻陷南京，福王出走。六月，清兵下浙江，方国安、马士英投降。福王逃到芜湖被叛将田雄劫持降清。福王败亡后，明室产生了两个领导力量：郑鸿逵、郑芝龙、张肯堂、黄道周等拥戴唐王聿键，称帝福州，建号隆武；而张国维、朱大典、张名振等拥立鲁王以海，监国浙江绍兴。闽浙两个力量不但不能合作，反而互相摩擦，因而大大的减少了反攻的力量。不久，清兵攻取福建，杀了隆武帝。这时在中国西南方面的明朝旧将已经拥护桂王由榔，称帝肇庆，改元永历。这样，隆武力量消灭后，明朝的力量还有桂王和鲁王。鲁王先率领部下进占南澳岛，然后攻取舟山群岛。朱舜水在鲁王监国二年（一六四七年），即清顺治四年，从舟山第二次到日本，从日本又转往交趾。不久，又从海外回到舟山。此后在舟山大约住了六七年之久，中间曾去日本。在舟山的时候，他和经略直浙兵部左侍郎王翊，深相缔结，并且与舟山诸将密商恢复明朝的方策。他之所以屡次去日本，是想以王翊为主力，借援兵以恢复中原。当鲁王驻在舟山时，曾请他主掌兵事，但是他愿意作实际的工作，不要接受虚有的名位。他看到国内兵力单薄，各方力量又不一致，成功的希望不多，所以愿意经营外邦，徐图恢复。虽然鲁王数次征召，他都力辞不就。

鲁王监国五年（一六五〇年），清顺治七年，朱舜水飘浮海上，被清兵发现，清兵白刃合围，逼迫他髡发投降，他誓死不降，谈笑自若，毫不惧怕，同舟刘文高等七人受他的义烈所感动，驾船将他送回舟山。鲁王监国六年（一六五一年），他又去日本。以后又由日本到安南。飘泊海外，不觉又过了几年。监国九年（一六五四年）三月，鲁王又降诏征召他，但因他东西飘泊，住处不定，不能很快达到。当他最后在交趾时，才辗转收到诏书。他捧着诏书唏嘘慷慨，想转赴思明（即今之厦门），返回舟山。恰在这时候，安南国王需要中国识字的人担任某项工作，有人推荐他，府吏便把他捉到官里去，面试作诗写字。他不肯作诗，只写着："朱之瑜，浙江余姚人，南直松江籍。因中国折柱缺维，天倾日丧，不甘薙发从虏，逃避贵邦，至今十二年，捐弃坟墓妻子。虏氛未灭，国族难归，溃发忧焚，作诗无取。所供是实。"府吏把他拘囚起来，严密监视他。他自料不能逃脱，也不愿贿免，便想自杀，以免受辱。继而又想到别人不知就里，还以为是被骇死的，那么非死于国王之前不得明白。后来安南国王在外营砂召见他，差官叫他下拜，他假装不知道，差官就用侍班的木杖在沙地上划一“拜”字，他就借用差官的木杖在拜字上加一“不”字。差官按抑他命令他拜，他挥手脱去，不肯拜。这时国王非常震怒，喝令长刀手“押去”，他满不在乎，毫不畏惧，昂然就走。于是文武大臣都很生气，认为他挟中国的威势，欺凌小国，一定要杀他。同行的人也都劝他拜，并说：“不拜，必然会被杀，这里杀人非常惨酷，为什么不自爱呢？”他大声地说：“前天从会安来的时候，已经和亲友作过死别了，今日我为了遵守礼节而死，毫无遗憾，不要噜苏。”第二天清早，他沐浴更衣，北望拜辞后，就将后事嘱托随行的陆五、苏五吕两人，便对差官说：“我是大明的征士，按照礼节，不能拜你们的国王。我死后，请告知我外江朋友。如果可以收我的尸骨，请题：明征君朱某之墓。”此后十天，安南国王天天派人在他寓所附近杀人，先枭其首，再将骨肉剁碎，抛撒满场，招致乌鸢犬豕竞来就食，以恐吓他，但他绝不被威武所屈，始终不拜，最后感动了国王，不但不杀他，反而请求他在安南做官，有太公佐周而周王，陈平在汉而汉兴的话。并且允许他携取家眷，为他建造府第，他坚决不答应。安南国王派人写一“确”字来问他的意思，他认为安南国王有意讽刺他，以为他不肯臣事国王是不确的，他就作一篇《坚确赋》回报安南国王，表明自己坚贞的志操（他后来到日本，曾著《安南供役纪事》一书，以纪念此事）。这时他想从此返回舟山，可是苦无交通工具，乃先回复鲁王一封信，陈述他历年海外经营的苦心。

当他正要从安南返回舟山的时候，舟山和四明山寨都被清兵攻陷了，鲁王走避厦门，他的最好师友王翊、朱永佑、吴锺峦等人，都已先后为国殉节。尤以王翊死事最惨，最足表现民族正气。王翊是在鲁王监国六年七月二十四日被清兵所擒的，他在监狱里还照常整冠掠发，毫无愁容。满清狱卒问他什么原故？他说：叫你们见识见识汉官的威仪。王翊殉节那天，正是旧历中秋节。清军因怀恨他的积年倔强，许多人集合起来，用乱箭将他射死。他至死面不改色，正胸被射三箭，他还挺立着。直到他的头被清兵砍下后，他才倒下，真可谓壮烈牺牲了。消息传来，朱舜水大为悲痛。他为了纪念他的好友殉国，从此以后就一直不过中秋节。

朱舜水原意本是想回舟山的，而他的复国希望，也都寄托在他的好友王翊身上。他辗转来往于日本、安南、暹罗等地海外经营，目的是要效法申包胥乞借外师，由他的知友王翊为主将来领导这些军队。他看到吴三桂引清兵入关，因为主权落在外人之手，遂使中原沦为异族；只有像王翊这样的正义之士，才可以领导外兵，恢复明朝的天下。可是舟山失陷了，他的朋友王翊也殉国了。这时候他真感到天地茫茫，进退失据。他曾经留滞沿海，历尽艰危。这时郑成功在厦门准备与张煌言会师入长江，他应郑成功的邀请，参加这次战役，隶属于建威伯马信营，收复瓜州，攻下镇江，都是亲历行阵。可是因为军队骄懈，纪律不严，不久又被敌人打败。他衡量当时的局势，不禁浮起了这样一个悲壮的观念：声势不可敌，失地不可复，败将不可振，与其在内地做异族的奴隶牛马，不如蹈海全节，以保存民族正气；天地广大，那里不可以傲人傲世！最后遂再去日本，留居长崎。这时正是永历十三年（一六五九年），也是清顺治十六年，日本明治二年，他已经六十岁了。日本正当锁国时期，不许唐人留居本地，日人安东守约非常钦佩他的学问道德，就拜他为老师，深刻体念他忠义之心，知道他不愿意做满清的臣虏，归路既已断绝，复国的希望也破灭了，所以固请他留住日本，并且与同志者联署上书长崎镇巡，镇巡破例允许他留居日本。当留事未定的时候，完翁请求他写一篇文章颂美长崎镇巡，他拒绝了。他认为作文自有时候，自有体局，不可随意阿諛别人。因为君子一言不智，将会丧其终身所守。虽然当时处境十分艰难，他也不愿自贬身价以促成此事。这种富贵不能淫，贫贱不能移，威武不能屈的凛然正气，最足以表现他壁立千仞的人格。他初到长崎的时候非常贫困，他的学生安东守约想提供俸禄的一半，维持他的生活，他坚持不接受。安东守约说："先贤有以麦舟救朋友之急者，古人称师与君父，所在致死，况其余哉。然则义当悉献年俸，自取其三分之一。惟辱爱之深，恐不见许。故今取其中，以分其半。若非其义，非其道，则奉者受者，犹之匪人，老师高风峻节，必不受不义之禄，岂以守约之俸为不义哉！"既然安东守约如此诚意，他情不得已，勉强接受。他留住在长崎，日本许多学者仰慕他的高风亮节，渊博学识，常来领教，他也以开辟日本文明为己志，希望从此奠立中日两国千年友好的关系。当他身遭亡国之痛，穷途落魄之际，有个归化日本的和尚叫独立的，一再写信劝他削发为僧，归依佛教，他坚持不肯。因为明亡之后，满清政府命令天下百姓俱须剃光头，不准蓄发，他就是不愿做满清的臣民才逃到日本，岂肯把头发剃掉。他到日本后仍然穿着明室衣冠，始终如一，方可表现他对明朝的忠贞。他的学生安东守约向他问明室致乱的原因和恢复兵势，他为此特撰一书，称为《中原阳九述略》，内容极为沉痛。从书中可以看出，他虽然客居异邦，然而无日不向乡而泣血，背北而切齿，时常以国仇未雪为憾。

癸卯年（一六六三年），清康熙二年，也就是朱舜水住在长崎的第五年，长崎发生一场大火，他的住所也被焚毁荡尽，他只好寄居在皓台寺的屋檐下，风雨不蔽，盗贼充斥，不保旦夕，情景非常狼狈。他的学生安东守约闻讯，赶紧来替他另筹新居。这时安东守约的妹妹患病在身，而且进入危笃状态，但是深怕他的老师乏人照料，饥饿而死，即刻由筑后前往长崎，照料一切。事后朱舜水写信给安东守约，深深感到不安，并嘱咐他以后不可如此。由此可知安东守约对朱舜水可以说是仁至义尽，情深意重了。甲辰年（一六六四年），清康熙三年，朱舜水六十五岁，日本宰相水户侯德川光国（源光国）派遣儒臣小宅生顺，到长崎特别访问他，小宅生顺说："如果东武（江户）有人尊奉你做老师，你肯去吗？"朱舜水回答说："兴学设教是国家的大典，而在贵国更为重要，我非常期望贵国能有良好的教育，但是我才德菲薄，怎么足以为人师表呢？如果有人招我，我不计较利禄多少，只要合乎礼节就可以了。"小宅生顺回去后，向水户侯德川光国称扬朱舜水的才德文行。水户侯乃禀明公廷正式聘召他。他和译者及门人等商议去就，大家都认为水户侯好贤嗜学，大有作为，不可辜负他一番诚意。于是朱舜水乃接受水户侯的聘请。七月到达武江，水户侯向他行弟子的礼节，师生相处很好。八月德川光国到水户封地。九月迎他到水户。十二月他又回到武江（江户）。德川光国对他的才德极为钦佩，想替他在江户驹笼别庄起建新屋，他坚辞不获，勉强应许。此后他一直住在江户，时常来往于水户江户之间。德川光国每次引见他，谈论经史，讲究道义，他都能援引古义，弥缝规讽，曲尽忠告善道之意。诸如兴办学校，选拔人才，废除淫祠，禁止殉葬……都是他向源光国建议的。源光国每次遇到疑难莫决的事情，没有不请教他然后才作决定的，同时的人，没有比他更受源光国尊重敬仰的。而他对源光国也竭尽自己的力量，全心辅导，甚至连源光国长子的教育问题，也都一一提供意见，源光国都能虚心接受。这时候，他的收入比以前丰富多了，常常想念安东守约的高义千古，时通音问，并常送黄金衣服。安东守约总是将轻的留下，重的退回来。以后他就以绢帛代替黄金，并且写信给安东守约："以前你分微薄俸禄的一半赡养我，你自己却敝衣粝饭，乐在其中，那是因为你以为我贤能，而且道理应该如此。岂有有道之人可以忘记人家的恩德呢？你施恩而不放在心上是可以的，但是受恩的人竟然忘记人家的恩惠，还能算是人吗？大凡贤者处世，不但应当衡量自己，也应当衡量别人。你自居高洁，那么我就处在不肖的境地，这岂不是和你的初心相违背了吗？何况这么做并不是高洁呢？”从此以后，安东守约就不敢拒绝他了。

己酉年（一六六九年），清康熙八年，朱舜水七十岁。他年纪已经大了，精神也差了，就向水户侯源光国提出辞呈。水户侯源光国非常嘉许他的肫笃，诚恳的慰留他。他不得已只好留下来。十月十二日是他七十岁的生日，水户侯亲自到他的住所祝寿，并且张筵庆祝。第二年，他用桧木做好自己的寿器，并向门弟子讲述他的动机：“我既然志在四方，自誓非等到中国恢复绝不回去。一旦我老病不起，那么骸骨就无法归葬于家乡了，一定要埋葬在这里。可是你们都不懂制棺的方法，到时候随便制作一个，工作一定不精细，几年之后必定腐坏了。有一天逆虏败亡了，我的子孙或者有人来请归葬的。到那时候，墓木已经成拱，棺椁已经朽敝了，这不仅是你们几位的羞耻，也是你们国家的瑕疵呀！”水户侯德川光国平素对他很有礼貌，寒暑风雨，必定问候他的起居；供养他的殽馔牲牢，没有不完备的。在朱舜水六十七岁的时候，德川光国可怜他久客异邦，乡音断绝，叫他寄书回家，并允许招一位孙儿来侍养他。当他寄书回国内的时候，他的儿子大成已经死了，孙毓仁和毓德住在外祖姚泰家，得到他的信，惊喜交集，知道他还在人间。他的信中一再叮嘱：“只有治民管兵的官必不可为，既作了虏官，必不可来；既作了虏官，虽然眉宇英发，气度娴雅，我也不以为孙。”他写给王师吉的信上说：“德川上公谕令接取小孙来此，如果能找到一位性情可意的孙儿来侍养，晚境稍为愉悦，也可以解除离乡的忧愁。一到长崎，便须留头发，有如大明时候童子的旧式。并且要做明朝的衣服，但是不须华美。他的头帽衣裘，一件不许携入江户，我不喜欢看那些满清的服装。”可见他对满清痛恨到了极点，他的志节坚如金石，丝毫不苟，实在令人钦敬。在他七十九岁的时候，他的长孙毓仁来日本，到了长崎，可是碍于法令，不能到达他的住地武江。而他也因为年老多病，无法前往长崎，只有书通情款。人世间的事，真是再没有像这样惨痛的了。德川相国怜悯他的凄凉情况，想将毓仁留下侍养他；但毓仁是奉母命而来的，必须回家报告母亲后再来。于是德川相国乃派舜水的门人今井弘济往长崎厚赐毓仁。当毓仁回国时，他写信审问祖宗的坟墓以及旧友的存亡，并且谆谆告诫毓仁：“国家既然已被灭亡，你们的生活一定很贫窘，能够闭户读书最好；农圃渔樵，孝养二亲及百工技艺，自食其力也可以；万不得已，佣工度日也不妨；无论如何，不能替满清做官。”

己未年（一六七九年），清康熙十八年，朱舜水八十岁，生日的时候，德川相国又设养老的礼节，前一天亲自到他的住所祝寿，并且送给他羔裘鸠杖龟鹤屏等二十种礼物，当天德川相国命令属下演奏古乐来庆祝。庚申年（一六八〇年），朱舜水八十一岁。从六十岁以后，他因忧虑家国，抑郁寡欢，患了咳血二十余年，由于他平时保养有方——惩忿窒欲，克制自己，所以精神一直很好。但是过了八十岁以后，老病渐渐多了，皮肤干燥，身体衰弱，身上生了疥疮，起坐都不方便，整天躺在床上，十分痛苦。辛酉年（一六八一年），朱舜水八十二岁，身体更加衰弱，德川相国屡次派人问候，馈送果殽，并且指定医官奥山玄建诊察进药。起初，他每次生病，都服用玄建的药。到了这时候他就不让玄建诊脉，因为玄建是医官，常在公侯之门，医疗权要的病；现在他疥痒浸淫，手足污烂，如果使玄建诊脉，恐怕传染医手，那么就会连累许多人，这种利己而损人的事情，他不愿意做，虽然玄建屡次恳请，他都拒绝玄建替他把脉。玄建不得已，只好望闻而制药，他也照样服用，不忍心违背德川相国的一番好意罢了。

壬戌年（一六八二年），清康熙二十一年，三月，他设宴招集亲友及门人等。他勉强坐起来，谆谆教诲，做了永诀。四月十七日，没有任何疾病，语言声色也和平日没有什么两样，到了未时，奄然去世，享年八十三岁。德川相国叹惜不已，亲自送葬，亲题神主，世子也参加他的葬礼。四月二十六日埋葬在常陆久慈郡大田乡瑞龙山麓。在他死后三年，他的长孙毓仁又来到长崎，问候祖父的起居，但是他已经去世三年了。德川相国赠以朱舜水遗物及若干金帛，毓仁遂痛哭返国。朱舜水虽然寓居日本，却至死不忘恢复祖国，日儒原善所著的《先哲丛谈》中曾记载他积蓄钱财，应图恢复的事："朱舜水冒险犯难，辗转落魄了十几年，才来到此地（日本）。起初，非常困穷，不能维持生活，安东省庵师事他，赠给他俸禄的一半。后来水户侯德川光国聘他担任宾师，待遇很好，每年收入很多。他生活十分节俭，绝不浪费，甚至有人讥笑他太吝啬了。他死的时候居然储蓄了三千余金，完全交入水户库内。"新井白石说："舜水省吃俭用，储存钱财，不是偶然的，他是准备做为恢复国家的经费，可惜时机未到就去世了，实在可惜呀！"

二、学术思想

1. 实践哲学

在中国的学术史上，明代是理学发达的时代。但是一方面因为明代用八股文举士，读书人以剽窃前人的文章为工，以求取功名为志向，没有几个真正研究学问的人。而且那些八股文，就像尘饭土羹一样，毫无用处，与研究学问的道理，更是相去甚远。顾亭林先生就曾经说："八股文的害处，等于秦始皇的焚书；而败坏人才，更甚于咸阳的坑儒。"另一方面当时讲道学的人，又多高谈性理，不切事情；徒尚空谈，无补实际；最后造成明朝的灭亡。直到明末，国家遭遇变故的时候，一般才俊之士才觉悟过来，他们痛矫八股文的弊病，摒弃浮华的习尚，专门研究实用的学问，希望以学术来治理国家，弘扬教化，济世救人。他们以为读书是为了行道，不是为了干禄，而所谓道，就是经邦弘化康济艰难的道理。于是形成实学的风气。梁启超所谓清初五大师——顾亭林、黄梨洲、王船山、颜习斋、朱舜水，就是当时最著名的学者。虽然各家学说不尽相同，但都是崇尚实用之学，演变到后来，就变成了清代的朴学。

朱舜水在国家变故以后，奔走海外，深知迂腐的学问，无裨实用。所以不把循行数墨当做学问，而认为开物成务经邦弘化才是真正的学问；大而国家的礼乐刑政，小而一切的制度，没有不广博研究的；他教导别人，从来不高谈性命，徒托空言，只以孝弟忠信的道理诱掖奖励；而他所谈的道理，从不离开民生日用彝伦之间；本乎诚而主乎敬，发于言而征于行。他的学问在于木豆瓦登布帛菽粟那些实用的东西，不像另一位日本大儒伊藤诚修那样专门讲究雕文刻镂锦绣纂组的学问。他在日本讲学的时候，许多日本人想要跟他讨论道学方面的问题，他都拒绝了。他与安东守约的书信中，屡次排斥空谈性理天理而不即事以求理的错误。他拿良工跟道学作一譬喻："古时候有一位非常巧妙的工匠，能够在棘端雕刻沐猴，耳目口鼻刻得十分相像，连身上的毛发都可以看得到，这种工艺虽然巧妙，可是对人类社会有什么益处呢？我的道理跟他不同，不用的时候就退藏起来。万一能够大用，可以使时和年丰，政治还醇，风俗归厚，绝不像宋儒一般，辨析毫厘，不曾做得一事。"

朱舜水的学术思想，虽然在日本学术史上独成一派，叫做水户学派，（创始于他的学生水户侯源光国）与当时朱子学派、阳明学派并列。但是追根究底，他的学术理脉实在本源于朱子，而加以扩充罢了。他认为一切学术都要以实用为指归，所谓实用，不外是一些民生日用彝伦间的事情，而这些民生日用彝伦之间，莫不有它当然的道理存在着，只因受人欲所蒙蔽，所以它的道理有所不通，故须本之以诚，以存其真。他以孔子回答颜渊问仁来说明这个道理：颜渊问仁，孔子不以惟精惟一的奥妙道理回答他，反而说："克己复礼"，"非礼勿视，非礼勿听，非礼勿言，非礼勿动。"视听言动乃是耳目口体间的常事，非礼则是中智的人所能衡量的，而"勿"又是下学的人所应当持守的。难道说夫子不能说玄说妙言高言远吗？或者颜渊的才能不能为玄为妙骛高骛远呢？何以孔子所传授的止于日用之能事，下学的工夫呢？原来道之至极就在这里，不必好高骛远呀！因此朱舜水的学术即以诚为出发点，由此而居之以敬，敦之以礼，问之以学，最后的目的则在实行。"存诚"为基础，"实行”为目的，而以“居敬”“敦礼”“问学”为其手段，这就是朱舜水一贯的“实践哲学”：

存诚——居敬——敦礼——问学——实行

·存诚

诚是真实的意思。一切道理具备在我心中，真实无伪，这本是自然的现象。但因世降俗薄，天理被人欲所蒙蔽，于是道理有所不通。所以朱舜水提出存诚的办法，屏绝人欲，以存天真，使上天赋予我的道理，不被外物所蒙蔽。诚是一切做人做事的基础，基础稳固，则做人做事的道理都可以通行无碍；就好像盖房子的时候，基础如果巩固，那么堂构壶奥，凌云九层，都从这个根基建筑起来；如果没有根基，虽有楩楠豫章，凌云巧构，也没有办法盖起房子来。诚是一切行为的原动力，也只有诚能够感动人，因为能诚，就可以始终如一，表里一致，敬信真纯，往而必孚。朱舜水平日言行之间，内不欺己，外不欺人，行而不言的也许有过，却没有能言而不能行的。如果不诚，不但欺骗别人，而且也欺骗了自己，理性尽泯，放辟邪侈，无所不为了。所以朱舜水平时教学非常重视存诚的工夫，不仅是要矫正明代虚伪的风气，而且因为诚是一切进德的根基。

·居敬

居敬是存诚的手段。天理虽在我心，但恐被外物所蒙蔽，所以必须居之以敬，时时刻刻涵养省察，道德才能日渐进步。这就是程伊川所说的“涵养须用敬”的意思。朱舜水有一篇《敬斋箴》，就是强调敬的重要。他认为人的德行，没有比敬更为重要的了，而人的行为决定在一念之间，必须戒慎恐惧，以遏止人欲的发作，这就是内敬其心。而在衣冠瞻视，威仪态度方面也要时刻检点，不可疏忽，这就是外敬其行。能够内敬其心，就可以夙夜匪懈，常有自强不息的气象；能够外敬其行，就可以整齐严肃，周旋进退之间完全合乎礼仪。所以说敬是一切德行的根本，没有敬，一切礼节都行不通了。

·敦礼

礼是天理的节文，人事的仪则，也是国家的桢干。如果一国的人民能够讲究礼节，则一切行为都能合乎规矩准绳，国家就可以长治久安；否则礼节不行，上下昏乱，国家那有不被灭亡的道理。朱舜水认为明朝被灭亡及郑成功所以失败，都是礼教崩溃的缘故，因为当时的士大夫好为脱略，佻达自喜，屏斥礼教，把礼教当做骨董，当做讨厌的东西。他对历代礼仪制度，非常有研究。他曾经替水户侯源光国作《诸侯五庙图说》，博采各家的说法，会通经史的数据，并且旁考古今，然后采取折衷的说法，凡是见过的人都说是不朽的盛典。他也曾教授日本的儒学生学习释奠礼，改定仪注，详明礼节。又曾经以他的别庄权作学宫，使日本的儒学生一再的学习礼仪，所以当时的学者都能精究礼仪。这对日本的学术界贡献很大。

·问学

朱舜水既然主张学问以济世实用为目的，所学的对象当然不外日常人伦之间的道理，也就是说学问存在于日常生活之中，必须亲自体验才有心得，所以稠人群众之中一定有我的老师，而事务纷错之际也一定有它的学问，家有母就学孝顺，家有弟就学友爱，家有妇就学和睦，有了君上就学忠慎，有了朋友就学信义，无时无地没有学问存在着。另外朱舜水教他的学生多读史书，一方面因为史书文字比较浅易而又切于事情，不像经义那样简奥难明，容易厌倦。一方面历史就像一面镜子，可以鉴往知来，了解一切事情的因果关系，多读史书可以使人世情通透，义理渐通，尤其像司马光《资治通鉴》、左丘明《左传》、《国语》及《战国策》都是应该读的史书。

这一点与明末王船山、顾亭林、黄梨洲尊史的思想，不谋而合。这种研究历史的风气影响日本学术界很大，由他的弟子水户侯源光国发动编辑的《大日本史》即是受他的影响。

·实行

朱舜水的实践哲学，以“诚”为出发点，以“居敬”“敦礼”“问学”为手段，而最后的目的是要能够实行。朱舜水认为求学问应当有实功，有实用，身体力行，方为有得。他题程明道像，不赞扬程明道的理学，而侧重程明道不阿世俗，与其有用之学，因为程明道仕宦履历，虽小官必尽其心，奏其效。他虽认为王阳明的学说有毛病，却对王阳明的事功大为赞颂，因为一个人的事功就是他学问的表现。当时朱熹派的学者与陆九渊派的学者互相攻击，争论不休，朱舜水认为只要能够实行，那一派的学说都是一样，就好像生知学知，安行利行，虽然殊涂，到最后的归趣是一样的。又好像人在长崎，要到京城，有的走陆路，有的由水路；走陆路的人需要一步一步走去，由水路的人，如果能够顺风，很快就到了。从陆路，计算日程一定可到，坐船却须得顺风才可到，否则累日坐守也到不了。只看那一个人先到，岂能说从水路不对？或从陆路不对呢？其实陆派主张尊德行，而朱派主张道问学，各有他们的长处。朱舜水的学问，虽然大部分用归纳的方法，求得它的结论，但有时也用演绎的方法，断然独行。他的学识虽然根源于朱熹，却并不压抑陆九渊，就是这个原故。他曾说：宋儒的学问，是可以效法的；宋儒的习气，却不值得学习。大概因为宋儒能言而不能行罢。

2. 政治思想

政治与经济的关系非常密切，中国古代的政治家懂得这个道理，都是先图经济上的巩固，然后才及于政治上的措施。其实广义的政治应该包括教养两方面，而且是先养后教的。孔子曾告诉冉有治国的道理：先安定人民的生活，人民都富庶之后，再施以教化。管子也说：衣食充足才知道荣辱，仓廪充足才知道礼节。可见古代的政治是教养兼施的。保民与理民的道理，本来就应该并行而不废的。朱舜水元旦贺水户侯德川相国也认为政治的道理有二种：一是养民，一是教民。养民优先，教民重大。因为不养民则教化无法施行，这就是孟子所说的人民贫困，求取衣食都来不及，那里有时间顾到礼义的事情呢？但是人民没有教化，养民的工作无法做到圆满的地步，这又是孟子所说的饱食暖衣，逸居而无教则又与禽兽没有分别了。朱舜水回答弟子安东守约问明室致乱的原因，写了一篇《中原阳九述略》，他认为明室致乱最大的因素，一方面是政治的腐败，一方面是经济的崩坏。明代用八股文举士，当时的士子只晓得写八股的文章，以求取功名为志向，根本不晓得读书的目的，寡廉鲜耻，不知仁义礼智为何物，一心剥削人民，夺取财产，那有忠君爱国，济世救民的抱负？这些贪官污吏，鱼肉乡民，百姓恨之入骨，所以流寇一起，百姓无不内外响应，来推翻这些贪官污吏，一方面明朝末年赋税非常繁重（尤其是矿税），上下交征，重重剥削，人民已经到了无法负担的地步。再加上土地集中，一般小民既丧失了他们的土地，就无法生存下去，于是各地酿成了暴动，李自成、张献忠等纷纷而起，尤以李自成势力最大，攻陷北京之后，就散布流言，提倡均田均役的说法，正好投合人民的心理，因为这时百姓正苦于丧失土地，也负担不起政府的苛税，于是合心一力，帮助逆虏，这是明朝灭亡最大的因素。经济的崩坏就是不能养民，而政治的腐败则是不能教民。朱舜水认为消灭敌人没有什么奥妙的方法，只要事事与敌人相反就行了。敌人贪残，我就实行仁义；敌人迫害人民，我就解救人民，把他们从水深火热之中解救出来，使他们登上衽席之上，以天下人民当做我襁褓中的赤子一样爱护。这样天下的人那有不群策群力，来报十七年刺骨的深仇呢？（这时明亡已十七年）敌人虽有神谋秘策，也没有办法再度施展，何况黔驴之技早已被人民识破了。可惜明末的政治太腐败，民心已经丧失殆尽，无法挽回了。

朱舜水的政治理想很高，不只是教养而已，而且希望能够达到大同的世界，他在元旦祝贺水户侯德川相国的书上就曾引用《礼运大同》篇的大同世界来勉励德川相国，并且希望能够亲身见到大同世界的实现。当然要达到大同世界必须以教养为基础，尤其注重教化的施行。朱舜水到日本以后，最关心的是日本的教育问题，诸如建设学校，兴办教育，选拔人才等等，因为要想兴道致治，移风易俗，必须先举办教育；要想达到世界大同的境地，更非把教育办好不可。朱舜水眼光远大，胸襟开朗，他到日本讲学以后，对日本学生期望很大，认为是日本文明开辟的最好机会，也是中日两国千年和好的良机，这种四海一家，一体为亲的见解，岂不是大同思想最好的表现。

3. 技术

朱舜水讲究实用的学问，他认为空谈学理，无补于事，应该实地创作，改善人民的生活。其实人类社会的发展，是以经济的发展为前提的；而人类经济的发展，又决定在生产技术的改进。所以生产技术关系人类的生活极为重要。朱舜水不但精通中国历代的礼乐刑政，对于生产技术，也有深切的造诣。他的弟子安积觉在《文恭行实》一文中称赞他：格物穷理，志虑精纯，从古今礼仪以下，就是农圃梓匠的事情，衣冠器用的制作，都了解它的法度，穷尽它的工巧，连内行的人也都佩服他的多才多艺，既赅博又精密。他曾经商榷古今，剖微索隐，创作了《学宫图说》。水户侯源光国就依照他的图，命令梓人造作三十分之一的模型，栋梁枅椽，无不悉备，而殿堂结构的方法，梓人所不能通晓的，都由他亲自指导讲授。至于度量尺寸，凑离机巧，教谕缜密，整整花了一年才制作完毕。其中有文庙、启圣宫、明伦堂、尊经阁、学舍、进贤楼、廊庑、射圃、门楼、墙垣等等都非常精巧。这个学宫图三十分之一的模型，现在还保存在水户弘道馆里。而现在东京汤岛圣堂，就是依照这个模型制作而成的。

水户侯源光国后乐园的石桥及旧水户藩弘道馆也是他制图设计，指授梓人法度才建造起来的，连梓人都自愧能力不及他呢！他不但是一位建筑家，对器物的制造，也有深刻的研究。在他七十一岁的时候，曾用桧木作寿器，又制作古升尺及祭器，像簠簋、笾豆、登铏及周朝的欹器，他都依图考古，核其法度，巧思默契，指画精到；然后传授给工师，工师屡次咨询，还无法明白，于是他亲自指点轻重，订定尺寸，机关运动，教导一年，才能制作完成。

朱舜水不仅精通宫室及器物的制造，就是衣服裁成的方法，也无不通晓。水户侯源光国曾请他制定明室衣冠，有朝服、角带、野服、道服、明道巾、纱帽、幞头等等。其他如蚕桑制丝的技术，医药种痘的处方，以及动植各物，也都能说明它的形状，分别它的功用，所以源光国称他是一位经济家，如果在旷野无人的地力，士农工商各业，他都可以兼通，大而礼乐刑政，以及田园、耕作、酒食、盐酱等事，他都可以胜任愉快。因为他所研究的是一种经世济民的学术。

4. 诗文

朱舜水既然主张实用之学，对明代流行的八股文，诋毁甚力。

他认为八股文不是真正的文章，只是读书人志在利禄，借八股文以求禄仕，他们哪里知道仁义礼智的道理，那不是真正的学问。他曾回答安东守约问作诗文的方法：读书人最可贵的，就是能够修身，身既修以后，需要博学来充实，学问广博了，必作文章来表达，所以不读书就无法作文。不能作文，虽然学富五车，忠如比干，孝如伯奇曾参，也无法表达出来。因此修身博学是第一义，而作文为第二义。他认为文章是用来明理载道的，是实用的东西，不是一种装饰品，雕镂龙文，只求好看的。文章以内容为贵，不必斤斤于章句之间。他又告诉安东守约：大凡作文章，需要根本于六经，辅佐以子史，再润色之以古文，内容充溢之后，下笔自然凑泊，不期文而自文；如果刻意为文，就不是文章的最高境界。总之，要作文，必须熟读书；非读书不能作文，这是朱舜水作文的口号。

至于诗赋，朱舜水认为无俾实用，并不提倡。他给奥村庸礼的信上说：吟诗作赋，不是真正的学问，旷日费时，大可不必。"空梁落燕泥"，工则工矣，可是对治理有什么益处呢？"僧敲月下门"，核则核矣，对民事有何补益？"鸡声茅店月，人迹板桥霜。"新则新矣，可是何当于事机？诗赋既然是无根的华藻，无益于民风世教，就不必浪费时间去创作了。尽管他反对作诗，但他的诗却写得很好，他有一首《钱塘》诗："天际银幡立，鸱夷怒未消。定知千载上，江水不生潮。"意境高远，尺幅千里，绝不是晚明诸子所能写得出来的。

5. 著作

朱舜水一生注重事功，轻视文学，流亡日本后，贤明的水户侯源光国奉为宾师，筹谋规讽，不少可以见诸施行的事；不像明末遗老——顾亭林、黄梨洲、王船山、李二曲等人，晚年惟欲以著述流传于千百年之后。所以他没有雄篇大作。舜水去世以后，加贺侯前田纲纪命儒臣源刚伯（二位皆舜水弟子）编次他的作品为《明朱征君集》十卷，刊行于贞享元年（一六八四年），也即是清康熙二十三年。其后源光国命水户儒臣类次朱舜水的作品为二十八卷，皆是他在海外的文字，六十岁以前，在中国的著作完全不见了。住在长崎时候的著作是他死后安东守约所收录的，其中包括他在交趾时候的作品。宽文五年（一六六五年）舜水住在江户以后，自己开始收录文稿，天和二年（一六八二年）冬，舜水故第发生火灾，水户侯乃命令府下士取出收藏的舜水遗稿，旁搜博采，编辑成书，题："门人权中纳言从三位源光国辑，男权中纳言从三位纲条校。"卷头有安东守约的序。正德五年（一七一五年），也就是康熙五十四年刊行于京都。明治末年稻叶岩吉博士始合校两本，其中相同的，都采取水户本，并收录水户本所没有的，又从清人张廷枚《姚江诗存》中辑到舜水诗十五首，名为泊舟稿，附录可以考证舜水在日本生活的文字若干篇，并舜水雕像墓影墨迹等，合编为《朱舜水全集》，开卷有男爵后藤新平的序，明治四十五年（一九一二年），亦即民国元年刊行于东京文会堂，这是朱舜水著作中最完备的。一九一三年，会稽马浮氏取稻叶本，重订为《舜水遗书》二十五卷附录四卷，刊行于中国，卷端有汤寿潜的序。内容包括诗、赋、疏、揭、书、启、议、序、记、跋、论、辩、赞、箴、铭、策问、杂帖、答问、杂说、碑铭、祭文、字说、札记、杂评、杂著、杂题识等。卷后有《改定释奠仪注》、《阳九述略》、《安南供役纪事》、附录等。一九三六年世界书局以《舜水遗书》本重新发行，称为《朱舜水全书》。

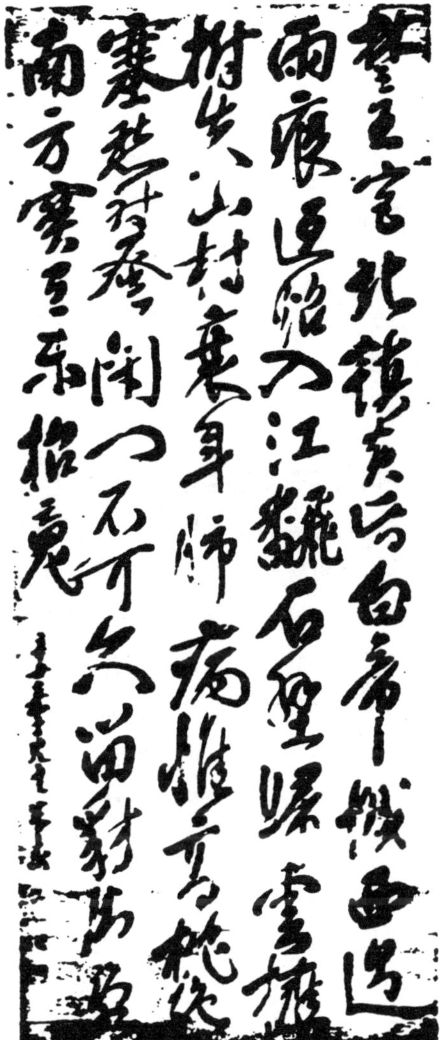

朱之瑜的笔迹

（市村瓒次郎博士旧藏）

三、对后世的影响

1. 对日本的影响

朱舜水六十岁时流寓日本讲学，一直到八十三岁去世为止，前后有二十三年的时间，造就日本无数的学生，影响日本的文化非常大。其中以朱子学的阐明与水户学派的启发最为重要。日本有儒学，可以溯源到镰仓时代，那时武人喜欢禅学，僧侣多半由宋元而来，他们首先把宋代的性理学传到日本，尤其是朱熹的学说最流行。但是宋儒谈性理，似乎已经受佛学的影响，而日本研究儒学的人，又多半是一些僧侣，所以偏于玄想，流为空谈，而不切实用。朱舜水一向主张重礼尚实，他认为格物穷理，固然是朱子学说的骨干，但是如果不能见诸行事，也就没有什么功效；所以必须躬行实践，才足以完成格物穷理的本能。有一次吉永太守问格物致知的道理，朱舜水认为一个太守应该以治民为先务，努力使人民安居乐业才是，如果要事事物物都去穷尽它的道理，才算致知，才去治国平天下的话，那么人的寿命有几何？河清也就难俟了。他认为治民之官与经生大不相同，有一分好处，则人民受一分的恩惠，朝廷也享受他的功业，不专在研究理学，应该要实地去经国理民呀！日本从天佑以后，儒学以经世治民为要道，不崇尚空谈虚论，可以说是受朱舜水的影响。朱舜水又曾作《诸侯五庙图说》、《学宫图说》、改定仪注、教导学生学习释奠礼、建议源光国创设学校、废除殉葬、毁弃淫祠。并把中国礼仪制度文物，多方面介绍到日本，这些都是经世济民的实用之学。不仅后来明治维新受它的启示，就是朱子学说本身也因此发扬光大。而且以前日本人研究儒学，只靠文籍的研读，或一些传闻的语词，可以说止于“言教”，均未得亲炙中国学人，对儒学的体认未能深刻。直至朱舜水到了日本讲学，才有“身教”“心教”可说。所以日本儒学，到这个时候是一个大关键，是一个大转机。

朱子学在日本，除性理之外，发展为历史学的，是水户学派。水户学派创始于水户侯源光国，而源光国又是朱舜水的学生，所以水户学派深受朱舜水的影响。朱舜水是浙东人，明末浙东学术的特色就是重视史学。（见于章实斋《文史通义》）日人立林宫太郎所著的《水户学研究》就尊奉朱舜水为水户学派的开山祖师，而水户学派最大的特点就是研究史学。日本明历三年（一六五七年），水户侯源光国设立彰考馆，编纂《大日本史》，但是修史的义例尚未确立，只是收集一些史料而已。等到朱舜水定居日本之后（一六五九年），矢志“开辟日本文明之机”，于是以《春秋》的微言大义——尊周王、退诸侯、外夷狄，及朱子《通鉴纲目》之明正统、定人道、昭鉴戒、著几微的体例，教导他的门人。他到水户之后（一六六四年），源光国常请教他修史的义例。而《大日本史》第一任总裁安积觉氏，从束发就从朱舜水学习，得到他的史学真传。开馆的时候，朱舜水也曾参与其事。所以《大日本史》的编纂义例，虽然导源于朱子《通鉴纲目》，而辗转传授的人却是朱舜水。我们从源光国自撰的《梅里先生碑志》、与他的儿子纲条的《大日本史叙》、及纲条玄孙朝臣的《进大日本史表》（这三篇文章是水户学派的经典），可以看出编纂《大日本史》的目的：在于叙述历史的事实，进而阐明国家的道德，明君臣的职分，严是非的辨别，仿照朱子《通鉴纲目》

的体例，以正润皇统，褒贬人臣。对于幕府藩主隐然加以针砭。及至源光国、安积觉先后去世，修史的事业曾经一度陷于不振。后来有立原翠轩奋力继起，势力才复盛大。由此一脉相传，承继不已；如藤田幽谷、青山延于、丰田天功、东湖彪等都是修史有力的人物，其中以丰田天功、东湖彪二氏对于尊皇爱国的精神，鼓吹尤力。延到明治年间，编纂官栗田宽、内藤和叟二氏死了，《大日本史》才算终结。自源光国开馆编史以来，到明治三十九年止，历经十三世，二百五十多年之久。自《大日本史》修成之后，日本始有一部极完善之纪传体的正史，做为国民精神的指导。于是尊王抑藩、忠君爱国的思想，普遍的输入国民意识之中。这种思想渐渐演变成日本统一运动，影响所及，到了一八六七年明治下令废藩置县，建设统一的国家，实施维新的体制，这就是日本史上鼎鼎有名的明治维新，它奠定了日本成为现代进步富强国家的基础。这是朱舜水对日本文化最大的贡献。

兹将朱舜水的日本学生列一个表，亦可见他对日本文化的影响：(此表见于日人石原道博所著《朱舜水》)

- 朱舜水
  - 德川光国（水户侯源光国）、前田纲纪（加贺侯）
  - 安东省庵
    - 安东侗菴
    - 南部南山
    - 伊藤春琳
  - 安积澹泊
    - 菊池南汀
      - 青山瑶溪
      - 菊池南洲
    - 德田锦江
    - 松村芳洲
    - 铃木白水
      - 铃木廉泉
      - 谷田部东壑
        - 木村子虚
        - 石川安亭
        - 立原东里
  - 今井弘济、服部其衷、人见懋斋、栗山潜峰、小宅生顺、今村鲁斋、小宅重治、
  - 吉弘元常、古市务本、奥村庸礼、下川三省、安藤抱琴、安藤年山、藤咲僊潭
  - 佐佐十竹、丸山活堂
  - 酒井竹轩——中岛通轩
  - 五十川霍皋——原淇园
  - 林春信、林春常、木下顺庵

2. 对中国的影响

朱舜水是明朝末年一位不可多得的民族志士，他虽然没有正式作过明朝的官（他只是一位恩贡生），却关心着国家的存亡，人民的安危。虽然曾经十二次辞却政府的征召，但仍旧忠于明室，志节的高超，昭昭然如日月经天。他一心想把明朝匡复，把满清驱逐出关，可惜没有机会让他实现。他曾经三赴安南，五渡日本，奔走于厦门舟山之间，力图再举，不惜向日本乞师复仇，然而均无成就。后来知道大势已去，仍然忠贞不二，誓死不履清土，不食清粟，蹈海全身，亡命于日本，以传播中华文化为职志。在日本期间始终留着头发，穿着大明的衣冠。七十一岁时，自己用桧木作好棺木，告诉门人："这一生逆虏不亡，绝不返国；就是死后，满清不出关，我的灵柩也不愿返国。"他不但是自己忠贞守节，也要他的子孙不要做满清的官吏。当他年老的时候，德川光国叫他接一孙子来侍候他，他一再叮嘱：凡做过虏官的必不可来；做过虏官的，即使眉宇英发，气度娴雅，也不以之为孙；而且一到日本就要蓄发，穿上大明朝的衣冠，他不愿意看到满清的制服。可见他对满清痛恨之深。他的志节坚如金石，丝毫不苟，实在令人钦敬。在《朱舜水全集》里面，反清思想与民族正气的强烈表现，到处可见。这时候国内的反清作品，几乎被满清文字狱及编《四库全书》所消灭。只有朱舜水的全集里充满着反清的思想言论，中国留学日本的学生，都喜欢读朱舜水的书，受了他的精神感召，人人思奋，意图推翻满清。后来国父孙中山先生到日本组织同盟会，留日学生纷纷加入，时常引用朱舜水反清的言论，作为革命的宣传。朱舜水所常读的《礼运大同》（也是他的政治最高理想），是当时革命志士所爱诵读的。孙中山先生遇到有人向他求字，他总是题上"天下为公"四字。所以朱舜水的气节与反清思想，对清末的革命运动，亦有不少的影响。民国元年（一九一二年）革命党人终于推翻了满清政府，朱舜水地下有知，也可以瞑目了。梁启超编写？朱舜水年谱？，在他死后，还加上太平天国的起灭及清室的逊位若干条，不是没有原因的，因为满清覆灭，朱舜水的志愿才算达到。

参考书目

《朱舜水全集》，明朱之瑜撰，马浮编，世界书局。

《朱舜水先生年谱》，梁启超撰，台湾中华书局。

《朱舜水》，郭垣撰，正中书局。

《朱舜水传》，宋越伦撰，“中央文物供应社”传记丛书。

《朱舜水》，日本原道博撰，吉川弘文馆。

梁容若：《读梁任公着朱舜水年谱》，《大陆杂志》七一九。

梁容若：《朱舜水与日本文化》，《大陆杂志》八一四。

王宾客：《朱舜水之民族思想及其学旨》，《大陆杂志》八一八。

毛子水：《朱舜水先生学行略识》，《中日文化论集》（二）。

蓝文征：《朱舜水之思想》，《东海学报》一一一。

图书在版编目（CIP）数据

中国历代思想家. 宋明. 3 / 中华文化总会，王寿南主编；王熙元等著. —北京：九州出版社，2011.3
ISBN 978-7-5108-0855-5

Ⅰ. ①中… Ⅱ. ①中… ②王… ③王… Ⅲ. ①思想家—评传—中国—宋代②思想家—评传—中国—明代 Ⅳ. ①B2

中国版本图书馆CIP数据核字(2011)第026376号

中国历代思想家. 宋明. 3

作　　者	中华文化总会　王寿南 主编　王熙元等 著
出版发行	九州出版社
出 版 人	徐尚定
地　　址	北京市西城区阜外大街甲 35 号 (100037)
发行电话	(010)68992190/2/3/5/6
网　　址	www.jiuzhoupress.com
电子信箱	jiuzhou@jiuzhoupress.com
印　　刷	涿州市星河印刷有限公司
开　　本	880 毫米 ×1230 毫米　32 开
印　　张	12.75
字　　数	318 千字
版　　次	2011 年 5 月第 1 版
印　　次	2011 年 5 月第 1 次印刷
书　　号	ISBN 978-7-5108-0855-5
定　　价	26.00 元